永康文獻叢書

縣志引讀和補遺

胡德偉　編著

圖書在版編目(CIP)數據

縣志引讀和補遺 / 胡德偉編. -- 上海：上海古籍出版社，2024.10. --（永康文獻叢書）. -- ISBN 978-7-5732-1337-2

Ⅰ. K295.54

中國國家版本館 CIP 數據核字第 2024JB9417 號

永康文獻叢書

縣志引讀和補遺

胡德偉　編著

上海古籍出版社出版發行

（上海市閔行區號景路 159 弄 1-5 號 A 座 5F　郵政編碼 201101）

(1) 網址：www.guji.com.cn
(2) E-mail：guji1@guji.com.cn
(3) 易文網網址：www.ewen.co

浙江新華數碼印務有限公司印刷

開本 710×1000　1/16　印張 22.25　插頁 7　字數 279,000

2024 年 10 月第 1 版　2024 年 10 月第 1 次印刷

印數：1—2,200

ISBN 978-7-5732-1337-2

K·3704　定價：158.00 元

如有質量問題，請與承印公司聯繫

永康文獻叢書編纂成員名單

指導委員會

主　任	胡勇春　鄭雲濤
副主任	施禮幹　胡濰偉　何麗平　盧　軼
委　員	呂明勇　施一軍　杜奕銘　朱林平　徐啓波　應巍煒

　　辦公室主任　　施一軍
　　副主任　　　　徐湖兵
　　成　員　　　　應　蕾　朱　丹　陳有福　童奕楠

顧問委員會

主　任	胡德偉
委　員	魯　光　盧敦基　盧禮陽　朱有抗　徐小飛　應寶容

編輯委員會

主　編	李世揚
委　員	朱維安　章竟成　林　毅　麻建成　徐立斌

上海古籍出版社《永康文獻叢書》
2022年11月至2023年3月出版的六部現存永康縣志（校點本）

中國科學院圖書館藏本《（光緒）永康縣志》卷六
《選舉志》第三十五至百廿二頁

總　　序

永康歷史悠久，人文薈萃。

據南朝宋鄭緝之《東陽記》載，永康於三國赤烏八年（245）置縣。建縣近1800年來，雖經朝代更替，然縣名、治所及區域，庶無大變，風俗名物，班班可考，辭章文獻，卷帙頗豐。

魏晉南北朝至隋唐，是中國經濟重心由北向南轉移的準備階段，永康的風土人情漸次載入各類典籍。北宋以降，永康即以名賢輩出、群星璀璨而著稱婺州。名臣高士，時聞朝野；文采風流，廣播海內。本邑由宋至清，載正史列傳20餘人，科舉進士200餘名。北宋胡則首開進士科名，爲官一任，造福一方；徐無黨受業於歐陽修，深得良史筆意，嘗注《新五代史》，沾溉後學。南宋狀元陳亮創立永康學派，宣導事功，名播四海；樓炤、章服、林大中、應孟明位高權重，憂國憂民，道德文章，著稱南北。元代胡長孺安貧守志，文采斐然，名列"中南八士"。明代榜眼程文德與應典、盧可久，先後講學五峰書院，傳播陽明之學，盛極一時；朱方長期任職府縣，清廉自守，史稱一代廉吏；王崇投筆從戎，巡撫南疆，功勳卓著；徐文通宦游期間與當時文壇鉅子交往密切，吟咏多有佳作。清初才女吳絳雪保境安民，壯烈殉身，名標青史；潘樹棠博聞強記，飽讀詩書，人稱"八婺書櫥"；晚清應寶時主政上海，對申城拓展、繁榮卓有貢獻；胡鳳丹、胡宗楙父子畢生搜羅鄉邦文獻，刊刻《金華叢書》，嘉惠士林。民國呂公望，早年投身辛亥革命，曾任浙江督軍兼省長，公暇與程士毅、盧士希、應均等人結社唱酬，引領一代文風。抗戰期間，方巖成爲浙江省政府臨時駐地，四方賢俊，匯聚於此，文人墨客，以筆代口，爲抗日救亡而吶喊，在永康文化史上留下濃重一筆。

據粗略統計，本邑往哲先賢自北宋到民國時期，所撰經史子集各類著作及裒輯成集者，360餘家，近千種。惜年代久遠，迭經兵燹蟲蠹、水火厄害，相當部分已灰飛烟滅，蕩然無存。現國內外公私圖書館藏有本邑歷代著作僅百餘部，其中收入《四庫全書》及存目、《續修四庫全書》者20餘部。這是歷代先賢留給我們的寶貴精神財富，也是我們傳承文化基因、汲取歷史智慧的重要載體，更是一座有待開發的文化寶藏。

爲整理出版《永康文獻叢書》，多年以來，我市有識之士不懈呼籲，社會各界紛紛提議，希望開展此項工作。新時代政治清明，百業興盛，重教崇文。爲弘揚優秀傳統文化，拓展我市文化内涵，提升城市文化品位，推進永康文化建設，永康市委市政府因勢利導，決定由市委宣傳部牽頭，文廣旅體局組織實施，啓動《永康文獻叢書》出版工程。歷經一年籌備，具體工作於2021年3月正式展開。

整理出版《永康文獻叢書》，以新時代中國特色社會主義思想爲指導，以中共中央《關於整理我國古籍的指示》爲指針，認真貫徹國務院《關於進一步加強古籍保護工作的意見》，繼承與發揚永康學派的優良傳統，着眼永康文化品位、學術氛圍的營造與提升，系統梳理傳統文化資源，讓沉寂在古籍裏的文字鮮活起來，努力展示本邑傳統文化的獨特魅力，積極推進永康文化建設。現擬用八至十年時間，動員組織市內外專業人士和社會各界力量，將永康文學、歷史、哲學、法學、經濟學、社會學、教育學諸方面的重要古籍資料，分批整理完稿；遵循"精選、精編、精印"的原則，總量在50部左右，每年五至六部，分期公開出版，並向全國發行。

《永康文獻叢書》原則上只收錄永康現有行政區域内，自建縣以來至中華人民共和國成立之前的文獻遺存。注重近代檔案及其他文史資料的收集整理。在永康生活時間較長，或產生過較大影響的外邑人士的著作，酌情收入。叢書的採編，以搶救挖掘地方文獻中的刻本以及流傳稀少的稿本、抄本爲重點；優先安排影響較大、學術價值較高、原創性較強的著作；對在永康歷史上産生過重大影響的家族譜牒，也適當篩選吸收。

本次叢書整理，在注重現存古籍點校的同時，突出新編功能。一些重要歷史人物的著述已經完全散逸，但尚有大量詩文見諸他人著作或志牒之中，又屢屢被時人和後人提及，則予以輯佚新編。一些歷史人物知名度不高，但留存的詩文較多，以前從未結集，酌情編輯出版。宋元以來，我邑不少先賢，雖無著述單行，但大多有零散詩文傳世，爲免遺珠之憾，也擬彙總結集。

歷史因文化而精彩，文化因歷史而厚重。把永康發展的歷史記錄下來，把永康的文獻典籍整理出來，把優秀傳統文化傳承下去，關乎永康歷史文脉的延續，關乎永康精神的傳承，關乎五金文化名城軟實力的提升。因此，整理出版工作必須堅持政府主導、社會支援、專家負責的工作方針，遂分別建立指導委員會、顧問委員會、編輯委員會，各司其職，相互配合，以確保叢書整理出版計劃的全面落實與高品質實施。

《永康文獻叢書》整理出版的品質，在很大程度上取決於編纂人員的學識、眼光、格局，也取決於編纂人員的工作態度和敬業精神。爲此，編纂團隊將懷敬畏之心、精品意識、服務觀念、奉獻精神，抱着"爲古人行役"的理念，以"功成不必在我"的境界和"功成必定有我"的歷史擔當，甘於寂寞，堅守初心，知難而進，任勞任怨，將《永康文獻叢書》整理好、編輯好、出版好。

《永康文獻叢書》是永康建縣1800年來，首次對本邑古籍文獻進行系統整理，是一套"千年未曾見，百年難再有"的大型歷史文獻，是對永康藴藏豐富的文化資源的深入挖掘、科學梳理和集中展示，是構築全國有影響的文化高地的有效途徑，對於推進永康文化的研究、開發和傳播，有着不可估量的可持續發展潛力。它是一項永康傳統文化的探源工程、搶救工程，是一項功在當代、惠及千秋的傳承工程、鑄魂工程，是一項永康優秀傳統文化的建設工程、形象工程。我們要在傳承經典中守好文化根脈，在扎根本土中豐富精神内涵，在相容並濟中打響文化品牌，爲實現永康經濟社會發展新跨越，爲打造"世界五金之都，品質活力永康"，提供强大的精神動力和文化支撑。

《永康文獻叢書》編委會

2021 年 10 月

序

高克勤

　　位於浙江省中部的永康市，歷史悠久，人文薈萃。早在三國吴赤烏八年(245)，永康就已置縣。建縣以來，雖經朝代更替，然縣名、治所及區域幾無大變，風俗名物班班可考，流風遺韵綿綿不絶。改革開放以來，永康得到了長足的發展，有"中國五金之都"的美稱。爲弘揚優秀傳統文化，提升城市文化品位，推進永康文化建設，經過一段時間的醖釀準備，2021年3月，永康市決定正式啓動《永康文獻叢書》出版工程，由市委書記、市長牽頭建立永康文獻叢書編纂指導委員會，下設編輯委員會負責實施，又設由若干永康籍知名人士、專家學者參與的顧問委員會爲其"拉大旗，出點子"，做後盾。承擔《永康文獻叢書》具體事務工作的永康市圖書館向當時由我主持工作的上海古籍出版社咨詢有關出版事宜，經過招標、認證等一系列程序，決定由古籍社承擔《永康文獻叢書》的出版工作。

　　2021年6月17日上午，我與同事坐高鐵赴永康，趕到永康市出席下午舉行的"永康市圖書館、上海古籍出版社《永康文獻叢書》出版合作簽約儀式"，代表我社在協議上簽字，也由此認識了出席儀式的永康市老領導、《永康文獻叢書》顧問委員會主任胡德偉。他是一個七十開外的老同志，在會上話不多，説得很實在，態度很謙和。第二天上午，我們又參加了在圖書館舉行的"新版《陳亮集》編輯研討會"。陳亮字同甫，號龍川，永康人，南宋著名的思想家、文學家，創立永康學派,是中國歷史上的杰出人物。《永康文獻叢書》準備出版的第一種就是《陳亮集》。當代整理《陳亮集》的最佳版本,當屬著名歷史學家鄧廣銘點校的《陳亮集》。《永康文獻叢書》理所當然選擇了這一版本。永康同仁在此次會前專程拜訪了北京大學歷史系教授、鄧廣銘先生之女鄧小南,得到了她的認可,並希望能在現有基礎上出一個比較完善的《永康文獻叢書》版《陳亮集》。因此,這次會議專門邀請了曾任中國宋史研究會會長的中國人民大學教授包偉民、華東師範大學教授劉成國等專家。與會專家和永康同仁在會上就陳亮著作的版本和佚文搜集情況做了認真仔細的討論,最後商定請專家團隊做《陳亮集》訂補的最後審核工作。我參加了在永康的兩個活動,深爲永康同仁對這套叢書投入的熱情和認真的態度尤其是尊重學術的誠意所感動,而這在一個縣級市是很難得的,由此可以想見江南文脉的深厚,也由此對編輯出版《永康文獻叢書》充滿了信心。

我注意到胡德偉自始至終參加了簽約儀式和編輯研討會,一直在認真傾聽大家的發言。晚間聊天時,得知他是永康本地人,出身農家,是我的校友和學兄。他1967屆高中畢業後回鄉當了五年農民和五年準公社幹部,1978年考入復旦大學經濟系工業經濟專業,第二年轉入復旦大學新組建的文理跨類的管理系。1982年,他畢業後分配浙江省輕工業廳,因照顧家庭困難申請回家鄉工作,歷任至永康市委副書記、市人大黨組書記(其時浙江省規定縣市人大主任均由縣市委書記兼)退休。得知我是1979年考入復旦大學中文系的校友,他送給我一冊《復旦四年》回憶錄。我驚訝地發現,我入學後第一年入住的邯鄲路校區6號樓319室,就在他住的317室旁邊。"那我們在學校時應該見過面。"他説。人生就是這樣奇妙,四十多年前相逢却不相識的學兄居然在永康相識了。校友的身份拉近了彼此的距離。

第二天下午返滬前我們專程去方岩參觀了陳亮等學者曾經講學的五峰書院。返滬後就陸續收到了《陳亮集》等書稿。經過一年的努力,還克服了疫情爆發的困擾,上海古籍出版社如期出版了《永康文獻叢書》首批《陳亮集》《程文德集》《吳絳雪集》。2022年7月,我與同事冒着酷暑,又到永康,送上這三部樣書。這是我退休前的最後一次出差,也是向永康同仁告別。德偉兄正好外出,沒有見到,微信問候了一下。

幾天後,我退休了,也就不再過問《永康文獻叢書》出版等事,和許多曾經有聯繫的作者也"相忘於江湖"了。與德偉兄後來也沒有見過,不過他經常在我發在朋友圈的微信下留言或點贊,關注我社的出版信息;我也拜讀了他的一些文章,瞭解到他在職期間屢有政績,口碑很好,還勤於著述,曾結合工作實務發表過經濟、黨建和財稅等方面的專業文章,其中《試論縣級經濟管理》、《人才流動經濟學簡論》、《今天政府如何調控個體私營經濟》、《永康浪潮經濟初探》、《試論執政權力的賦予和構建》等當年曾在省級乃至全國性權威刊物發表並引起關注。他寫的四年復旦大學生活的回憶也引起我的共鳴。我認爲他是一個有情懷有理想的人,這肯定與他受到的母校教育有關。

到2023年上半年,《永康文獻叢書》又出版了一批新的圖書,其中有現存1949年以前纂修的六部永康縣志。2023年12月1日,德偉兄給我發來微信:

> 在老校友和上海古籍出版社同仁的大力支持下,《永康文獻叢書》進展良好,特別是《陳亮集》《胡則集》和民國前六部縣志的出版,對開展永康文史研究是有力的推動。本人作爲顧問也做了一點力所能及的工作。近從去年11月份開始通覽六部縣志(過去未曾通讀)的電子稿,趁此機會同時(在程序之外)對照刻本附帶做一點校對,到今年4月份覽畢。後對照正式印行的《叢書》又刪去出版前已改正之處。恰在此時,發現光緒志浙圖藏本(本次校點的刻本)與中科院藏本相比較短缺35至122頁。加上縣志出版後部分非專業人員對縣志萌發研閱興趣和伴隨遇到的困難,我在自己邊學習邊研讀的同時也做了一點所謂"引讀"的努力。此間歷時一整年,整理了此《〈永康文獻叢書〉縣志引讀和

補遺》稿子（內除兩篇署名文章外均本人編寫），經編委會研究，擬商上古社以《叢書》編號之外出版。

出此小書的目的：一是對六部縣志作一大體的介紹，爲一般讀者提供閱讀入門和方便。二是對出版後發現的缺陷作一點補救（包括勘誤、補遺、新考）。三是對縣志中今後宜專題參閱、有待深究或需糾正的文字"錄以備考"，爲繼續研究考證提供一些基礎。

爲此，我奢望老校友能否抽出百忙時間不吝爲這本不像樣的小"書"作個序。如蒙賜文，對愚友自然是一個鼓舞，對我們永康這樣"鄉下頭"縣市的文獻研究和文化發展，乃至其他類似縣市的努力是莫大的支持和推動。當然，這只是我的一廂情願，是否合適或是否抽得出時間，還需校友定奪。

隨信發來他整理的《〈永康文獻叢書〉縣志引讀和補遺》的電子文檔，實際字數大約在 15 萬字左右。其中有《永康文獻叢書》縣志引讀、歷代修志姓氏、縣志人名索引、部分職官姓名歷代刻本有异者、縣志《叢書》勘誤、光緒縣志補遺等；還有"錄以備考"，摘錄縣志中他認爲"今後宜專題參閱、有待深究或需糾正的文字"，如沿革、縣治、疆域與區劃、城池與築城利害之辨、歷朝書目、縣志中的度量衡單位等。在"《永康文獻叢書》縣志引讀"部分，德偉兄介紹了歷代縣志之纂修和存佚、現存六部縣志、以及他的"閱志隨記"。例如，"城隍廟記"，聯想到永康城隍廟、古城墻和龍山胡氏總祠等古建築在上世紀末大規模拆遷中被毀的往事，他感慨道："如果縣志的普及能早點開展，主政者和參與決策者對永邑的歷史遺產有更多的瞭解，是否對上述建築和更多的文物保護會形成更多的共識呢？"這也是他寫"引讀"的重要原因。他在本書的後記中提到了寫作本書的緣起："考慮到此前的縣志刻本一般人不去閱讀，校點本出版後將減輕難度，倘縣市主政者、永邑讀者和關心本邑的同仁能用比較經濟的時間有所涉獵，或選其中必要內容瀏覽，對拓展視野做好本職可能會有所幫助。故將自認爲重要的内容和若干感觸不揣淺陋略述一二,妄稱'引讀',敬請方家指正。"

我注意到德偉兄讀縣志,不是只讀整理者的電子文檔,而是對着縣志的刻本邊讀邊校,他不僅是一個讀者,却更像是一個審校者,而且他又没有出版社編校人員趕時間、計字數的壓力,看得從容,花了整整半年的時間讀了總字數達200萬字的六部縣志,讀出了一些整理的疏漏;尤其是他讀的刻本還不限於整理者的底本,因此能够發現整理者校點的底本浙江省圖書館藏本有缺頁,於是將中國科學院圖書館藏本《(光緒)永康縣志》(足本)的相應部分進行點校整理,作爲"補遺",及時彌補了缺憾。作爲退休老同志,作爲顧問,他讀得這樣認真,投入了如此的精力,我深爲德偉兄的精神所感動,我想,他這樣做,應是出於他深重的鄉邦情結和責任意識吧。

德偉兄在至今七十多年的歲月裏,除了上高中、大學外出讀書和工作後組織上曾調其到金華市工作的兩年多,其他時間都在永康家鄉生活和工作。生於斯,長於斯,將青春和歲月奉獻於斯。他愛家鄉這塊土地,必然表現爲對家鄉歷史風物有一種主動的迫切的瞭解。要瞭解一地的歷史風物,閱讀方志是最簡捷的途徑。方志記述的内容包括自然地理、歷史沿革、疆域區劃、物産貢賦、風俗教化、本邑人物、故事傳説和藝文書目等,可以説是一個地方的百科全書。編修方志在我國有著悠久的歷史,國史、方志和家譜構成了我國史學的基本史料。梁啓超認爲:"最古之史,實爲方志。"(《中國近三百年學術史》)德偉兄不僅自己愛讀方志,也希望他人也讀方志,他編寫這本書的目的就是給閱讀《永康縣志》的讀者"提供一點補充、參考和導引"。

除了不離故土之外,德偉兄還長期服務桑梓。前人多認爲編修方志是地方主官的責任,爲官一任必修方志,停修缺編則是官員失職。明弘治八年(1495),王守仁在《高平縣志序》中説:"州縣之志,固又有司者之職,其亦可緩乎?"明正德十年(1515),黄金在《光化縣志後序》中説："余嘗聞作邑之政有三,曰:愛百姓,興學校,表賢哲。省刑罰、薄税斂,於愛爲宜;勵廉耻、明嚮往,於學校則急;探古今、著懿行,則賢者爲不泯矣。此志之所以作也。"明萬曆四年(1576),昆山儒學教諭王體升在《昆山縣志後序》中也説:"夫志,邑之大典也,官兹土者之責也。"(參見劉永强《明代方志功用説探研》,《中國地方志》2022年第一期)德偉兄在"引讀"中也説:"據説,古代做縣官,最重要的就是三件事:理訴訟,收錢糧,纂修縣志。從永邑歷代修志總修和主纂來看,也都以縣令爲主體(輔之以名宦、名儒)。看來,從古到今,儘管一縣之令日理萬機,但對縣志也不能置若罔聞:一是瀏覽以知縣情;二是知人以善其任;三是推廣以正風氣;四是躬親以存正史。"德偉兄曾經也做過"縣官",深知方志對於存史、資政、教化等的重要意義,本著對歷史負責、對未來負責的責任意識,即使退休後也不做只挂名不幹事的顧問,還是親力親爲,所以在花了半年的閲讀時間後,又花了半年多時間編寫了這本小書。其書雖小,其志却大。

　　我平生只給他人文集作序過一次,那是年過八旬的我社老社長李國章先生要我爲其《雙暉軒集》作序,國章先生是我尊敬的前輩、我曾經的領導,我没有推却的理由。而今,德偉兄作爲我的學長、我社的作者,所著又是涉及傳統文化和鄉邦文獻的,主旨在於尊重歷史,求真務實,我同樣没有推却的理由,於是再作馮婦,寫下如上的文字。借此機會,祝願《永康文獻叢書》一如既往高質量地順利出版;希望有更多的文獻整理和研究界人士乃至圖書、檔案、出版等部門爲基層縣志和文獻史料的搜集、整理、出版、使用提供更熱誠和便捷的幫助;期待有關學術研究及文化主管部門爲縣市基層的文獻挖掘、搶救、保護和利用給予更多的關注和更有力的支持。

高克勤
2024年9月16日
(作者爲上海古籍出版社原社長)

目　　録

總　　序	……………………《永康文獻叢書》編委會	1
序	…………………………………………高克勤	1
《永康文獻叢書》縣志引讀	……………………………………	1
六部《永康縣志》裏的如煙往事	………………………俞曉贇	19
圖　　説	………………………………………………	25
歷代修志姓氏	…………………………………………	32
永康歷代縣志校點前言和序跋	………………………………	40
正德志	…………………………………………………	40
前言	……………………………………盧敦基	40
永康縣志序	……………………………………葉　式	48
跋	……………………………………………陳　泗	49
萬曆志	…………………………………………………	51
序	……………………………………………吴安國	51
跋	……………………………………………胡以準	52
叙	……………………………………………應廷育	53
康熙徐志	………………………………………………	54
前言	……………………………………盧敦基	54
永康縣志叙	……………………………………徐同倫	66

1

永康縣志跋	尚登岸	66

康熙沈志 …… 67
前言 …… 盧敦基 67
序 …… 張希良 78
序 …… 沈藻 79

道光志 …… 80
前言 …… 盧敦基 80
重修永康縣志序 …… 廖重機 89
書永康縣新志後 …… 應曙霞 潘國詔 90

光緒志 …… 91
前言 …… 盧敦基 91
序 …… 郭文翹 102
序 …… 李汝爲 103
志跋 …… 潘樹棠 陳憲超 陳汝平 104

民國新志稿 …… 105
前言 …… 盧敦基 105
序 …… 千善韶 111

縣志人名索引 …… 112

部分職官姓名歷代刻本有異者 …… 138

《永康文獻叢書》縣志勘誤 …… 140

(光緒)永康縣志補遺 …… 147

唐宋元永康縣職官新考補正 …… 徐立斌 255

錄以備考 …… 261
沿革。永邑曾置縉州、麗州？ …… 261

縣治。除唐武德曾徙城北,舊治舊址歷代貫之 …… 264

疆域與區劃。天授二年(691)析縣之西境置武義縣,萬歲
　登封元年(696)析縣東南置縉雲縣,民國 28 年(1939)
　析縣東北置磐安縣 …… 265

城池與築城利害之辨。永邑可不可以、應不應該築城? …… 267

石城山。按郭璞注《山海經》:黃帝曾遊之石城山在新安歙
　縣東 …… 270

曆山。按《一統志》:舜耕曆山,在今山西蒲州 …… 271

金勝山,金豚山? …… 272

仁政橋。屢經兵火 …… 272

城隍廟。敕曰:城隍之神宜封曰鑒察司民城隍顯祐伯 …… 274

風雲雷雨山川壇。其遺址疑後之山川壇尖關老爺殿? …… 276

火災及寇亂記載 …… 277

壽山與五峰書院 …… 279

龍窟山與龍川書院 …… 283

廣慈寺。昔有僧眾五百餘人 …… 285

敬奉胡公迎案上岩日期列表 …… 285

胡則奏免衢、婺身丁錢,傳與墓誌均無載之釋疑 …… 287

陳龍川學術作文之法及策論 …… 287

朱熹來永康至少三次? …… 288

林大中別墅(龜潭莊)故址。桃源竟在何處? …… 291

櫸溪孔氏冒認聖裔? …… 293

義行世家應仕濂 …… 295

歷朝書目 …… 311

縣志中的度量衡單位 …… 336

後　記 …… 337

《永康文獻叢書》縣志引讀

《永康文獻叢書》編纂經過一年左右的醞釀準備,終遂永邑有志人士20多年夙願,於2021年3月10日正式啟動。《叢書》編纂工作在市委、市政府和宣傳文化部門的重視、關心和指導下,組成以李世揚爲主編的編委會實施。另設由若干永康籍知名人士、專家學者等參與的編纂顧問委員會,爲其"拉大旗,出點子",並設立"防火牆"。本人忝列顧委會主任,除了參加編輯例會,平時做一點力所能及的協調、"參成"(永康話:成人之美)的工作。

《永康文獻叢書》2022年的重頭戲是整理出版1949年以前永康歷代縣志和儒學志、鄉土志、五峰書院志。筆者從2022年11月中旬開始,通覽上海古籍出版社根據盧敦基校點後印出的電子版校樣,至今年4月中旬,將六部縣志通覽閱畢。原先的打算是借此機會通讀一遍現存歷代永康縣志,同時做一點(程序之外的)校勘。然盧君校點和上古出書的速度都很快,遂將重點改爲前者。考慮到此前的縣志刻本一般人不去閱讀,校點本出版後將減輕難度,倘縣市主政者、永邑讀者和關心本邑的同仁能用比較經濟的時間有所涉獵,或選其中必要內容瀏覽,對拓展視野做好本職可能會有所幫助。故將自認爲重要的內容和若干感觸不揣淺陋略述一二,妄稱"引讀",敬請方家指正。

歷代縣志和儒學志、鄉土志的校點,有幸請1977級杭大中文系畢業、在永邑工作兩年後入杭大古籍研究所和浙江大學攻讀碩、博的

《叢書》編纂顧問盧敦基擔任。盧君曾多年擔任浙江省社科院越文化研究所所長等職,去年在《浙江學刊》主編任上退休後即接此重任。之所以説"有幸",還因爲盧君是地地道道的永康人,除了知識淵博,有着非本土人士較難具備的對永邑歷史、地理和風土人情天然瞭解的得天獨厚條件,因而校點之順利、"前言"評點之貼切,也是順理成章了。

歷代縣志之纂修和存佚

永康建縣始於吴赤烏八年(公元245年)。永康有縣志,據目前可見的記載始於南宋,到1949年之前依次順序爲:

南宋嘉泰年間(1201—1204)縣志　陳昌年主纂。今佚。據光緒志"職官志",陳"嘉泰元年來任知縣","自公創爲邑志,而後乃班班可考,則公之有造於邑多矣"。

元延祐年間(1314—1320)縣志　陳安可主纂。今佚。陳,邑人,據光緒志"選舉志"爲"龍門巡檢"。

明成化年間(1465—1487)縣志　歐陽汶、尹士達纂修。今佚。據康熙十一年志"歷代修志姓氏",歐陽爲本縣司訓,江西分宜人;尹爲江西泰和人。

明正德辛巳年(1521)縣志(簡稱正德志)　主纂人爲吴宣濟、胡楷、李伯潤,參與人爲劉輯(學司教)、劉珊(學司訓)、艾瓊(學司訓)、章戀(蘭溪人),趙戀功(邑人,以下同)、徐訪、俞申、周桐、曹贊、陳泗。此志今存。據此志序、跋(書永康縣志後)記述,其纂修起於正德九年(1514),主事者爲知縣吴宣濟。初稿成於次年。正德十四年(1519)胡楷接任永康知縣,正德辛巳年(1521)胡擬將志"梓行之",遂組織專人修訂並由自己把關、耗時半年於次年四月完工付諸印刷。事將垂成,胡因故突然去職,由李伯潤接任(嘉靖二年,1523),此志隨後印出,主纂者又加上李的姓名。三位主纂者的簡歷,正德志卷四有記:"吴宣濟,字汝霖,廬陵人。舉人。正德九年任。以憂去。""胡楷,字天則,望江人。舉人。正德十四年任。嘉靖元年冬以事去,民皆惜之。""李伯潤,字文澤,山海衛人。舉人。嘉靖二年任。"

明嘉靖年間(1522—1566)縣志 洪垣(知縣)主纂。今佚。康熙十一年(1672年)縣志卷六"治官名表"記:"洪垣,字覺山。由進士。婺源人。自蒞任以來,修養濟院,修學宮並啟聖祠,建預備倉於興聖寺西,立申明亭,修縣治,建布政司,清稅糧,興水利,立方巖精舍,定淹沒子女之戒,嚴火葬之禁。惠政甚多,民至今思之。"當代文史學者也有疑此志即正德志嘉靖版。

明萬曆年間(1573—1620)縣志 吳安國(縣令)、胡以準(學司教)、應廷育纂修。今佚。僅存萬曆辛巳年(1581年)吳安國序、胡以准跋、應廷育叙(均載《永康文獻叢書》康熙十一年志)。康熙十一年志卷六"治官名表"記:"吳安國,字文仲。長洲人。進士。萬曆庚辰任。約己慎施,治行表著,多興革,作《縣志》,繕學宮,丈量清畝,立社學社倉,因火災建正一道院。後升溫處道,陪巡至縣,留三日召致故識屬吏,藹如也。宜入名宦。""教官名表"記:"胡以准,字可平。豐城人。舉人。萬曆五年任。嘗修縣志。"而邑人應廷育,應是主纂者。康熙十一年志、三十七年志,道光志,光緒志在"人物"卷中對其事迹都有記載,而以道光志、光緒志更爲詳細。兩志云:"應廷育,字仁卿。年二十七,登嘉靖癸未進士。"先後在多地爲官,後爲專心做學問,"以患病力請致仕。疏三上,乃得就里,時年甫四十有二"。"既歸,闔門守靜,唯以問學爲務","與人研究名理",講學切磋,"孜孜述作,垂四十年。雖年踰八旬,手不釋卷"。其著作甚富,"所著書,在官,有《讀律管窺》《南京刑部志》;在家,有《中庸本義》《周禮輯釋》《周易經解》《四書說約》《郊祀考義》《金華先民傳》《永康縣志》《經濟要略》《禮記類編》《史鑑纂要》《明詩正聲》《字類釋義》《卮言錄》《訓儉編》《自叙編》,凡十七種。末年又有《皇明文武名臣錄》,未就而卒,年八十二”。人稱晉庵先生。萬曆間,崇祀鄉賢。

康熙十一年(1672)縣志(簡稱“康熙徐志”)　今存。由徐同倫領銜纂修,主纂者有尚登岸、俞有斐等,參與者虞輔堯(司訓)、徐光時(邑人,以下同)、徐宗書、王世鈇、程懋昭、汪弘海。徐志卷六、卷七分别有記:“徐同倫,號亹源。湖廣安陸府京山縣人。由己亥進士。康熙六年任(知縣)。”“俞有斐,初任瑞金縣令,廉幹有惠政。以疾告歸,士民號泣板留。”而進士尚登岸與徐同倫同鄉,在徐同倫完成志書初稿後來永康,用幾個月時間參與修志,做了不少工作,並爲志寫了“跋”。此志國内已無存,幸賴徐林平、江慶柏兩先生從日本稀見浙江方志搜得。是故,本次《永康文獻叢書》對此志整理,以日本國立公文書館藏清康熙十一年刊本爲底本。

康熙三十七年(1698)縣志(簡稱“康熙沈志”)　今存。由沈藻領銜,主纂者有余瀍(司教)、余敬明(司訓)、朱謹(縣丞)、陳銑(縣丞)等,參與者(均邑人)王同廱、徐琮、林征徽、應錦鬱、俞玉韜、徐友範、王同傑、徐璣、徐彦滋、應本初、徐友閩、程璘初、金兆位。沈志卷九“宦表”有記:“(知縣)沈藻,號琳峰。江南松江府華亭縣人。乙丑進士。康熙三十年任。”“(縣丞)陳銑,字吉臣。順天大興人。監生。康熙二十三年任。”“(教諭)余瀍,字東覲,號潛亭。山陰人。壬子舉人。康熙三十五年任。”“(訓導)余敬明,字寅亮。龍遊人。貢士。康熙二十九年任。”縣丞朱謹則沈志和後之道光、光緒志均查無此人,但此志從第一卷到第十六卷首頁均有“昆山(第一卷爲吴郡)朱謹雪鴻編纂”字樣,應是不可或缺的重要人員。且卷十六“藝文”收有一篇“應仕濂傳”撰者就是“朱謹”。沈藻在志序中兩處引朱子(朱謹)語,謂兩人“志尚不歧,迭相默喻”,乃“書予兩人所見以爲之序”。如此看來,是否在本志“宦表”名單中漏抄了此君,而後志沿襲前志再無補正機會;抑或朱任職不在永邑。對於此志纂修,沈藻在序中言明,“始事於去秋,告成於今夏”。其間,康熙三十七年京城官員張希良視學浙江,在金華公幹之餘尋覽所屬八縣縣志，發現獨缺永康。恰永康知縣沈藻是他科考同年，於是動問。沈答書板毀於大火，已有二十餘年，且説久已有意修志，"當勉力從事"。書成，張爲之寫序，已是冬十一月。"科友"張希良的動問應是推動了沈志的修纂。清代戴名世有文（見《戴名世集》，中華書局，2000年）稱其"同年友"沈藻爲人"和厚而詳明"，"縣父老子弟皆懷其德，上官將欲文章薦之"。然在修志乃至離職後，據説"庫金因公事挪移四千餘金"，而"官吏去任，庫金不足者必償之"，沈"家故貧""無以得償"。縣父老子弟"以吾侯之賢"，打算"釀金（集資湊錢）助侯"，又因永康縣小民貧，僅集得四分之一，無以救急；後有某（巡）官至婺，瞭解到此情，召沈囑其帶話給同僚和上下級以捐俸相助，亦成效不顯。乃至沈滯留永康，直到去世。

　　道光十七年（1837）縣志（簡稱"道光志"）　今存。其纂修"有一個龐大的寫作班子"，本志卷首詳列了四十三人名單：總修廖重機等三人，校閱魏青岩等三人，分校張凱等三人，纂修應曙霞、潘國詔二人，分修徐紹開等九人，採訪程鳳岡等十七人，董事周師賢等六人。對此，盧敦基君在本志"前言"中有生動的叙述："總修三人：廖重機、陳希俊、彭元海，均曾任本縣知縣。廖於道光十四年（1834）冬來永康，覺得距前志纂修已過一百三四十年，實在應該重修縣志了。次年，他就立局開工。但不巧，此年秋天歉收，'經費不足'，工作暫停。下一年遇豐收年景，重新開局。但廖此時調到了横陽（今浙江平陽），來接任的是陳希俊。廖在交接工作時特別向後任提到縣志修纂，陳氏也高興地回答願意繼續。又過年餘，志書告成，知縣又換成了彭元海。彭元海何時到任，志無明確記載，但既上縣志編纂領導班子名單，顯然在刻板印成前已到位，至於幹了多少實際工作，則難説得很。而且，廖重機在這項工作一開始就聘請了當地的兩位官員充纂修職：應曙霞，原任甘肅秦州直隸州知州；潘國詔，前任直隸天津府滄州知州。兩人均曾任州職一把手，讓他們來主持實際工作，能夠更方便地應對來自各方的壓力和牽制。""可以認爲,此志是廖定宗旨,應、潘二人主持日常工作,衆人各有分派。""工作既多,人員亦富,但也可以説没有一個人負主要責任。"人多確實有利有弊,但盧君認爲:"如果從志書的外觀及編校品質上來看,此志在現存永康志書中無疑是最好的一種。"

光緒十七年(1891)縣志(簡稱"光緒志") 今存。按照本志"卷首"的羅列,總修爲"任永康縣知縣"李汝爲、"署永康縣知縣"郭文翹,校閲爲戴穗孫等二人,分校爲李世均等三人,纂修爲"欽加内閣中書七品銜孝廉方正候選教諭拔貢生"潘樹棠、"舉人候選知縣"陳憲超、"恩貢生前署淳安教諭"陳汝平,分修爲朱正廉等四人,董理爲黄人守等二人,採訪爲王齡等五十二人,合計六十八人。光緒志的纂修一波三折:同治十二年(1873),湖南善化人趙煦(字舜臣)署理永康知縣,次年他請潘樹棠等人纂修新志。因"經費不敷",工作半途而止。其間大約歷五任知縣,十六年後即光緒十五年(1889年),江西新建人李汝爲(字桐孫)來永康任知縣,方以潘樹棠等起草的舊稿爲基礎重啓縣志修纂。又過二年開設志局正式進行修志工作。但到光緒十七年(1891)七月李突然病逝於任上,安慶合肥人郭文翹接任署理縣事。端賴潘、陳、陳三位纂修歷經八任知縣仍鍥而不捨、難以定稿者"郭公祖(文翹)酌裁審定",光緒志終得成書。

民國永康縣新志稿 由寧海干人俊纂,於民國三十四年(1945)成稿。今存。此志稿前有干人俊之父干善韶作序介紹成書經過:1939年秋,干人俊在縉雲壺鎮安定中學(今杭七中前身,因避日寇遷居至此)任教,壺鎮毗連永康方岩,干人俊曾遊其地,"而受某方(注:推測爲浙江通志館)之促",纂修永康新志。方創之際,因"母病囑返,就近天台中學執教",纂事中阻。到1944年秋,干人俊任寧海縣志館編纂,"復受某方之促",抽空續纂成書。干人俊其人其事,今李聖華、萬吉良主編之《寧海叢書》第34册(上海古籍出版社,2016年)《方正學先生年譜》提要中有介紹："人俊字世傑,一字庭芝,號梅園,寧海下何人。善韶子。生於光緒二十七年。"

綜上所述,本邑 1949 年之前有記載的縣志十一部,已佚五部:宋嘉泰年志、元延祐年志、明成化年志、嘉靖年志、萬曆年志;今存六部:明正德志、清康熙徐志、康熙沈志、道光志、光緒志、民國新志稿。存者已全部收入《永康文獻叢書》。

現存六部縣志簡介

正德志 全書八卷,約 14.5 萬字。這是今人能看到的最早的永康縣志。此志編纂時,前面三部縣志(宋嘉泰、元延祐、明成化)均未佚,主事者皆曾寓目。因此,正德志可以說是我們從縣志的窗口溯望的永邑歷史的起點。從此志《凡例》中知,編纂者認爲宋、元兩志"略而未詳",明成化志續修"又多失實,難以取信",故"今據宋、元二志,稽之先哲文集,並採諸故老傳聞,以備其未備"。用當今語言,即此次修志將查考文獻依據與坊間調查並重互補。編纂者的努力得到了翰林院國史編修葉式(注:刻本如此)的肯定,葉作志序云:是志"其發凡舉例,要而盡,直而不訐,扶樹教道而微於寓意,如寬於隱惡而併存人風,詳於人物而不附異教,謹於遺文而不貴無益。若此者,皆妙得良史法意。永康之志,至是而詳實有體矣"。儘管如此,編纂者在《凡例》中清醒地提醒:"其間遺失尚多,惟後之君子補之。"

葉式作序是否場面上說的官話好話?似乎非是。筆者在瀏覽正德志中注意到卷三三條按語可以印證:一是"田土"子目講到明初賦稅按田土實際丈量均攤,"民受其惠",但年長日久之後"弊端百出","有田者不稅,有稅者無田","豪家鉅室有收穫之利,而無征斂之苦,其害悉歸之小民",以致"毀屋廬、鬻男女償之"。此時,弘治四年站出一個縣令王秩,頂住壓力對田畝和地主進行清理,"自是田得其實,稅有所歸。至五年造册,而前弊去矣"。按語用了一大段話對王秩的爲政進行褒獎，頗有弘揚正氣、樹立好官典型之意（王的"美政甚多"，志中卷四"名宦"有記）。二是"物產"子目按曰："以上諸物，皆邑之所出也。""其有關於民生日用者，僅足取給而已。爲政者盍亦思所以撙節愛養之乎！"強調當官人要節儉，切勿濫取，要以養民爲重。三是"賦"子目後按語，針對官府巧立名目搜刮民膏民脂，斥"實奸宄之囊橐，而朝廷不獲實用。惜哉！"確是"扶樹教道而微於寓意"。

康熙徐志　全書十卷，25萬字。從卷一到卷十首頁均有徐同倫重修，尚登岸、俞有斐彙輯，虞輔堯校正，徐光時編纂，徐宗書參閱，王世鈇、程懋昭編纂，汪弘海校梓字樣，以示參與修志者分工職責。中國古代文獻散失狀態驚人，盧敦基在本志"前言"中執言："到了康熙十一年時，正德前的三部縣志都已經佚失了，當時所見正德志也非全本。""嘉靖志則完全沒有提到。"由此推斷："徐志所依據的舊志，實際上主要是正德志和萬曆志兩種，而以萬曆志爲主。"正德志爲八卷，萬曆志爲十卷（見本志載應廷育《舊叙》）。徐志《凡例》擬定："前志例分十則，嚴正簡括，因悉仍舊。""續修斯志，邑侯以本邑事惟邑中紳士稔悉，絕不與以己意。無論鉅細，悉付公議。故任事者愈加詳慎，稍有見聞未核，寧爲闕文。集中一事一言，皆從輿論確實，無可移易。""人物篇。仍舊不立標目，分列四款。所續入者，先采諸邑里，次議於學校。必行實詳確，方可錄入，比別條尤加慎焉。"可見對邑事和新人入志之程式嚴格慎重。總的來說，徐志無論從體例編排和內容采寫，大體繼承了萬曆志："地理以經之，建設以紀之，貢賦以征之，户役以庸之，風俗以齊之，秩官以董之，選舉以興之，人物以表之，藝文以飾之，遺事以綜之。撰厥典常，細大畢舉，縣之文獻，於是乎備。"就其本身特點，盧敦基概括了三條：一是求實；二是詳盡；三是對待故實慎重。詳見"前言"，此不贅複。

康熙徐志在正德志（其纂時宋、元、明前三部縣志均未佚）和萬曆志的基礎上努力揚長避短，力循"嚴正簡括"，故將其分卷設置照錄如下：卷一（地理篇），卷二（建設篇），卷三（貢賦篇），卷四（户役篇），卷五（風俗篇），卷六（秩官篇），卷七（選舉篇），卷八（人物篇），卷九（藝文篇），卷十（遺事篇）。以供參閲各志舉一反三。

康熙沈志　全書十六卷，36.6萬字。此志所依據的舊志，當是明正德志、萬曆志和清康熙徐志。由於沈志與徐志只相去二十六年，所以沈志中有不少照抄前三部志書，但皆標出出處，或指明其間的同異。其體例則"遵洪瞻府志，立標題四十有三，皆自然之條例，非意見創立者也。每題各有小序，亦遵府志例也。"（見本志沈藻"序"）。《凡例》進一步説明："不更於標題之上強立綱總，蓋標題即爲綱矣，復加以綱中之綱，是爲造作。又不於一題之中瑣瑣分類，蓋標題之下即爲目矣，復析以目中之目，是爲煩瑣。""標題雖各款分列，而次第承接，仍屬一貫，不容倒置，不須增減。"本志與此前縣志相比，一是標題調整（增加）之後每一標題下均撰小序。小序通常對該項内容的重要性概而述之，也有不少是討論該項事物的至理乃至進行論辯、發揮，抒發纂者的主張。起到前述正德志中按語"直而不訐""微於寓意"的作用。如"宦迹"小序一篇述後一句"夫小民一時之利害，官吏得以操其生殺；而官吏千載之是非，即小民亦得而擅其褒譏。故宦迹有志，大可慕也，亦可畏也"。官聲可慕，民議可畏，人怕出名猪怕壯，做得好上了縣志，也必須接受平民百姓公開監督。二是内容有較多增加，這從本志字數分別比正德志、徐志多二十萬、十萬即可知曉。三是編纂較爲嚴謹。閲志各卷，每卷首頁均載（本卷）某某重修、某某參閲、某某編纂、某某校訂。凡十六卷，"重修"均沈藻，"編纂"均朱謹，全書一以貫之；"參閲""校訂"這類"第二道工序"則各卷承擔者有同有不同，職責分明。

道光志　全書十二卷，46.7萬字。本志主纂雖歷經三任，但如前所述，首任總修廖重機一開始就聘請了兩位資深"州級幹部"應曙霞、潘國韶主持日常編寫工作，秉承其"搜采不厭周詳，棄擇務期精當。

志猶史也，而褒譏寓焉。志非譜也，而稱述異焉"之既定方針，三任總修一以貫之，兩位纂修落筆"隨諸君子之後，而稽諸史牒，考諸省志、郡書，咨諸一邑之公論，闕者補，繁者芟，訛者訂，按部就班，巨昕細眊，惟明府（指廖重機）之取裁，而無所容心於其間也"（見應、潘志跋"書永康縣新志後"），加上城鄉"搜采"有一個多達十七人的採訪班子。相比於前志，卷首圖譜（永康全境圖、縣治圖、公署圖、學宮圖）描繪更精細，刻印更清晰；卷內文字內容更充實，敘述更翔確。如將橋樑記述由縣城向周邊輻射系統化；將集市市日按主次、名墓按時代層次分明記載；增加"縣治"下的火災、"學校"下的書院、新修"壇廟"、新設"武備"、新建"坊表"等內容；而"藝文"和"人物"則更是大幅加多。全書字數比前志又增加了十萬。還值得一提的是，本志在"地里志""風俗"篇首提"士農工商"，其中"工"羅列了"土石竹木金銀銅鐵錫"匠，似是永康"五金"的最早出處。

  光緒志　全書十六卷，62.6萬字。此志是民國前永康歷史上最後一部傳統舊志，也是篇幅最大的古志。是志在舊志的基礎上編纂，但時經兵火，連康熙十一年的徐志都已殘缺不全，所倚仗的只有康熙三十七年的沈志和道光志了。對照三志，可知本志基本上在道光志的基礎上修纂。雖則從十二卷增列為十六卷，但就子目而言，除了個別有所調整和歸納分析，大體如舊。所增加的內容主要有：一是"人物"。光緒志在"治官姓氏"和"教官姓氏"（目錄漏）目下做了大量增補，這些增補都列出經過考證的依據。二是"蠲恤"。光緒志新創此目，列於"田賦志"之下，用於記載本朝開國以來的減免記錄。三是"祀典"。特別是增列了諸如告誡生員的臥碑文和皇帝上諭、訓飭士文、訓諭文等"公文"文獻。四是太平軍戰亂。五是藝文。最後特別應指出的是，在"列女"卷中補入了康熙年間烈女吳絳雪，並用長篇文字介紹其事迹，"閤邑公禀具詳奏請旌表"。簡而言之，光緒志"於舊事，則考訂之，增益之；於時事，則或依官方記載抄入之，或派員採訪而述錄之"。

民國新志稿　全書十六卷,9.6萬字。此志不大量抄錄舊志,而專選新事記載,內容更多著眼於經濟和社會。值得一提的有：卷三"機關、團體",羅列了自省政府以下三十六家抗戰期間自省城遷永的機關團體及負責人,永康本地十七家團體名稱；卷八"交通",用文字和列表簡明介紹永邑公路、水道、郵政、電政四項；卷九"商業、金融",除概況外重點記載轉運業、牙行和農民借貸所；卷十"教育、衛生",披露了本縣初等教育、中等教育、社會教育和醫院、醫師、診病等的有關資料；卷十二"古跡",記載了光緒志沒有寫到的地方(據其他歷史文獻采入)；卷十三至十五"藝文",其"書錄"對前志"書目"有所補充增益,其新增"文編"如郁達夫《方岩遊記》、陳萬里《遊方岩紀略》《方岩遊記》(日記體)、嵇光華《方岩探勝記》(日記體)等頗有新意；卷十六"雜記",內容駁雜但很有價值,如光緒志後到光緒末年歷任職官的姓名、籍貫、官銜及任職時間,方岩廣慈寺八房和僧眾人數,岩頂商店店號設址和經營內容、季節性商店的經營內容和設址,岩下街商旅店號和經營性質,各村"迎案"的上岩日期等。此志採用了大量的統計數字,順應了修志"現代化"萌芽的技術要求。此志的不足之處是內容太過簡略；由於纂者非本邑人且在永康逗留時間不長,對本邑沿革和疆域(如1939年新建磐安縣引起永康區域變化)把握不確。

閱志隨記

永康縣志卷帙浩繁,不同人不同的閱覽重點,當會有不同的收穫和發現。筆者通覽也是大而化之,偶有收穫,大多遺珠。以下僅從囫圇吞棗中記下一些感觸：

城隍廟記　城隍者,民間指專管某個城的神。永邑城隍廟何時始建？正德志云："宋建,元因之。"其址在"縣西百步。其制：正殿三間,兩廊各五間,三門三間,二門一間,前門三間。"乃三進磚木結構,坐北朝南。廟於"國朝洪武三年(1370)知縣吳弘道(重)建。正統十四年(1449)火於寇。景泰三年(1452)知縣何宗海復新之。弘治十一年(1498)，前門毀於火。十七年(1504)建。兩廊傾圮，正德十四年(1519)重建"。又查光緒志載："城隍廟，在縣治西三十許步。""嘉靖三十一年(1552)知縣杜廉建修。國朝康熙間修葺。道光三年(1823)，邑紳士以歲久將圮，捐資重建。"明"洪武二年(1369)敕封，制曰：永康縣城隍，正直聰明，聖不可知"，"宜封曰監察司民城隍顯祐伯。顯則威靈丕著，祐則福澤溥施，此固神之德，而亦天之命也"(見正德志)。洪武二十年(1387)，朱元璋"改正天下神號，凡前代加封帝王侯伯之類皆去之，惟城隍特封爲監察司民城隍顯祐伯，且令置公案筆硯，與縣官視事同。新官到任，則令與神誓焉"(見康熙徐志)。永邑城隍，相傳是唐代永康縣令顧德藩。顧爲名宦，歷代縣志均有記載。現存最早正德志云："顧德藩，大中間(847—859)領邑事，拳拳以養民爲務，嘗作三堰以防旱潦，高堰乃其一也。政有恩惠，民皆德之。"可見城隍是很神聖的，它是當地縣衙的"影子內閣"，又對縣官行受誓和監察之責。

　　這裏說到前面明洪武三年建廟的知縣吳弘道，正德志卷四"歷官"中有記："吳貫，字弘道。吉水人。洪武元年任。撫民有道，蒞事公平，民懷之。"康熙三十七年沈志刻本卷八"城隍廟"子目將洪武三年誤刻爲二年，將知縣吳弘道誤刻爲何弘道，道光志、光緒志則又以避諱之故刻爲何宏道。此雖微瑕，但出於對先人負責的態度，記此備案。

　　抗戰期間，永康縣城遭日機多次轟炸，城隍廟未能倖免。日本投降後，百姓捐資重建，於1948年4月竣工。1999年上半年開始勝利街拆遷以前，筆者時任永康市委副書記兼市人大常委會黨組書記，曾帶隊組織人大、政協會同市政府有關部門對城隍廟等古建築和部分在城歷史名人故居、紀念性遺址進行聯合視察，以書面文件向市政府提出原址保留意見，並在市委書記辦公會、市委常委會會議上多次呼籲重視保護工作。市文物部門也積極行動，在省、金華市文物部門的支持下，向市委、市政府報送"保護爲主，搶救第一，在舊城改造中做好文物保護"的書面資料。但因種種原因，決策者勉強決定對城隍廟採取"遷建保護"，易地搞了一個簡易建築，後因失管被市民用作燒香燃燭的場所，幾年後毀於大火。城隍廟是永康城内最古老的建築物之一，從宋始建至今已有近千年歷史，坐落在縣城最高處，在永康古城貫穿南門和北門的中軸線上。原址保留城隍廟，一可以留下永邑古城的標誌性建築和座標點（即使大規模城市變遷，仍可依託此座標點定位）；二是有利於爲官清廉、務實爲民的歷代主官事迹流傳；三是順應民心延續歷史文脈。而今斯廟已去，手撫縣志，惜乎，痛乎！

與保留城隍廟一樣未能遂願的還有古城牆和龍山胡氏總祠。古城牆是在勝利街開始大規模拆遷後，於1999年5月18日被發現的。該牆體分東、西兩段，條石壘成，東段長18米，西段長22.2米，下寬6米，高3米。文管辦的同志實地考察後，初步定爲明崇禎年間（1628—1643），城門爲光緒志刊載的縣治圖之南門，有極高的保護價值。應永康文管會急電請求，省、金華市文物局局長和專家專程趕來考察，並向省人大常委會原副主任、文物專家毛昭晰電話彙報求援。爲此，市委書記、市長牽頭四套班子和有關部門領導召開"論證會"，空前一致形成保護共識。遺憾的是，"保護派"和"建設派"對"保護"的具體方案未達一致，以致遲遲未能實施，加上屢屢有人趁夜偷走城牆條石，致使牆體嚴重受損，最後只得遷就"建設派"做法，用建築條石重砌一小段嚴絲合縫的現代"古城牆"，由市委書記題寫了"古城南門遺址碑石"，算是留了一點遺存。

龍山胡氏總祠地處老城山川壇街，是清同治年間永邑義士、咸豐壬子科副貢授州判胡繼勳（字磻溪）"敬宗收族，不辭跋涉之勞，訪至各府縣合六十餘村"（光緒志語），秉承"千枝一本當各有追遠之心，異派同源不可無敦倫之地",合胡氏各支派在城共建。内供奉包括胡則支派在内的永康及縉雲、東陽胡氏始祖。總祠規模宏敞,爲永邑之最,且建築保存完整。在當時"大拆大建"的大氣候下,也在勝利街拆遷的隆隆機聲中轟然倒塌。

  筆者記此突發奇想,如果縣志的普及能早點開展,主政者和參與決策者對永邑的歷史遺産有更多的瞭解,是否對上述建築和更多的文物保護會形成更多的共識呢?

  人物志記 通覽各志,記載人物的文字以道光志、光緒志爲最。其原因自然是隨着年代的進展,後之所纂志書内容比前志增多。但還有一個重要原因,是兩志均配置了相當龐大的採訪人員(道光志17人,光緒志52人),深入基層進行田野調查,從各方面採輯到更多可入志的信息。兩志有關人物的體例大致相同,均包括職官志、選舉志、人物志、列女志等,所記載的内容有點類似宗譜的行傳(或更詳)。撇開其中治官姓氏、教官姓氏、選舉志等相對固定,爲循舊例而設的條目,筆者對光緒志采入人物的衆多子目進行統計,結果是:治官列傳38人,教官列傳7人,武官列傳1人,名臣22人,儒林34人,孝友63人,忠節27人,政績37人,文苑34人,武功9人,義行91人,隱逸21人,孝女11人,貞女46人,節女2 448人,烈女411人,義婦1人,合計3 301人。而正德志所載同類人物僅91人(名宦9人,名臣1人,政事8人,文學6人,卓行6人,忠義4人,諫諍3人,孝友3人,遺逸4人,遊寓5人,貞婦42人)。

  縣志人物中最卓越者自然非爲官造福於民的胡則和學問大家陳亮莫屬,其事迹與藝文,各志均有載述。在近代,筆者認爲應寶時父子與胡鳳丹父子等值得邑人關注。應寶時(1821—1890),字敏齋。永康遊仙鄉芝英鎮人。曾任清知州、知府、上海道臺、授江蘇按察使兼署布政事;其子應德閎曾任清縣知事、藩司,辛亥革命後任江蘇民政長。光緒志有傳,並載李鴻章爲應寶時請建上海專祠的奏摺和應寶時"禀蘇撫張中丞之萬書""直省釋奠書序""重刻龍川文集後序""重建胡公廟記""瓜涇橋分水墩記"等藝文。應氏父子事迹多多。胡鳳丹(1823—1890),初字楓江,最後字月樵。遊仙溪岸人。清末藏書家、出版家、著作家,自費編刻出版《金華叢書》三百四十卷。其子胡宗楙(1867—1939)字硯山、季樵,清末民初實業家、藏書家、目錄學家,繼承父志輯編出版《續金華叢書》一百二十卷,校勘之精版刻之善勝過前書。光緒志有傳,並載胡鳳丹"大別山志序""北山集序""金華叢書書目提要序""重建試院落成記""重修邑城北鎮廟前廳記"等藝文。胡鳳丹父世楷號雅堂,曾捐田助學,公益鄉里,胡氏多位家人在咸、同年間"粤寇"竄擾江浙時奮勇捐軀,號稱"一門八烈",均縣志有記。

　　康熙沈記、道光志、光緒志均重墨記載了明朝芝英邑人應曇(字仕濂,應寶時一枝也屬其後裔)捐資置田做慈善公益的事迹。光緒志"義行"云:"正統己巳(1449),文廟毀於寇,知縣孫禮議重建。曇請獨任其事,薦工聚材,方閱歲而大成殿、明倫堂次第落成。生平勇於赴義,所在輒有恩及人。在永嘉分金以急人之難而不問其名,在武林還金以甦人之命而不告以姓氏,在家則出廩粟以賑饑荒,置公田以助里役。他如架梁風橋,建普利寺,贖寺產以贍僧,僧構祠報焉,御史黃卷撰有碑記。雍正二年(1724)崇祀鄉賢。"清朱謹作"應仕濂傳"云:"君於邑中義舉,罔不勇赴,捐金以葺學校,置田以助里役,築橋賑饑,修復佛寺,計其生平,所費不貲,而卒莫之竭也。迄今芝英一區丁允數千人,其賢裔猶能守禮好義,宛如仕濂公存日云。"歷代縣志多處記載了應仕濂及裔孫後人前赴後繼連綿不絕以賑災助學公益慈善爲己任的記事,感人至深,令人肅然起敬。有俗語曰:"一個人做點好事不難,難的是一輩子做好事。"筆者閲志後感:"一個人自己做點好事不難,難的是引領家人、後代都來做好事,世代相傳,才是最難的啊!"仕濂公及其後裔的善舉,構成了芝英千年古城的風骨。

前覽光緒志中人物，其中有列女2917人。列女者，孝、貞、節、烈、義，婦女之楷模也。應該說，縣志中記載的人物，其事迹大都以其好官、好儒、好義、好行的形象，引導世人與社會朝正義、向上向善的目標前行。然覽斯志，獨列女似值商榷。試從孝貞節烈義女中拈選幾例："何三九妻徐氏，年二十二，夫亡。或議欲改嫁之，輒引刀自刎，勸之獲免。自是人莫敢復言。""庠生王師憲妻周氏，年二十四，夫亡。目不窺牖。性至孝，舅（公公）宗烴患病，割股療之。""應氏三節，應子聖妻周氏，年二十三，夫亡，撫子惟介，娶朱氏，年十九，惟介亡，遺腹子君發，娶朱氏，年二十一，君發又亡。姑媳三代，孀節凜然。""程章甫妻黃氏，年十七歸程。三年而章甫卒，即剪髮繫夫手，誓同死，遂絕飲食，蓬首垢面，依夫像號泣，淚盡，繼之以血而死。"凡此種種，不一而已，乃至悲慘而終。由於封建禮教的蠱惑和千年道德的引導，古代婦女自覺或不自覺地接受了這種漠視婦女權利和獨立人格的現實，甚至成為入志的榜樣。如是，今人早已不以為然。但從另一面看，這些舊式的"節烈之行"對提倡對婚姻的忠誠、家庭的責任亦有一定的正面作用？

序跋記 六部縣志皆有序，康熙沈志、民國新志稿無跋。合計六志序跋12篇。萬曆志佚但存序跋3篇。除正德葉式序、民國干善韶序外，其餘13篇均光緒志有收。

正德志序葉式所作，前已述及。跋為參與修志者陳泗所作（未收入《叢書》正德志，收入康熙徐志、沈志、道光志、光緒志），跋云："夫金華稱文獻邦，永康為其屬邑，山川秀氣之所鍾，自昔人才之盛，不在他邑下，如胡子正（胡則）之忠厚，陳同甫（陳亮）之激烈，林和叔（林大中）、應仲實（應孟明）之正大光明，皆表表足稱。"

康熙徐志，領銜撰修徐同倫序，其情懷於志溢於言表："今此無徵已致咎於前此之闕略矣。若不早計，則後此之紕漏，不又致咎於今此之放佚乎！"（志告成後）"他日徵文考獻，則典冊具在，庶可傳信於千萬世云。"跋爲徐同倫同鄉尚登岸所作,云:"徐君薴源,出宰是邑將六載,政成化洽,歌頌聲洋洋盈耳也,乃翻繹舊志,手爲釐定,俾百十年來往事遺行,燦然大備。余浮鷗斷梗,品藻煙雲,獲從幾研之間,共爲參校。""數閱月而書成,上以佐興朝文治之盛,下以發名邑潛德之光。"

康熙沈志由張希良、沈藻分別作序,主要交代成書緣起、過程和編寫要旨,前已有述。跋無。

道光志序爲首任總修廖重機作。與衆不同的是,該志告成時廖已離開永邑有年,是"邑紳士來請序於余",此可見廖對此志之力之功。廖重機對縣志的重要性認識也是十分到位,其序云:"故志所以紀一邑之事,而宰是邑者,將於此徵文考獻,爲敷政立教之本,非徒藉以誇博洽美觀聽、黼黻太平已也。"該志跋(書永康縣新志後)爲纂修應曙霞、潘國詔所作,將修志要旨表達得言簡意賅(見前述道光志簡介)。

光緒志序爲兩位總修李汝爲、郭文翹所作。李在即將成書時突逝於任上,所幸留下一篇彌足珍貴的序文。跋爲纂修潘樹棠、陳憲超、陳汝平所作,跋云:"某等時思其難,周詳審慎。所有故事,辨訛補缺,注明出處,與爲征信。時事則殉節士民及殉難烈婦,本兩浙忠義局參入之,不敢妄筆。貞節婦女,則依採訪簿據,並憑公論,不徇私見。仕籍門職銜、祀典門墳墓,均照舊志條例,不敢冒濫登載。凡諸門類其隱匿情事,下筆去取有甚難者,必遵照主修郭公酌裁審定,不敢擅專。惟職官一門有遺失者,自晉至唐、宋歷朝,既得所考以補之已,復幸得金華縣學謝公遹聲,淵博鴻才,留心掌故,郵寄元、明以來職官增補二十餘名。而志之全帙,則本學主教戴同翁互相參閱,某等得所就正而取裁焉,俾得益思其難而敬慎之,不至一字之紕繆以自取戾。"字裏行間,對修志奉若神明、審慎無私的敬畏之情躍然紙上!

據說,古代做縣官,最重要的就是三件事:理訴訟,收錢糧,纂修縣志。從永邑歷代修志總修和主纂來看，也都以縣令爲主體（輔之以名宦、名儒）。看來，從古到今，儘管一縣之令日理萬機，但對縣志也不能置若罔聞：一是瀏覽以知縣情；二是知人以善其任；三是推廣以正風氣；四是躬親以存正史。言之泛泛，如此而已。

胡德偉

2023.5.23 一稿

2023.11.2 修改

六部《永康縣志》裏的如煙往事

俞曉贇

如果有機會穿越到明代、清代或民國的永康，你需要做哪些準備？

首先，你必須賺點錢。那你得知道，哪些東西是當時永康主要的貿易商品。

其次，你還得避開各種災禍，比如打仗，從哪幾年打到哪幾年，在哪些地方，造成的傷害有多大。你得知曉這些信息才能躲過。

另外，活着就要交稅，那你一年要交多少稅？怎麼個交法？

還有，很重要的一件事是，你得知道那時候永康面積多大，包括哪些地方，跟現在的永康是不是一樣的？

這些重要信息應從哪里獲取？縣志。近期，《永康文獻叢書》連續出版多部《永康縣志》，涵蓋明正德九年（1514）至民國三十四年（1945）這400多年間的永康歷史，一站式滿足你的求知欲。縣志裏都記載了哪些事？今擷取部分與你共賞。

王秩履畝記實

電視劇《顯微鏡下的大明》裏，有個對稅務較真的、拿魚鱗冊反復研究的呆子。這樣的人在永康也有，也在明代，不過，他不是平民，而是主政永康的父母官，名叫王秩。

王秩，南直隸蘇州府太倉（今屬江蘇）人。明成化二十三年

(1487)進士,弘治初年任永康知縣,這是他第一次主政地方。上任後,王秩對一件事百思不得其解——爲何有田的地主豪紳不用交稅,沒有田的佃民却要交重稅?

明朝開國伊始,明太祖下令在全國重建賦役制度,編繪魚鱗圖册和黄册,記録耕田情况,百姓根據耕田和勞動力賦稅,清晰公平。可是短短 100 年間,賦稅却弊端百出。因爲長久不登造賦役册籍,以及主管賦稅的糧長貪污枉法,導致土地疆界不清,官田變民田,民田得負官田之稅。同時,産去稅存、有田無稅的現象日益嚴重,佃民百姓賦役負擔倍增。

這樣的現象,在當時各地比較普遍,永康尤其突出。百姓實在不堪重負,只能賣房來交稅,有的直接遠走他鄉,留下荒蕪的土地。

王秩陷入沉思。身爲一方父母官,怎能眼睜睜看着民不聊生呢?

弘治四年(1491),頂着地主豪紳的壓力,王秩帶領測量師傅出現在田間地頭,對全縣土地重新測量造册,使"田得其實,稅有所歸"。經過 5 年努力,一些賦稅弊端得以革除,佃户百姓重新得到實惠。

永康縣學生應綱將此事報告給翰林侍講吳寬,吳寬將王秩"履畝記實"的故事寫成《核田記》,誇其"美政甚多"。

同年,永康大旱,王秩開倉賑灾,解决百姓生計。在他的努力下,没有百姓因爲没飯吃而淪爲盗賊。兩年後,王秩升任南京兵部主事。在永康爲官期間,王秩勤政爲民,得到永康人的愛戴。數年後,永康縣令吳宣濟等人在纂修《永康縣志》時,將王秩列入"名宦"。此後,各版本《永康縣志》均述其事迹。

沈藻勘察縣境

古代的永康到底多大?與鄰縣的交界處在哪?在康熙年間的永康知縣沈藻前,没有人真的花力氣去探究。

關於永康面積的問題,明正德版《永康縣志》早已記載:永康疆域東西相距265里,南北相距100里。

清康熙十一年版《永康縣志》也交代了四面疆界,更說截長補短,正方約可120里。時任知縣徐同倫說,若按古代封侯建國的標準來說,永康可以當得起一個大國。

康熙三十六年(1697)春,爲了搞清永康到底有多大,在督憲郭世隆的命令下,沈藻率隊勘准縣境。他沿着官道跋山涉水,先後來到13個縣界處,立了13塊石碑。

透過沈藻的足跡,我們不難發現,當時的永康要比現在大多了。這是因爲盤安的盤峰、五美、翠峰以及武義的桐琴,那時也屬於永康,分別被稱爲四十五都、四十六都、四十七都和八都。在光緒版縣志《永康里居圖》中,右側那個宛如拳頭般的區域,正好對應了盤安的三個鄉,南孔後裔櫸溪村便藏在這"拳頭"之中。

縣志記載,永康環縣四境,皆山也。可以想像,在那個交通只有轎子、馬車和舟船的年代,沈藻要到達各邊界應該不是容易的事。或許,這得花費一兩個月,甚至更多時間。

因此,《浙江學刊》原總編輯盧敦基點校時說:"儘管縣太爺基本不用徒步勘界,但仍然是不易的,關鍵是更清晰地掌握縣情,也爲後人留下了不可磨滅的印記。"

這位第一個實地勘察永康縣境的縣令,在任期間深受百姓愛戴。但令人唏噓的是,他離任時却被發現因公事挪用了庫金。根據規定,他得補足錢才能離開。雖有好友募捐,但他也無法湊足,只好長期滯留永康,直到逝世……永康這片土地承載了他所有的輝煌和落寞。

沈藻編的縣志還留下幾個重要數據:永康到金華的距離是騎馬110里,乘船180里;到杭州是騎馬530里,乘船620里;到北京則是騎馬4 180里,乘船4 780里。

民國之前的各版本《永康縣志》都沿用了這一組資料。不同朝代度量衡都不一樣,各版本縣志數據爲何一樣?要麽是明清時期官道變化不大,要麼是主編者並未實地走訪,只是簡單照抄前一版,像沈藻這樣以腳步丈量大地的人,世上究竟還是很少的。

太平軍兩攻永康

165年前,清代咸豐八年(1858),立夏剛過,往年這段時間人們都在忙着做青精飯饋贈親朋。

而那年的永康城,人們却無心過節,惴惴不安,因爲前方消息傳來,石達開率太平天國的江西兵馬正全力攻打浙江。不久後,農曆四月十二日,石達開的下屬憲天燕帶領一支人馬出現在永康城外,假借招安爲名攻下縣城,直到六月初八才離去。這是太平軍第一次攻克永康。

太平軍第二次攻打永康則在三年後。咸豐十一年(1861)五月十八日,太平軍由縉雲進入永康,永康各鄉民團與太平軍鏖戰三個月,逼得太平軍將領蕭大富帶領數萬兵馬支持,永康城再一次被攻下。

同治元年(1862)四月初,武平鄉團率衆突襲石柱。此後,各鄉民團佔據山險,吹起反攻號角。十二日,蕭大富戰死。十四日,各鄉民團圍城困住太平軍。雙方反覆僵持,戰事十分激烈。

同治二年(1863)正月,清軍先後收復龍遊、金華、蘭溪、湯溪等地。盤踞在永康的太平軍才在正月十六撤離。

時隔165年,今天我們通過光緒版《永康縣志》的《咸同間寇亂紀略》,似乎依然可看到當時的刀光劍影……

戰爭期間,百姓只能四處逃難,一時間路上餓殍遍地,妻離子散,村墟零落,鳴吠無聞,炊煙罕見,慘不忍睹。

據光緒版《永康縣志》記載,咸同年間,因爲這場戰事,"闔邑之衆已損十之七,所餘者又是饑民,房屋幾毀五之三,豁免者亦只破屋。"當時,永康全縣只有孝義鄉(今盤安三鄉)、方巖等地因山勢險要,才倖免於難。

戰爭中，最慘的就是無力保護自己的婦孺。譬如，光緒版《永康縣志》卷十"列女"中可看到，咸豐十一年，監生胡洪魁妻姚氏在亂兵逼迫下跳崖而死。類似記載，在這一卷中有整整10多頁。這些名字便是那些被封建禮教壓迫，又在亂世中身若浮萍的女性，在人世間留下的唯一痕跡。由記載可知，許多女性是懷抱孩子赴難的。

盧敦基在點校時說："縣志內記載的相關內容，可以讓我們看到太平天國戰爭時期的民眾生活，可補其他書籍所缺。"

10餘次修縣志

根據明人葉式的說法，永康有縣志始於南宋嘉泰年間。

時任永康知縣陳昌年首開永康修志先河。彼時，陳亮逝世不到10年，想必龍川先生的傳奇已列入其中。

宋亡之後，元延祐年間，永康人陳安可主纂了第二部《永康縣志》。明代成化年間，江西人歐陽汶、尹士達主編了第三部；正德九年起，吳宣濟、胡楷、李伯潤三代知縣接力纂修了第四部；嘉靖年間，知縣洪垣纂修了第五部；萬曆年間，縣令吳安國完成第六次纂修。

清朝康熙年間，徐同倫和沈藻分別纂修了兩部。道光年間，廖重機、陳希俊、彭元海，三任知縣再次完成接力。光緒年間，歷八任知縣後，光緒版《永康縣志》始成。民國三十四年(1945)，寧海人干人俊受命纂修了第十一部。

可惜的是，十一部《永康縣志》如今只有六部仍存，尤其是早期的缺失嚴重，明以前只保留了正德版《永康縣志》，清代以後的則全部留存。

這是永康在風雲變幻時代的另一種歷史記憶，保存了許多人們無法在其他地方看到的歷史資料——

宋時，永康上交茶租74貫400文。明時，上交茶芽二斤八兩，係正貢。原來，永康在明時也有好茶，但不知是何地出產、如何製茶。

(正德版《永康縣志》)

　　元宵時，人們會在街上集會，點上大蠟燭。大蠟燭有多大呢？最大的用蠟 200 多公斤，這在當時的八婺獨一無二。(康熙十一年版《永康縣志》)

　　康熙十年(1671)，東陽一户人家自稱是陳亮後裔，偷偷歸葬在陳亮墓所在的卧龍山。永康的陳亮後裔發現後，將這事告到了官府。知縣陳同倫(編注：應爲徐同倫)出面才平息了此事。(康熙三十七年版《永康縣志》)

　　嘉慶二十五年(1820)，縣衙失火，大堂、川堂、書房、架閣房都毁了，魚鱗圖册也都在火中燒毁，田地山塘没有了依據。(道光版《永康縣志》)

　　洪武三年(1370)，知縣吴貫在縣東二里東庫建了養濟院。這是明代版的福利院，用來收養孤苦貧寒之人。清代時，收養了 40 人，每人每年給布花柴木銀六錢，口糧銀三兩六錢。(光緒版《永康縣志》)

　　民國二十年(1931)，永康縣養豬 6 萬頭，生產火腿 2.2 萬只，賣得 7.7 萬元，次年，生產火腿 2.4 萬只，收入 8.4 萬元。火腿還是當時永康出口第二多的產品，一年出售 1 500 件。此外，那時永康有許多襪廠，做得最大的利華襪廠年產 10 000 打棉紗襪子。生產肥皂的利生廠居然還是合資企業。(民國《永康縣新志稿》)

　　……

　　6 部《永康縣志》疊在一起，厚度也就 18 厘米，却承載了 400 多年的歷史。這麽翔實的資料，你準備去翻一翻嗎？

(原載 2023 年 5 月 24 日《金華日報》)

圖　說

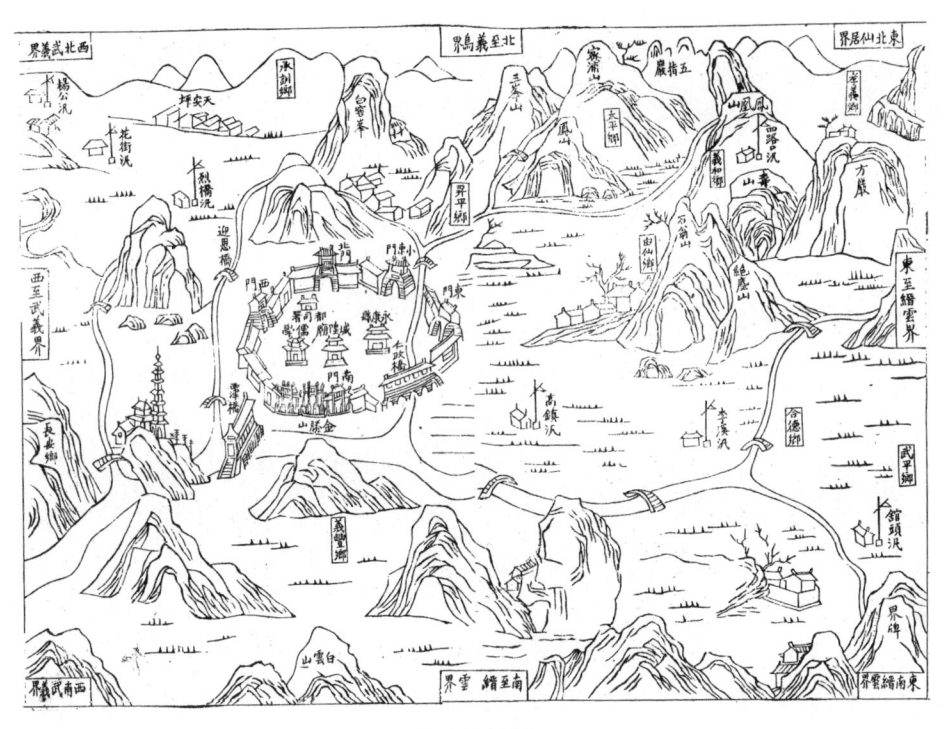

永康全境圖

　　艮居西北，兌處東南，其本末源委，相爲聯絡，故曰山澤通氣。雖一邑中，洴峙之觀，何獨不然。永康山自三峰而下，蜿蜒磅礴，重巖疊嶂，綿亘於東、西、南諸鄉，環繞於城南，以爲拱衛，首尾相應，雖紛糾而條列井然。水則依山而行，爲澗，爲濠，爲渚，爲溝瀆，皆注於華溪，入武義境，沿於金、蘭，達於錢江而入海。

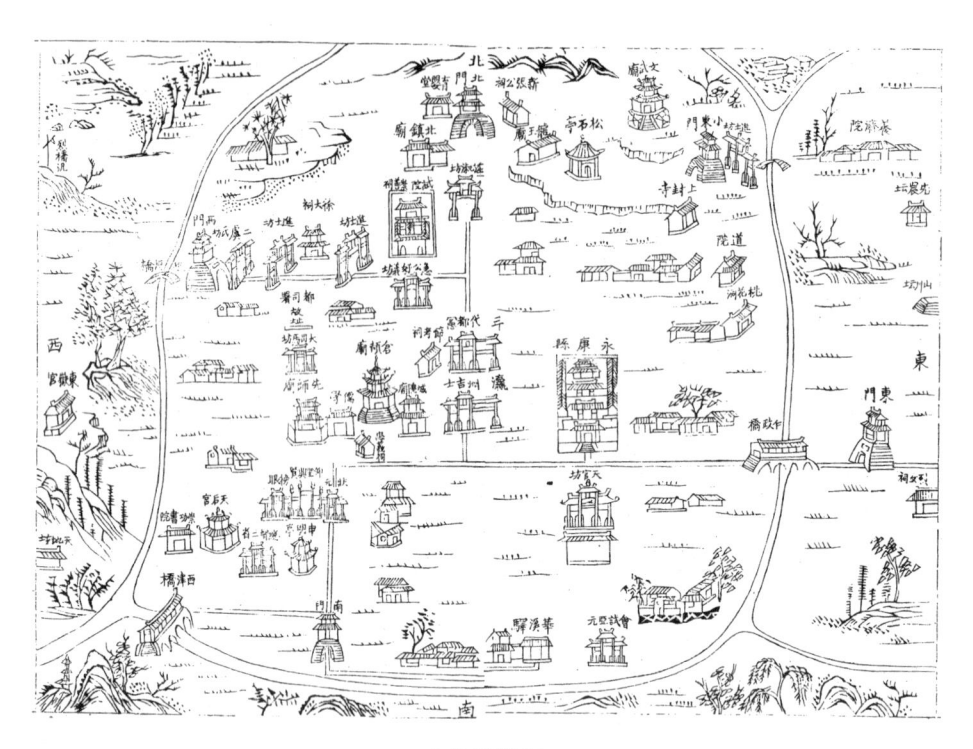

永康縣治圖

　　築城浚湟,設險以守國,古之制也。永邑置縣之初,有城僅一里餘。宋嘉定(編注:刻本如此,應爲宋嘉泰)間拓之,週三里。元初傾圮,以後弗復修矣。說者謂永之地勢,縱長橫縮,既不可南跨華水而築,又不能西逾山脊而垣,且附郭民廛,屋瓦鱗差,又不可毀棄以爲雉堞。此所以屢議修築而中止也。

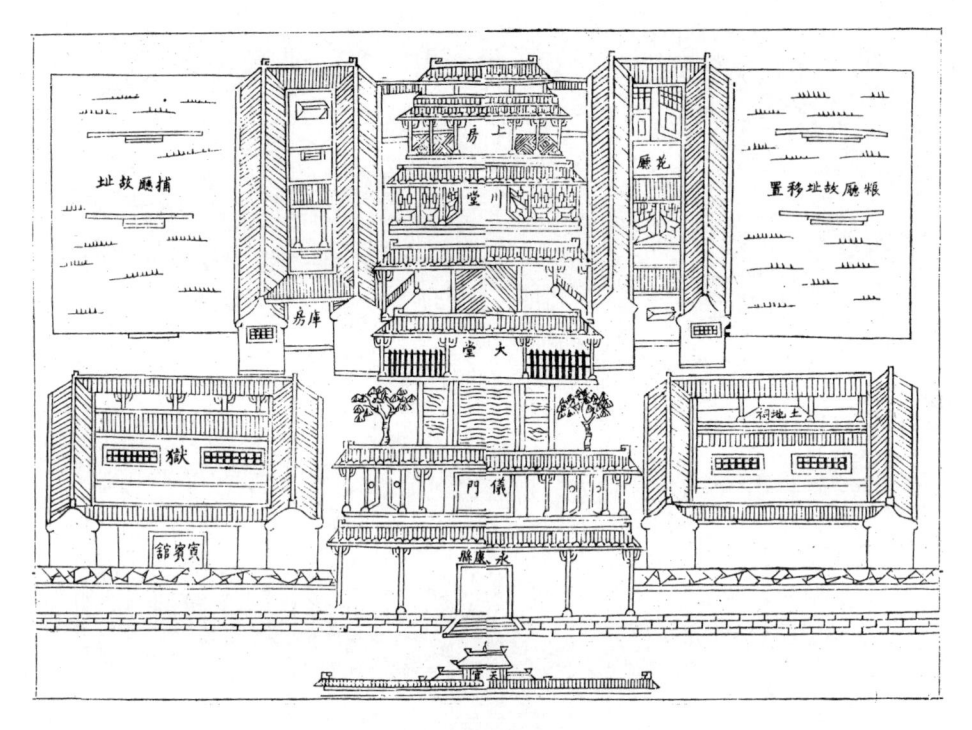

永康公署圖

　　古者牧令長子孫，期於久道而化成。《新宮》之三章曰"君子攸芋"，言君子所居，以爲尊且大也。四章曰"攸躋"，五章曰"攸寧"，則治事安身，胥於是乎在。一邑之長，統於所尊，居其中以總庶政之成。丞居左以贊，尉守右以屬，而縣事畢舉矣。犴獄倉廠，各有其所。凡庶人在官者附焉。

永康學宮圖

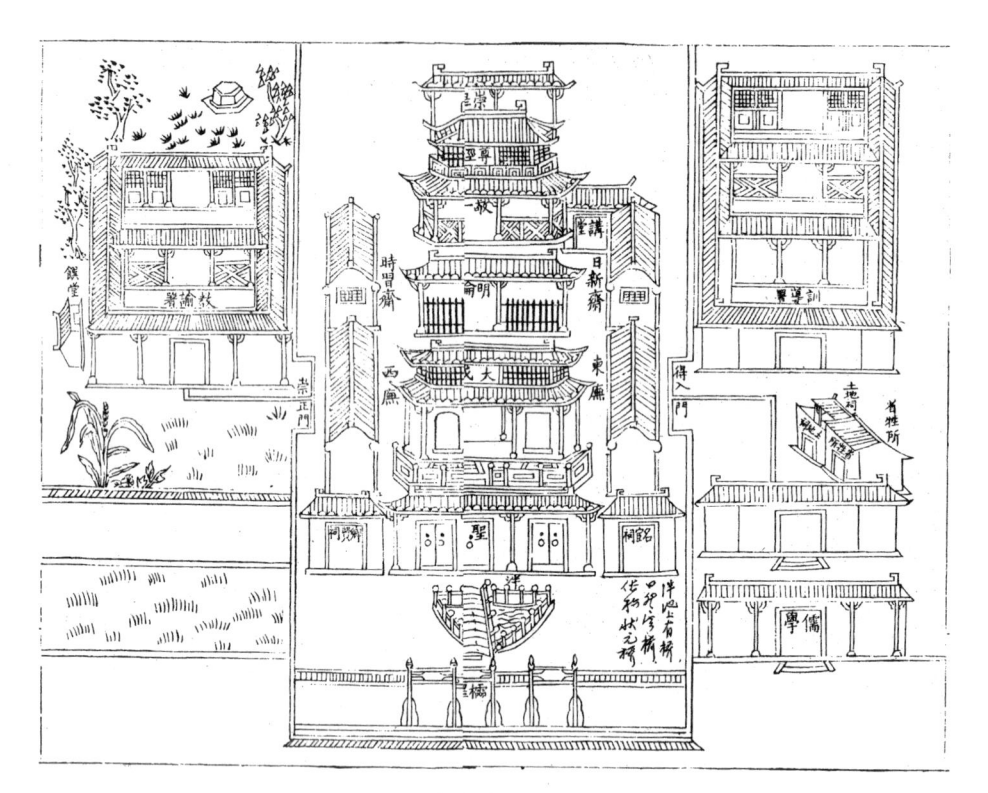

　　人之有道也，衣食既足，而後教以人倫。庠序之設，所以美風俗，而責儒效者綦備。永康學校，自宮墻以至殿庭門廡，邑著姓隨時繕葺，無不爭先恐後。師儒勤於訓課，諸生束自修行，益自淬磨。夫豈為之華藻而繡其鞶帨哉！

圖　說

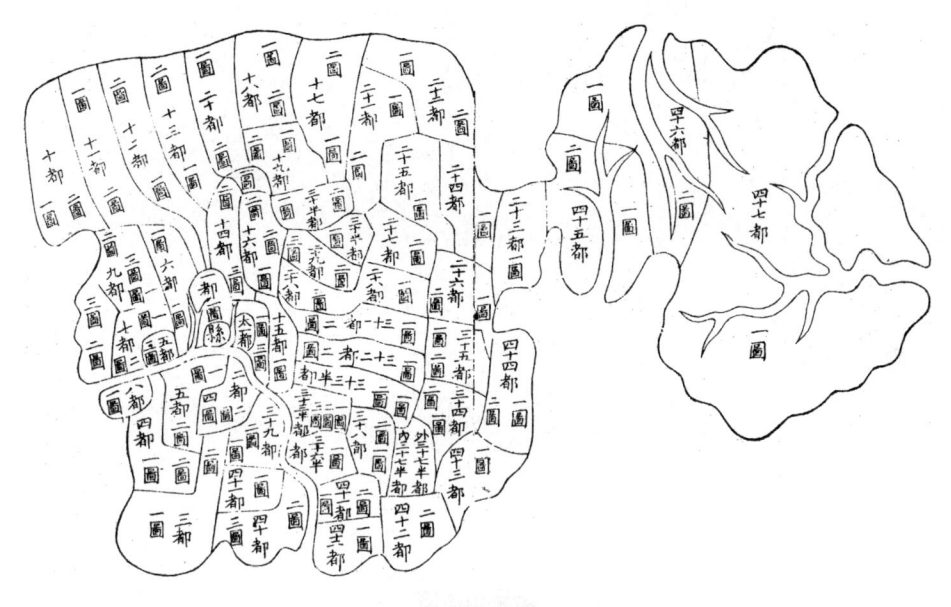

永康里居圖

　　相度以居,古之制;會歸有極,皇之建。守典型方,樂俗安藝。都都相望,大與小,其交相繫抱。古樸之山川,無或變,永永兮世世!

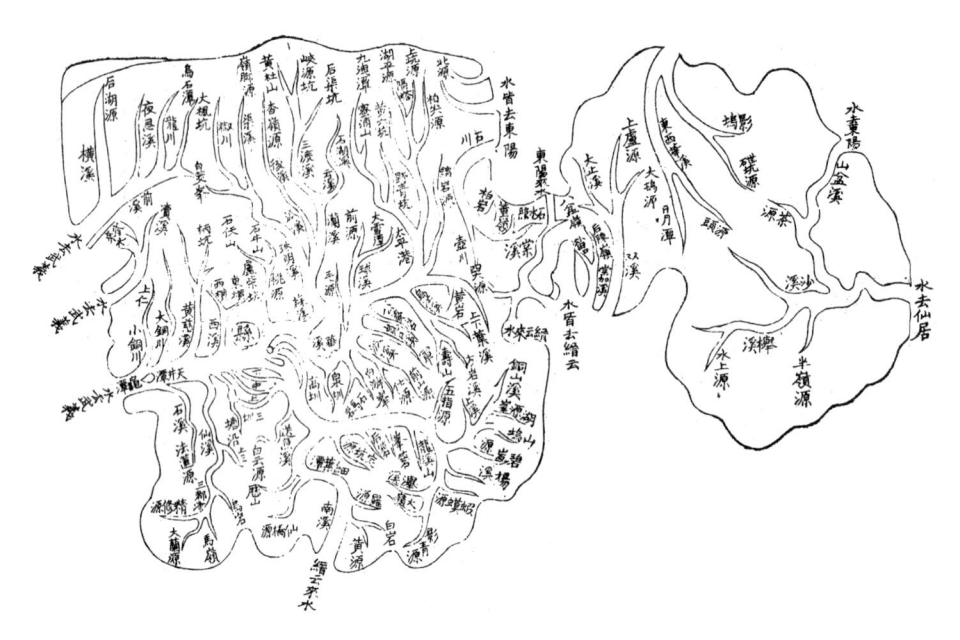

永康山水圖

懿惟流峙，孕精育靈。洞林川谷，世載其英。松巒冬秀，桃浪春成。五峰雙澗，朱、呂以名。智仁之樂，樹厥風聲。模之範之，保泰持盈。

圖　說

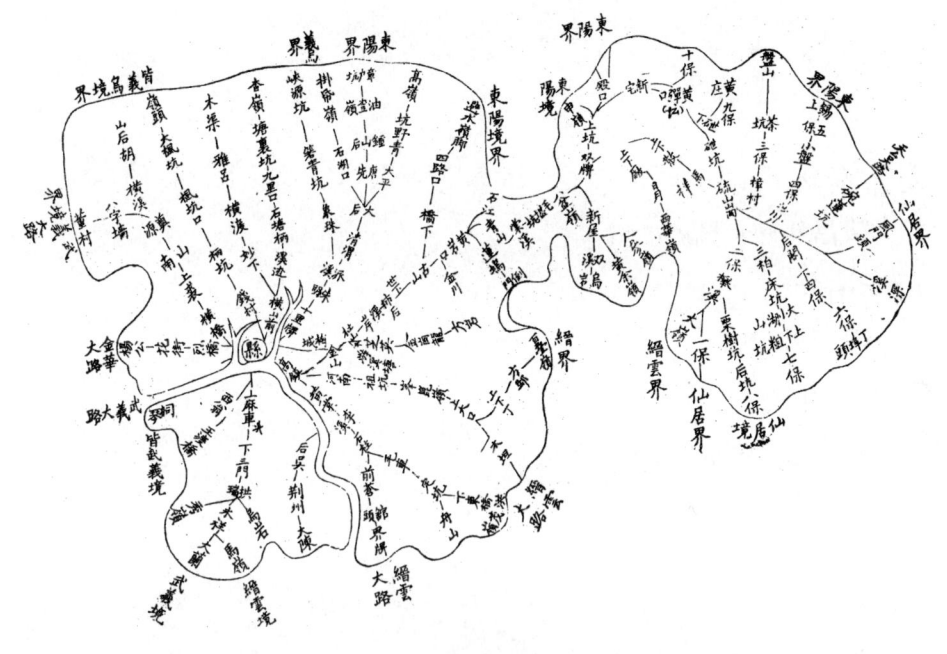

永康道里圖

　　古者分疆，夾道以樹。今茲記里，隻雙爲鼓。康莊通衢，大可馳騖。山陂野徑，殊多僻路。原阪隰畔，繡錯綺注。繪以爲圖，不煩亥步。

（圖説載光緒志第 21—27 頁）

歷代修志姓氏

宋嘉泰年
  陳昌年_{縣令。始纂邑志。}

元延祐年
  陳安可_{邑人。}

明成化年
  歐陽汶_{本縣司訓。江西分宜人。}
  尹士達_{江西泰和人。}

正德年
  吳宣濟
  胡楷_{凡八卷。編修永嘉葉式序。}
  李伯潤_{並縣令。}
  劉楫_{學司教。}
  劉珊
  艾瓊_{並學司訓。}
  章懋_{蘭谿人。}
  趙懋功
  徐訪
  俞申
  周桐
  曹贊

陳泗_{並邑人}。

嘉靖年

洪垣_{縣令}。

萬曆年

吳安國_{縣令}。

胡以準_{學司教}。

應廷育_{凡十卷}。

清康熙十年

徐同倫_{縣令。十卷}。

尚登岸_{楚人}。

俞有斐_{邑人}。

虞輔堯_{司訓}。

徐光時

徐宗書

王世鈇

程懋昭

汪宏海_{俱邑人}。

康熙三十七年

沈藻_{縣令}。

余瀍_{司教}。

余敬明_{司訓}。

朱謹

陳銑_{並縣丞}。

王同麜

徐琮

林徵徽

應錦郁

俞玉韜

徐友范

王同傑

徐璣

徐彦滋

應本初

徐友閎

程璘初

金兆位_{俱邑人。}

（以上見光緒志《歷代修志姓氏》）

道光十七年

總修

前任永康縣現任溫州府平陽縣知縣　廖重機

前署永康縣現任湖州府德清縣知縣　陳希俊

知永康縣事丁酉科同考試官　彭元海

校閱

前任永康縣儒學教諭　魏青巖

儒學教諭　鍾鳴鸞

儒學訓導　陸坊

分校

永康縣縣丞　張凱

前任永康縣典史　江治國

永康縣典史　陳枚

纂修

原任甘肅秦州直隸州知州　應曙霞

前任直隸天津府滄州知州　潘國詔

分修
恩貢候選教諭　徐紹開
舉人候選知縣　呂東皋
舉人揀選知縣　徐鍾英
舉人揀選知縣　程志簹
舉人　王鍾思
舉人揀選知縣　胡錫土
舉人揀選知縣　陳鳳圖
副榜候選教諭　倪夢魁
拔貢候選教諭　胡師尹
採訪
庠生　程鳳岡
歲貢　金希範
廩生　應鳳吹
廩生　徐禦星
歲貢候選訓導　呂觀光
廩生　王大昌
增生　程尚霄
監生議叙職員　徐志錦
廩生　胡朝佐
廩生　姚躔奎
廩生　張化英
庠生議叙職員　王允修
增生　應崇程
庠生　林丹
庠生　胡光第
庠生　周榮銓

州同　鄭筠

董事

庠生議敘職員　周師賢

監生議敘職員　胡正登

監生議敘職員　呂尚選

庠生議敘職員　盧炳彪

監生議敘職員　王逢春

監生議敘職員　陳紹虞

（以上見道光志卷首）

光緒十七年

總修

任永康縣知縣　李汝爲

署永康縣知縣　郭文翹

校閱

永康縣儒學教諭　戴穗孫

儒學訓導　施榮綏

分校

前署永康縣縣丞　李世均

現署永康縣縣丞　周錫康

永康縣典史　陶錫珪

纂修

欽加內閣中書七品銜孝廉方正候選教諭拔貢生　潘樹棠

舉人候選知縣　陳憲超

恩貢生前署淳安教諭　陳汝平

分修

歲貢生　朱正廉

附貢生　吳鳴謙
廩生　應炳藻
庠生　周炳青

董理
廩生　黃人守
廩生　胡宗衡

採訪
歲貢生　王齡
廩貢生　章炳文
廩生　應祖培
廩生　舒藻華
庠生　徐廷卿
庠生　徐啓璐
庠生　姚樹人
附貢生　金世恩
廩生　華榮
監生　倪鳳梧
監生　馬斯才
庠生　徐師濂
歲貢生　王溶
歲貢生　沈琪
庠生　支廷槐
庠生　應文煥
廩貢生　樓榮
庠生　王樹徽
舉人挑取謄錄　呂師傳
庠生　施煥成

廩生　胡濟川

庠生　童士諤

廩生　施則行

增生　黃位中

庠生　胡洪心

庠生　胡樹人

廩生　胡瑞華

庠生　俞經德

庠生　朱新荷

庠生　呂際虞

庠生　夏惟時

廩生　盧嗣鏞

廩生　盧思昉

廩生　陳祖坦

增生　應祖勳

庠生　胡琮

廩生　胡養源

恩貢生　王承雲

廩生　程中傳

廩生　程汝藻

廩生　程贊鈞

廩生　胡禧昌

歲貢生　樓鳳修

廩生　吳濂

廩生　李書丹

廩貢生　王昌期

庠生　王壽人

庠生　章景樞

廩生　黃立鵠

庠生　陳觀民

庠生　孔憲成

庠生　陳鳳輝

（見光緒志卷首）

民國三十四年
　　干人俊纂

（見民國新志稿）

永康歷代縣志校點前言和序跋

正德志

前　言

　　重視歷史,是中華民族的根本特點之一。自共和元年(前841)開始,中華民族有了明確的紀事方法,建立了清晰的紀事體系,自此以後的歷史井然有序,可以覆按。中華民族的這種基本特點不僅僅是技術性的,更是價值層面上的,即把歷史看成社會和人發展的學習對象,一切的經驗和教訓都可以由此覓得。這種觀念儘管遇到了現代化的巨大衝擊,但是至今仍然生生不息。地方志也正是在此背景下應運而生。由於中國版圖巨大,許多事件、人物、生活狀態、風俗等等通常難以上升到國家的層面,但它們與當地血肉相連,所以地方志的產生和展開就很好理解。當然,地方志的定型和成熟也經歷了一個長期的過程。今人一般認爲方志起源於漢,而體例趨向完善則在宋、元。①

　　永康建縣,始於吴赤烏八年(245)。《宋書》卷三十五《州郡志一》:"永康令,赤烏八年,分烏傷上浦立。"這應該是現存最古老的官方準確記述。永康有縣志,則始於南宋。此時的縣令陳昌年在嘉泰年間(1201—1204)編纂了首部永康縣志。接下來有迹可尋的是元代延祐

---

① 倉修良:《方志學通論》,華東師範大學出版社,2014年,第207頁。

年間(1314—1320)邑人陳安可,明代成化年間(1465—1487)訓導歐陽汶有所續修,然後就是這部正德年間的縣志。很遺憾,今天我們能看到的最早的永康縣志,就是這一部署名吳宣濟、胡楷等主纂的了。希望能有異常因緣,前幾部縣志可以重現人間。

關於正德《永康縣志》(以下簡稱"正德志")修纂的過程,葉式序云:

正德辛巳,令尹胡先生壹訂定增修之。起自十月望日,凡六閲月而成。總之爲目四十有六,爲卷八。

陳泗跋云:

正德甲戌冬,郡守劉公……注意增修邑志,飭宣濟吳尹,以其事屬庠生趙懋功、徐訪、俞申、周桐、曹贊,而泗亦與焉。永康有縣始於吳,志則至宋嘉泰縣令陳昌年始爲之。元延祐邑人陳安可續爲之,俱過於略。明成化間,續修於訓導歐陽汶,又多失實。識者不無遺憾。諸生乃據宋、元二志,稽之先輩文集,並采諸故老之所傳聞,務求得實,以備其所未備。而於人物一節,尤加慎重,不敢自是,復質之楓山章先生,去取惟命。及更明春始脱稿。越七年,大尹胡先生楷欲梓行之,仍屬泗暨申,重加校讎,主教劉君梈、司訓艾君瓊、劉君珊删定之,而總裁之者則先生。梓垂成,先生適去歸,會伯潤李公作縣,踵而成之。

結合序、跋的信息,此志的修纂,起於正德甲戌(1514),主事者爲知縣吳宣濟。初稿成於次年,即1515年。正德十四年(1519)胡楷新任永康知縣。正德辛巳年(1521),胡楷動了刊刻縣志的念頭。他讓人重新將稿本修訂一過,自己坐鎮把關,一共用了半年時間,於次年四月完工，然後付諸印刷。事在垂成時，胡楷因故突然去職，李伯潤接任，時在嘉靖二年（1523），此志隨後印出，主纂者又加上了李的姓名。

這部縣志之所以能夠從稿本變爲印刷品，可能還有一個志中未曾提到的原因：正德十四年（1519）九月，那位酷愛旅遊的皇帝朱厚照到了南京，南方城市的繁華讓他流連忘返。於是他發出指令要閱讀這一帶的方志，孰料應天府沒有方志。不僅應天府，連其所轄的江寧、上元兩縣也都沒有。面對皇帝的旨令，衆位官員此刻怎能不膽戰心驚？宜興縣令在"日夜憂懼"中迅速完成了新志並呈覽。江寧知縣給了四十五天期限要求完成，所幸基礎文本不錯，可以馬到功成。績溪縣在兩年後的春天完成，還好，趕上給臨近病重駕崩的正德皇帝閱覽。[①] 從這個時間來看，正德《永康縣志》印刷告竣之日，正德雖已去世，但這部縣志之所以能夠編定印成行於世，可能還是少不了皇家的這次推動吧？

正德志卷四有縣志主纂者的簡歷："吳宣濟，字汝霖，廬陵人。舉人。正德九年（1514）任。以憂去。""胡楷，字天則，望江人。舉人。正德十四年（1519）任。嘉靖元年（1522）冬以事去。民皆惜之。"同條下記載，下一任縣令李伯潤："字文澤，山海衛人。舉人。嘉靖二年（1523）任。"康熙《江西通志》卷二十一云："吳宣濟，廬陵人。官知州。"萬曆《望江縣志》卷五云："胡楷，字天則，中弘治戊午科。任河南嵩縣知縣。"

正德志編纂時，前面的三部縣志，主事者皆曾寓目。他們覺得宋、元的兩部太過簡略，而成化的那一部問題尤大："又多失實，難以取信。"所以此次修志的方針是："據宋、元二志，稽之先哲文集，並采諸故老傳聞，以備其未備。"用今天的話説，就是兼顧了文獻與田野調

---

① 戴思哲：《中華帝國方志的書寫、出版與閱讀》，向静譯，上海人民出版社，2022年，第17—19頁。

查材料。

　　由於此前的縣志今天已看不到，所以也很難斷言正德志比以前的縣志增添了哪些方面的内容。但從該志《凡例》中可以看出，正德志比起以前的縣志有了一些更新。一、科第人物類："今列其登科先後，敘其履歷。""其遺逸、遊寓亦表章其最者耳。"節孝類的記載亦更多更詳盡。二、自然及人文建築等景觀的記載下加上了碑記及文人的題詠。三、風俗的記載有善有惡，不完全遵循記善不記惡的編志宗旨。四、記錄了當地名人的一些墓葬地點。五、列出先賢著述書目。六、選錄了多篇與當地相關的名人詩文。

　　這裏必須特別指出的，是正德志卷首有凡例十則。單此一事，就可見當時永康修志的觀念處於全國前列。"對於地方性綜合著作的方志來説，明代開始有許多著作采用凡例，確實還是新鮮事。"倉修良先生專門論述過這個新現象，並舉明代十七種有凡例的府志、縣志爲例，①而永康正德志並不在此列，所以這裏拈出特作説明。

　　正德志共八卷，四十六子目。以下簡要介紹一下内容。

　　卷一，子目爲八，分別爲沿革、形勝、疆域、城郭、坊巷、市鎮、鄉里（區附）、風俗。

　　"沿革"叙述建縣以來的行政變遷。"形勝"言永康"形勢雄偉"，"爲錢塘、括蒼之衝"，點到了五峰、雙溪、密浦、石城等地名。"疆域"則劃出永康四境之至。"驛程"記錄了永康至金華、杭州、北京、南京等權力中樞的路程里數。"城郭"説的是永康城墻的情形以及興廢經過。"坊"記錄的是當時縣境内的街區及牌坊。"巷"指的是縣城中的巷，共十一條。"市"指民間集市之處，共十四處。"鄉里"，共十鄉，都四十七。"區分"載整縣設西北區、東北區、西南區、東南區、東區、西區，爲催糧税時用。"風俗"目下不到一百字，高度濃縮地介紹了永康

---

①　倉修良：《方志學通論》，第 273 頁。

的習俗。

卷二,子目爲四,分別爲公署、學校、壇廟、廬舍。

"公署",說的是官方的辦公用房。首要是縣治,包括正堂、後堂、川堂等等。如以機構論,則有幕廳、徵糧廳,有吏、户、禮、兵、刑、工六房,還有土穀老爺祠以及監獄。可謂麻雀雖小,五臟俱全。此外,還有譙樓、儀門、更舍、庫房等等。永康還曾設浙東道、布政分司、府公館、孝義巡檢司等,華溪驛、醫學、陰陽學、僧會司、道會司、養濟院、倉庫等等,加起來也有相當多的官府機構。更有郵亭七處,除縣城外,分布縣境各地。

"學校"既是學習機構,同時也是祭祀所在。永康的儒學,由唐以前的先聖廟改建而來,歷代多次重修。中國古代政統與道統並立,所以學校是一個極爲重要的機構。其内有大成殿、明倫堂、饌堂等等,其間還有鄉賢祠、名宦祠等等,表彰對本地文教有傑出貢獻的人物。

"壇廟"是祭祀山川鬼神之地。如"山川壇",在"縣東二百步許",全名原是"風雲雷雨山川壇",鄉人省去前半段,今日仍沿用此名。社稷壇、城隍廟分別代表政權和信仰,必不可少,而邑屬壇和鄉屬壇,則祭祀平時無人管顧的孤神野鬼。至於當地由人到神的典範——胡則,還專門建有祐順侯祠。"廬舍"記載了永康從永樂到正德年間全縣的官、民房狀況。

卷三,子目爲八,分別爲山川、橋渡、水利、田土、物產、貢賦、户口、役法。

"山川"記載的主要是地理狀況。名爲山川,實際上包括了山(方巖山、歷山)、巖(如五指巖)、嶺(如八盤嶺)、坑源(如金城坑、永場源)、溪(如華溪)、洞(如桃花洞)、潭(如鳳凰潭),許多山名水名仍沿用至今。

"橋渡"則記錄了眾多橋梁所在及其修建人和修建時間。有些地方行人不多或者修橋不便,則有渡,如西津渡。更有些地方,采用石步，即在溪流中豎立石塊，供人踏石而過，如李溪石步等。修橋鋪路是古代民間社會一大善事義舉。

"水利"分堰、塘、瀑、井泉四類。堰，沒有堤壩那麼高大，但足以提高水位，便於引水灌溉。塘是低窪之處，足以蓄水，方便養殖和用水車踏水灌溉田地。今天還在說的"黃塘""高堰"，都出現在這裏。而瀑與泉，相對於井，應是自然產物了。這方面的記載比起前面兩類簡略很多。

"田土"記錄了洪武至正德年間全縣田、地、山、塘的面積。

"物產"記錄了永康當時的各類物產。古代讀書人，雖也有博物多識的要求，但不可能是專業的植物學家、動物學家，他們所記錄的應該都是當下較爲大宗的物產。不過，細究起來，還是蠻有意思的。如在穀類和蔬類裏，你找不到玉米、番薯、辣椒這些後來遍地可見的農作物。穿山甲當時屬於藥類。而柏油、黃蠟、白蠟、桐油等著名的貨物，今人皆已陌生。至於木器、竹器、鐵器、磁器（瓷器）、鉛器、石器等，乃百姓日用不可缺少之物，當然在榜。值得注意的是，編者在此後鄭重加了一條按語："其有關於民生日用者，僅足取給而已。爲政者盍亦思所以撙節愛養之乎！"意思就是，上述種種物產，僅足果腹和實需而已，還遠稱不上豐饒，當官的人一定要牢記節約，不要濫取供國家所用，而要以養民爲主。

"貢賦"記錄了宋代以來本縣給國家的貢賦種類和數量。宋、元的記載比較簡略，到本朝，除每年交夏稅麥和秋糧若干，尚有各種貢物，如"茶芽（二斤八兩。係正貢）"，原來永康也有好茶，但不知是何地出產、如何制茶。此類貢物多達四十種，如桑絲，如弓、箭、弦等以供兵器之用，如槐花（今天似乎只有北方人吃了），如梔子（今日仍常見），如猪、鷄、烏梅、前胡等，還有軟竹篾、黃棕毛、水牛皮，更可注意的是金箔、鐵錢等五金產品。課利則記錄了各種稅收，均爲現錢。

户口有宋、元及本朝的全境户口數。宋代主客丁爲四萬四千六百六十六。元代分南人、北人,南人丁爲五萬四千六十,北人丁爲六百六十二。本朝一萬六千七百零六户,七萬七千四百七十九人。

役法是貢賦以外的雜役,種類實際上還不少。

上述的記錄尤其是貢賦、役法等,均是地方政治、經濟較爲可靠翔實的資料,在當時更爲關鍵,可以作爲國家行爲的依據。

卷四,子目爲二,分別爲歷宦、名宦。

"歷宦"記載的是在永康做過官的歷任官員姓名。自晉始,終於本志刻印之李伯潤。官員以縣令當頭,輔以縣丞、主簿、縣尉、典史、教諭、訓導、巡檢、驛丞、務大使等。選有政聲的官員略述其政績,爲"名宦",凡五位:梁、唐、宋各一,本朝二。標準甚高,遴選甚嚴。

卷五,子目爲四,分別爲科貢、薦舉、雜進、恩賜。

本卷記錄了永康科舉選拔的人才以及獲得恩賜的其他人等。其中的"科貢",以進士開頭,胡則赫然名列榜首,據說他爲八婺之地首位進士。繼之是舉人和歲貢。每條按年份排列,先列姓名,後記字號及家居何處。"薦舉"和"雜進"不是定時的,僅記錄某朝何途授何官,更爲簡略。"恩賜"是朝廷授予的官職或稱號,分文蔭、武蔭、封贈,最後的旌義,指的是正統四年(1439)永康災荒,本縣六位百姓出粟千石用於賑濟,官府公示旌爲義民。

卷六,子目爲十,分別爲名臣、政事、文學、卓行、忠義、諫諍、孝友、遺逸、遊寓、貞婦。

本卷子目最多,記載的多是永康歷史上傑出人物的事迹。《論語・先進篇》記孔門弟子卓越者,分爲四類:德行、言語、政事、文學。社會發展日益複雜化,品評人物優劣的標準自然逐漸增多。志中"名臣"單列林大中一人,"政事"列胡則、應孟明等六人,"文學"列徐無黨、陳亮等五人,"卓行"列徐木等六人,"忠義"列應純之等四人,"諫諍"列章徠等三人,"孝友"列吕源等三人,"遺逸"列胡侃等三人,"遊寓"列王焕之、聞人夢吉等四人。"貞婦"所列人數最多,共四十人。

另有補遺，應該是限於刻印技術，無法增補，只能列於卷末。

卷七，子目爲八，分別爲古迹、宅墓、義塚、遺書、遺事、祥異、寺觀、傳疑。

"古迹"記錄了永康與古代有關的一些遺迹，其中相當多的是建築物或建築物舊址，如敕書樓、仁政樓、道愛堂、宣詔亭等等，也有山洞如小腔峒洞，書院如龍川書院等。

"宅墓"應該是本志的創新亮點之一，記載了本縣名人的墓葬、舊居及其地點。如徐無黨故居在五崗塘，陳亮故居在龍窟。又如林大中墓在火爐山南，陳亮墓在龍窟山。雖隻言片語，却彌足珍貴。

"遺書"一目，用意是爲日後有意尋訪地方文獻者提供一個目錄。古代印刷不易，所以此志儘量列出邑人著述書目，以便留存痕迹。哪怕到了今天，這都是一份可貴的書目指南。當然，相當一部分著述已經不可能再現人間，這也是歷史上正常的憾事。

"遺事"記載了本縣歷史上的九則故事，多具道德色彩，值得後人學習。特別是鄉人馬文韶，在陽武侯府辦事。適逢永康歉收，貧民有侵犯富家的情狀，皇帝命陽武侯前往剿之。馬文韶陳述鄉里實情，稱貧民並無造反叛亂之意，還是應該先瞭解實際情況再說，不好妄動干戈。陽武侯聽取了他的意見，永康得保無恙。陽武侯，爲明代薛禄（1358—1430），跟隨朱棣"靖難"有功，並主持修建北京城。此事細節，估計很難從其他材料中得到佐證，但馬文韶敢於擔當、勇於直言的品德躍然紙上。

"祥異"則記錄了重大的天災如蟲災及氣候異常等情形。始於唐代，關於明朝的記錄則略詳。

"寺觀"記載了六十四處佛寺和兩處道觀，可見此時佛教信仰已遠勝道教，在民間有極爲廣泛的信衆。通觀寺庵，創建於兩晉南北朝時期的共二十八處，唐朝十六處，五代八處，兩宋六處，修建年代無記載的四處，元代兩處皆爲庵。可見江南地區佛教信仰傳播之早和廣。

而"傳疑"一目,尤有意味,羅列了一些較爲怪異的事件或有傳聞未能確證的人物與事迹,因不能確切落實,並附於此。

卷八,子目爲二,分別爲遺文内紀、遺文外紀。

"遺文内紀"收歷代永康名人的著名作品或與永康相關的作品。其間詩十三首,作者爲胡則、聞人夢吉等。論一篇,陳亮作。説一篇,應孟明作。書一通,作者吕皓。傳一篇,胡長孺作。銘一則,徐無黨作。跋兩篇,陳亮、吕溥作。疏一篇,趙戁作。

"遺文外紀"收非永康本地人之作,有范仲淹詩兩首,歐陽修序一篇,范仲淹胡公墓誌銘一篇。最後是元朝永康縣令俞希魯的勸農文,該文應作於元至正四年(1344)。

本志的整理工作,乃受《永康文獻叢書》編輯委員會委托,由筆者與剛剛一起完成《〈龍川文集〉選注》的合作者莊國瑞負責完成。底本爲寧波天一閣藏本。筆者初作標點,莊國瑞覆按,並對勘志中所引各種文獻,其中尤以卷六和卷八爲多。由於在現存的永康縣志中,此志保存狀態最爲不佳,漫漶難辨處所在多有,很難辨認,所以在相關部分大量使用正史、總集、别集等文獻校改。

感謝標點工作中同事趙鵬團的幫助指點,感謝永康李世揚、麻建成等對前言的指正。由於水平有限,加上底本不佳,本志的整理定有不當之處,誠望高明垂教。

盧敦基

2021 年 7 月 15 日初稿畢

2022 年 4 月 25 日修訂

永康縣志序

葉　式

自孫吴縣永康,至趙宋陳昌年始爲之志,元陳安可及國朝歐陽汶皆續爲之。然或略或訛,且闕墜有間。正德辛巳,令尹胡先生壹訂定增修之。起自十月望日，凡六閱月而成。總之爲目四十有六，爲卷八。其發凡舉例，要而盡，直而不訐，扶樹教道而微於寓意，如寬於隱惡而並存人風，詳於人物而不附異教，謹於遺文而不貴無益。若此者，皆妙得良史法意。永康之志，至是而詳實有體矣。夫一邑之設，上下千數百載，官斯地者不知凡幾何人，而有事於志者止是；四境之內其所宜志，殆攷歷所不盡，而所存止是，又必至于今而始詳實，然則前政得無遺憾，而後之賢者得無有所法戒哉！余嘗竊論志之失二：古者國皆世守，而史皆世業。世守故前思紹而後思傳，世業故聞見洽而法意善。後世郡縣多逆旅其官，朝任而塗人合爲父子，夕改而心膂隔於秦越。俛首簿書，日不暇給，顧於志何有？良史代不數見，而志無宿規，類集於造次，則於善何有？必有賢豪博雅之士，處官如家而才宜述作者，然後能善其志而考慎焉以美其政化。若胡先生者，將所謂賢豪博雅者非耶！頃余以告來歸，道永康，相與善譚者彌日。已而，吾友陳、俞二子自其邑膠來，致先生之意，以志序是屬。余代罪史氏，復喜斯志之得法意也，乃不自量而爲之辭。先生名楷，家世望江，以賢科來官。觀所爲志，蓋已從容簿書而加意政化者。陳子名泗，俞子名申，皆有功斯志，法宜牽聯書之。

嘉靖壬午歲仲春既望，賜進士出身翰林院國史編修永嘉葉式謹序。（錄自《永康文獻叢書·（正德）永康縣志》）

跋 前序不全，不刻。

陳　泗

正德甲戌冬，吳尹宣濟注意增修邑志，以其事屬庠生趙懋功、徐訪、俞申、周桐、曹贊，而泗亦與焉。永康有縣始於吳。志則至宋嘉泰縣令陳昌年始爲之，元延祐邑人陳安可續爲之，俱過於略。明成化間續修於訓導歐陽汶，又多失實，識者不無遺憾。諸生乃據宋、元二志，稽之先輩文集，并採諸故老之所傳聞，務求得實，以備其所未備。而於人物一節,尤加慎重,不敢自是,復質之楓山章先生,去取惟命。及更明春,始脱稿。越七年,大尹胡先生楷欲梓行之,仍屬泗暨申重加校讎。主教劉君楫,司訓艾君瓊、劉君珊刪定之,而總裁之者則先生。鋟梓垂成,先生適去歸。會伯潤李公作縣,蹉而成之。夫金華稱文獻邦,永康爲其屬邑,山川秀氣之所鍾,自昔人才之盛,不在他邑下,如胡子正之忠厚,陳同甫之激烈,林和叔、應仲實之正大光明,皆表表足稱。至於莅官茲土,和理如何仕光,恩威兼著如黄紹欽,廉明勤恤如劉公苾、王公秩,亦皆不失爲烈烈聲名士。既表章之如右矣,使後之居於此者,仰先哲之遺矩而闇然日修;官於此者,慕前者之芳聲而一振其餘響,則賢才盛、世道隆,其於國家之風化,庶幾亦有補於萬一云。

嘉靖甲申八月望,後學杜溪陳泗敬書。(錄自《永康文獻叢書·康熙十一年永康縣志》)

編注:

(一)據寧波"天一閣"藏本《正德修嘉靖刻本永康縣志》,"跋",刻本篇名爲"書永康縣志後";文中"吳尹宣濟注意增修邑志"一句爲"郡守劉公苾,崇重風化,注意增修邑志,飭宣濟吳尹";"明成化間"爲"國朝成化間";"王公秩"爲"王循伯";"嘉靖甲申八月望,杜溪陳泗書"爲"嘉靖甲申八月中秋日,永康後學杜溪陳泗書"。

(二)劉苾,字惟馨。涪州人。正德初以户科給事中,論逆瑾去官。瑾誅,超知金華府。貌莊行古,了不疑人欺,亦不肯折節上官。清操凛然,人不敢干以私,政尚大體,重風教。嘗追復先儒何文定公丘墓,又疏乞何王金許四先生從祀孔廟,不果行。時諸郡告警,公欲就城外浚濠爲備。一聞章楓山之言述,諭民停工弗浚。其文詞大率雄偉而逸,頃刻數千言,人爭傳誦焉。立有去

思碑。(見康熙《金華府志》,康熙二十二年修,宣統元年三十卷本,第198—199頁)

萬曆志

序

吳安國

史莫重乎古。古者自王朝以至列國,莫不有史,若內史、外史,所掌非耶?今之制非古矣,而社稷山川之祭,郡邑之臣得專之,且有政教號令之施,是猶古意也。今之史亡矣,而郡邑之有志,凡城郭、宮室、田賦、兵戎之類,與夫先賢往哲嘉言懿行之遺法皆得書,是猶古意也。然予竊有感於今之志有難者三、有不可解者四:開館設局,聚訟盈庭,甲可乙否,莫知所從,嫌疑易涉,怨讟滋生,故主者往往苦於執筆。此一難也。地有沿革,人有顯晦,而欲以一人一時,網羅於數千百載之前,稽諸往籍,則涉獵為煩;廣之輿言,則雌黃易眩。此二難也。自古稱信史者曰不虛美、不隱惡足矣,而《傳》不曰"孝子揚父之美,不揚父之惡"乎?夫秉筆者欲以寸管尺牘之法,奪為人子孫者之情;而為人子孫者欲以不容自已之情,撓秉筆者之法,故多相左。此三難也。孔子曰:"文勝質則史。"蓋為史病也。今不務其核,惟務其華,一切誇詡藻飾以為工,牽連比附以為富,至使覽者莫辨其域。此其不可解者一也。《春秋》而下必曰遷、固,遷、固傳循吏,何寥寥也!而人物之志,則自羲、黃以降,可指數矣。今之大書特書者,奚啻倍蓰焉,豈古之人不如今之人耶?抑今之筆不如古之筆也?此其不可解者二也。揚子雲著《法言》,富人載粟乞名,不可。鄭子真、嚴君平隱於蓬蒿之下,不求名而名之。今側微者或略,而顯達者彌彰,豈盡賢者貴不肖者賤耶？此其不可解者三也。古之史以善善惡惡即書如南、董，而卿相之貴俯然受之而不辭。今之志直善善耳，善善而一介之士得嘵嘵而議之。此其不可解者四也。永康舊有志，缺而未補，蓋六十餘年矣。若僉憲應公仁卿所修，大抵參考舊籍，而裁成新例，不徇於人言，不膠於己見。其志謙，故述而不創；其文質，故簡而不肆；其事核，故直而不浮。而公之斟酌損益閉戶數十年以自成一家之言者，其用心亦已勤矣。書未及行，而公卒。予承乏茲邑，懼文獻之湮也，乃稍爲校閱而輯成之，庶可備一邑之典故，而無負於公數十年之苦心乎！刻既成，因詳識予所感，以俟後世筆削之君子，且以爲公解嘲云。

萬曆辛巳清和月，邑令長洲吳安國序。（錄自《永康文獻叢書·康熙十一年永康縣志》）

跋

胡以準

邑侯吳公自慎陽更賢，蒞事茲土者二年，合前俸歷滿三載，將奏績赴天官。維時撫按諸公爲民疏留之，父老子弟舉手加額稱慶。公聞之，嘆曰："是終將去爾。雖然，予豈能一日忘吾民哉！"於是出手編縣志一帙，屬以準手校之，壽諸梓。生受而讀之。竊惟志之爲言，識也。弗識，則墜。顧職是者無專門，往往托諸空言懸斷，類多失實，欲以俟來世於不惑，亦難矣。姑無遠喻，即是邑舊志，自宋、元以來，一修於成化初年，再修於正德辛巳。當其時，闢館開局，群儒生操觚翰以事事其間，非不惄焉稱慎，然卒失之舛謬不經。何者？文具飾而實不與存也。今去六十年，事以世殊，即使記載足憑，而猶未可按圖以索，矧猶未然乎！此晉庵應先生爲之增損撰次，殆有所感而續焉，非漫識也。公下車問俗，得其遺稿，遂藉以爲張本，乃明於沿革張弛淑慝之故，因之以出治道，朝試於政事堂，夕退而書之記室。即一事一物，皆經體驗，而又時其巡省，加之訪求，參之典故，至賦、役二者尤注意裁訂，數易稿而後成編。先是載籍無稽，而取證於《全書》，乃豪猾利欺隱，并《全書》没之，竟貽不均，爲當事者累。公憾之，爲清理均派，以需上供、備軍國，一切浮泛不經之費，悉裁抑之，以蘇民困。會頒新例，尚節省，適與公合，由是即其所均而裁者著爲成法，永永不令泯没。其他若人物、藝文、遺事之類，多親筆之，蓋驗諸行事，而非空言也；稽之輿論，而非懸斷也。是可以存既往，可以鑒方來，允矣夫稱一方信史也已。譬之創家業者，隨事經理充拓，而又籍記其所經理者以貽於後之人，用心亦弘遠哉！嗟嗟！夫士修於家，出而行之於天下，或郡或邑，孰不儼然臨之。顧其來也嘗試漫爲，而其去也若擲，無亦曰是傳舍而已耳，視公之用心爲何如？公姑蘇世家，弱冠舉進士，瑰意瑋行不及論，論其所以修志者如此，後之人亦可以深長思矣！

萬曆九年辛巳歲孟夏之吉，儒學教諭豫章胡以準書。（録自《永康文獻叢書·康熙十一年永康縣志》）

叙

應廷育

叙曰：縣之有志，猶國之有史也。政藉是以考成，賢藉是以不朽。杞宋無徵，魯經是醜，爰摭古今，用垂永久，作《永康縣志》，總若干萬言，釐爲十卷。初一曰地理，次二曰建設，次三曰貢賦，次四曰户役，次五曰風俗，次六曰秩官，次七曰選舉，次八曰人物，次九曰藝文，次十曰遺事終焉。地理以經之，建設以紀之，貢賦以徵之，户役以庸之，風俗以齊之，秩官以董之，選舉以興之，人物以表之，藝文以飾之，遺事以綜之。揆厥典常，細大畢舉，縣之文獻，於是乎備。凡述作之指，另存于篇。晉庵子曰：其事則稽諸往籍與今聞，其義則以質于令尹公裁定之，其文淺陋者蓋有責焉，觀者幸無罪乎爾！

縣人晉庵應廷育仁卿甫題。（録自《永康文獻叢書·康熙十一年永康縣志》）

康熙徐志

前　言

永康在東吳赤烏八年（245）建縣，縣志修纂則始於宋嘉泰年間。宋、元、明的永康縣志修纂情況，康熙十一年（1672）刻成的《永康縣志》卷首開列了"歷代修志姓氏"，據此整理後的簡表是：

時　　　間	主要修纂人	今 日 存 佚
南宋嘉泰年間 （1201—1204）	陳昌年	佚
元延祐年間 （1314—1320）	陳安可	佚
明成化年間 （1465—1487）	歐陽汶、尹士達	佚
明正德辛巳年 （1521）	吳宣濟、胡楷、李伯潤等	存
明嘉靖年間 （1522—1566）	洪垣	佚
明萬曆年間 （1573—1620）	吳安國、胡以準、應廷育	佚。今存萬曆辛巳年（1581）吳安國序、胡以準跋、應廷育叙。

康熙十一年《永康縣志》（以下簡稱"徐志"），由徐同倫領銜纂修。徐同倫，此志卷六"國朝知縣名表"記載："號亹源。湖廣安陸府京山縣人。由己亥（1659）進士。康熙六年（1667）任。"雍正《湖廣通志》卷三十六"選舉志·皇清舉人"中"順治八年辛卯（1651）鄉試榜"載其名。雍正《河南通志》卷三十六載徐同倫康熙十七年（1678）任禹州知

州。康熙三十七年(1698)《永康縣志》卷九"宦迹"云：

> 徐同倫，號壘源。湖廣京山進士。康熙六年任。立法便民，糧完刑省，尤造士綏衆，多所興革。康熙十一年夏災，力請上憲奏蠲錢糧。十三年，閩逆變亂。單騎招撫，安輯地方，供應征閩王師。永邑境內，兵不血刃，保全婦子，安堵如故，民咸尸祝。升禹州知州，卒。二十六年，合邑士民追思公德，請崇祀以慰輿情。前學院王批行仰府如例，送主入祠。後未果，有待將來云。

同時，尚登岸也是該志的主纂者之一。志中有不少段落後標"尚登岸識"。雍正《湖廣通志》卷三十六"選舉志·皇清舉人"云："尚登岸，京山人。""順治八年(1651)辛卯鄉試榜。"卷三十三"選舉志·皇清進士"云："康熙九年(1670)庚戌蔡啓樽榜。"據志跋，志書初稿應出於徐同倫之手，尚登岸與徐同倫爲同鄉，此時正好來永康，不過是雲遊，還是受邀，並沒有直接信息可以斷定。他用了幾個月時間，參與了編定工作，留下了不少勞績。同治《宿遷縣志》卷十六"宦迹傳"云：

> 尚登岸，號未山。京山人。進士。康熙十七年任縣事。宿地濱大河，疊罹水患，土荒民逃。登岸甫下車，即以糧田永沉、決口地廢、逃亡人丁三案繪圖，陳請蠲免。又請逋賦分年帶徵。又以宿不產稻，遠輓秋糧，久爲民累，力請改徵粟米。宿人至今賴之。復倡修學宮，獎拔寒畯。旋以事解任，留監河務，升泇河同知。建橋壩，築堤防。民指其憩息處曰惠正庵，尸祝之。

同爲主要編纂者的還有俞有斐，雍正《浙江通志》卷一百四十三"選舉二十一·國朝·舉人""順治八年(1651)辛卯科"下有："永康人，辛丑(1661)進士。"康熙《瑞金縣志》卷六"官制"云："康熙九年任。以

患病致仕。"清嘉慶刻本《兩浙輶軒錄》卷二云:"永康人,順治辛丑進士,官瑞金知縣。"並收其詩《登絕塵山》一首:

絕巘岧嶢萬仞間,森森古木映霞關。捫蘿徑險疑無徑,到壑山深復有山。數畝白雲呼鹿起,一池青靄釣魚還。相逢野老渾閑事,茅屋清風好駐顏。

宋至明代,永康縣志編過六種,但除正德志外,餘皆佚。而這一部清代的徐志,現下國內也已無存。端賴徐林平、江慶柏兩先生,從日本搜羅稀見浙江方志,成《日本藏稀見浙江方志叢刊》,2019年由上海科學技術文獻出版社出版,這部《永康縣志》列全書最後之第二十七、二十八册。整理者有題記,現全文照錄於下:

十卷六册。清徐同倫修,俞有斐等纂。日本國立公文書館藏清康熙十一年(1672)刊本。書高二十四點五釐米,寬十七點七釐米。框高二十二點八釐米,寬十五點五釐米。有界欄,每半葉九行,行十九字,小字雙行,白口,無魚尾,四周雙邊。卷首有康熙壬子徐同倫序,附萬曆辛巳吳安國、應廷育二舊序,其次爲凡例、目錄、歷代修志姓氏及永康縣輿圖。卷尾有陳泗、胡以準及尚登岸跋。卷端後五行署"知縣事雲杜徐同倫豐源重修,楚人尚登岸未庵、邑人俞有斐晛蒼彙輯,儒學訓導虞輔堯允欽校正,邑人徐光時東白編纂,徐宗書廣生參閱,王世鈇柳齋、程懋昭潛夫編纂,汪弘海校梓"。卷內鈐印有"秘閣圖書之章"。

徐同倫,號豐源,安陸京山(今湖北京山)人,一說華亭(今上海松江)人,進士,康熙六年任永康知縣,後官禹州知州。俞有斐,永康人,順治辛丑(1661)進士,嘗官瑞金知縣。是志創修於康熙十年,次年修成。共十卷,分地理、建設、貢賦、户役、風俗、秩官、選舉、人物、藝文、遺事十門，共四十目，約二十萬字，記事止於康熙十年。是志分目齊備，材料豐富，於明末清初之經濟、社會史等研究有一定史料價值。是書國內無藏。

其中徐同倫爲上海華亭人一說確定無據，蓋徐在自己主修的縣志卷六中有明言也。這個錯誤很可能來自對縣志主持人的誤記，因爲接徐志的後一部縣志的主持者沈藻，即上海華亭人。

中國古代文獻散失的狀態其實十分驚人。僅說永康縣志，明朝正德年前修過三部，正德志的修纂者都是見到過並將其作爲修志基礎的，但到了康熙十一年時，正德前的三部縣志都已經佚失了，當時所見正德志也非全本。（徐志的卷末，收有正德志的跋，旁注："前序不全不刻。"）嘉靖志則完全沒有提到。徐志所依據的舊志，實際上主要是正德志和萬曆志兩種，而以萬曆志爲主。所以，徐志的凡例開首就說："前志例分十則，嚴正簡括，因悉仍舊。"正德志爲八卷，這裏的前志十卷，指的就是萬曆志。萬曆志的序言，還刻在這部徐志中，明言爲十卷，而且記錄了各卷的名稱。遺憾的是，今天我們已看不到萬曆志的原書全本了。

萬曆志的敘明確道出了整部志書分卷的整體構想："地理以經之，建設以紀之，貢賦以徵之，戶役以庸之，風俗以齊之，秩官以董之，選舉以興之，人物以表之，藝文以飾之，遺事以綜之。揆厥典常，細大畢舉，縣之文獻，於是乎備。"如果將其與共八卷的正德志比較，内容大體還是相近的。萬曆志將貢賦與戶役分列，風俗單列爲一卷，這樣，八卷就變爲十卷了。

詳而言之，則徐志共十卷。卷一爲地理篇，下列沿革、封域、山川、鄉區、塘堰五個子目。卷二爲建設篇，下列縣治、行署、學校、壇廟、驛遞、武備、惠政、津梁八個子目。卷三爲貢賦篇，下列稅糧（加派附）、歲進、歲辦（雜辦附）、課程、戶口食鹽五個子目。卷四爲戶役篇，下列里長、糧長、均徭、驛傳、民壯、老人六個子目。卷五爲風俗篇。卷六爲秩官篇，下列治官、教官兩個子目。卷七爲選舉篇，下列進士、鄉舉、歲貢、例貢、辟薦、恩蔭、封贈、掾史八個子目。卷八爲人物篇，下列名賢、士行、耆壽、民德、女貞五個子目。卷九爲藝文篇，下列詩、文兩個子目。卷十爲遺事篇，下列坊巷（井附）、祥異、古迹（丘墓附）、土產、遊寓、遺德、仙釋、傳疑八個子目。

徐志全盤繼承了萬曆志的體例，並作了一些補充修訂。這些新動作中其實頗體現了新時代的一些新精神。下面試述徐志這些新的精神。由於該志的藍本萬曆志今天無法見到，間或會使用正德志作爲對照材料。

徐志的新特點之一，是求實。衆所周知，明代在中國學術史上並不是一個最受推崇的時代，尤其是陽明心學流行以後，主體精神得到張揚，客觀事實爲人漠視。明末清初，顧炎武、黃宗羲、閻若璩、胡渭等學術大家都反對明代學術風氣，向實學方向轉變。徐同倫看來也是浸染了實學風氣的士人，他對那些不實的套語毫不留情地予以删除。比如正德志卷一"沿革"，開頭自然是交代永康的地理狀況，並兼及天文："永康爲金華屬縣，去府城東南一百一十里。在《禹貢》揚州之城，蓋荒服也。天文爲女宿。"徐志開卷第一子目，則爲"建置沿革"，追溯永康自《禹貢》以來所屬，再列"封域"，即列出永康全縣的四至以及府和京師等的行程里數，而徑直删去了"天文爲女宿"五字。徐志爲何作此改動？編者在子目"山川"的末尾解釋說：

> 歷按他志，首列建置沿革，重制治也。舊志寓沿革於封域之內，似嫌於略。今爲析，揭於篇首。至其不載星野，始焉疑之。志曰以吾邑而上當元象，此抄忽之餘也。茲不贅。

在卷一的末尾，編者就此重申己意云：

其勿及天文，何也？以吾邑而上當元象，猶黑子之著於面耳。此秒忽之餘也，將何以稽乎？是故可略也。抑亦示務民義而不輕誣天道云。

中國古人將天象劃片，將地理劃片，並將天象與地理一一對應。到康熙年間，隨着地理知識的增多和求實精神的流行，人們對此產生了合理的疑問：永康一個小小的縣，拿什麽去與浩瀚的天象對應？對得上嗎？既然對不上，那這種套話就要毫不留情地删去。而且也正要借此告訴百姓，不要動不動就把人間的事扯到天意上去。從某種意義上説，萬物並非一體，人天自是殊途，那種無根據的任意的相互聯繫是不合乎事實的。這種觀點今日自是常識，但放在那個時代，確是值得稱讚的。

考訂有時是求實的一大方法。清代學術重考訂，特點是基本上局限於從文獻取材。但即便如此，也已體現了一些求實的精神。如卷一"山川"下關於石城山和歷山的記載：

石城山：距縣一十四里，高二百丈。群峰巑岏，駢列如城堞。舊志引張氏《土地記》云：昔黄帝嘗遊此山。按郭璞注《山海經》：石城山，在新安歙縣東。則黄帝所遊，或未必其爲此石城也。《一統志》云：縉雲縣仙都巖，其上有鼎湖，人指爲黄帝上仙處。審爾則其龍馭固當歷此矣。又按《史記·封禪書》云：黄帝采首山之銅，鑄鼎於荆山下。鼎成，有龍垂鬍髯，下迎黄帝升天。後世因名其地爲鼎湖。《内經》啓元子王冰注云：群臣葬衣冠於橋山，墓今猶在。則《一統志》所云又未之敢質也。今堪輿家因其群峰羅列於學宫之前，配以佳名：中曰展誥，左曰天禄，右曰天馬，乃鄉俗俱稱爲天馬山，而石城之名，蓋有莫之知者。

遍引群籍，對黃帝遊石城山之說提出了質疑。今人狃於一知半解，隨意比附，比之康熙年間，竟有所不如矣。

關於歷山：

> 歷山：距縣二十五里，高二百丈，周四十里。……歷山有池，廣畝餘，深五尺，曰歷山潭，歲旱於此迎龍禱雨者多驗。又有田，人謂曰舜田。有井，人謂曰舜井。因而立祠，曰舜祠。按《一統志》，舜所耕歷山在今山西蒲州。人因其名之偶同也。

鄉人亦有以爲歷山乃舜帝躬耕之所。當然，關於三皇五帝的故迹，國内甚多，其間原因複雜，値得探究。但徐志言"偶同"，比那些盲目相信堅執難移的人已經中肯很多了。

關於金勝山，更是極考證之能：

> 金勝山：一名金豚山。橫列於縣治前，若几案然。舊志引《太平寰宇記》云：昔有人得金豚於此，故名。又云：金勝，舊名。按《禮》有犧尊、象尊，故或有以金鑄之者。若鑄豚，將何以用？蓋傳録者偶訛勝爲豚，久乃相沿弗察，而好異者並訛著其事以實之也。三豕渡河，自非得意於言表者，孰省其爲己亥之訛乎？

爲求實，有時模糊一些爲鄉土增光添彩的久遠舊說。如"壽山"條："巖上有朱書'兜率臺'三大字，人傳爲晦翁筆。"不斷爲朱熹所題，而以"人傳"爲辭，分寸感佳。（正德志亦用"俗傳"）

又，以上列舉中的舊志，指的應該就是至今已佚的萬曆志。正德志記歷山、石城山皆只及自然地理。

徐志的新特點之二，是詳盡。縣志隔數十年一修，爲常例。"清朝政府就曾下令，各地志書六十年一修。而湖南省則有規定過各地縣志十五年一修。"①這就是爲了增添新事的緣故。宋元以來,方志體例逐漸定型,重修志書,重點就是增加續記上一部志書之後發生的新事。所以徐志凡例言"貢賦"、"户役"兩卷,"舊志所載,因革甚詳。自鼎新,條編彙一,而清丈均里,間有異同,每條先舊後新。今昔眉列,庶纖悉瞭然"。正德志中的"賦"和"課利",占四頁。"役法",僅兩頁。而徐志的"貢賦篇"和"户役篇"皆各整整一卷,加在一起近五十頁,開列各種大類及類下名目皆甚詳盡。爲何如此?"貢賦篇"云:

  以一人而統四海,其利之以爲富者,貢賦而已爾。合四海以奉一人,其效之以爲忠者,亦貢賦而已爾。是故貢賦,有縣之首政也。輸之以時,而上無病國;徵之以制,而下無病民。其在良有司乎!

"徵之以制","制"當然是制度。但漢語一字多義,"制"在這裏完全可以兼有節制的意思。徐志不厭其煩,十分精細地開列賦役種種,不也有一點點開列"負面清單"的意思在嗎?在此之外的賦役應該都是不合法的。當然,"黄宗羲定律"也證明這種節制最後都會崩潰,這也是中國古代政權崩潰的總根源所在。但是徐同倫的良苦用心和悲憫情懷,仍值得後人欽敬學習。

其他方面,編者認爲十分重要的,也不惜筆墨詳加論列,如白瀛山,正德志中無記,此處云:

  白瀛山:乃入東陽縣界,高聳爲大盆山。大盆之麓旋而西南爲馬鬃嶺,距縣二百二十里,蓋縣之極東鄙也。逾嶺達於仙居縣。嘉靖三十三年,倭寇犯台城縣,於嶺上築砦屯兵以備焉。遒

---

① 倉修良:《方志學通論》,華東師範大學出版社,2014年,第14頁。

寇軼境，鄉之義勇陳百二先官兵之未至，率衆迎戰於破岡嶺，挫其前鋒，寇遂走東陽，而縣境賴以無擾……夫自馬鬃至縣二百里，其所經由，皆重山峻嶺、深坑累塹，此兵家所謂重地，利禦寇不利爲寇者。但合孝義一鄉三都強壯之力，固足以禦之有餘矣。

這一段，就是"凡例"中所言"凡溪山有關地勢者並悉著之，亦申畫慎守要務也"之意。

有時候，附録一些原始文獻，當使歷史更爲立體全面，更能見出編者的良苦用心。如卷二"建設篇"子目"武備"下，簡述永康縣城城墻之興廢，而附"答知縣楊公詢訪築城利害書"。此書按理應爲應廷育本人所作。知縣楊公爲誰，無明言。明代楊姓知縣有二："楊軾，湖廣人，監生。成化初年（1465）任。""楊德，武進人，進士。隆慶六年（1572）任。蒞官清謹，士民思之。"揆之情理，以後者可能較大。此時永康之城墻已蕩毀，知縣考慮是否動工修城，此文則細緻描繪永康縣治地形，申明修城之地勢限制："縣之地形，縱長而衡縮，大略如龍舟之狀。東迫大溪，西臨深田，其南面並列縣治、城隍廟、儒學三公宇，僅及一里，别無餘地矣。"清代永康知縣沈藻完全不同意此觀點，以爲此文是偽托應廷育之名刊行。但書之所述，亦足使後人想見當日情狀也。而且據今人的研究，在宋代，許多在中國腹地的小城市確實不曾修建城墻。① "選舉篇"也有了許多更詳盡的記録："分類續編外，兼查《登科考》以補前志所遺。又萬曆十四年始復建文年號，今特分建文鄉舉科，分歲貢年分。"還有一些較爲重要的機構，如"醫學"、"陰陽學"、"道會司"、"僧會司"，正德志中皆僅記載開設年月，徐志增加了一些具體的内容。

第三值得標出的，是對待故實的態度。卷七《選舉篇》篇末有一

---

① 來亞文：《宋朝腹地"郡縣無城"與"小城大市"現象研究》，《史林》2021年第4期。

段話說得極好,值得在此徵引:

> 《選舉》,二志(指宋、元二志)俱傷略,至歐陽志乃詳遠而能詳,其搜羅亦足尚已。論者謂其多總人家銘譜而別無徵據,詳而近誣,固不如略之近核也。於是正德新志反之,多所刊削。論者又謂其徒憑宋、元二志無能改,於其略而當詳者並疑而缺焉,過疑而近苛,又不如存疑之近厚也。彼此違異,竟無定論。於是洪令續志又多取歐陽爲準,無能改於其誣,而當刊削者亦從而存焉。論者於是愈不知所以折衷矣。今所修者,參考諸志,而益以各史及諸大家文集,詳略存缺,皆有徵據。信則從核,疑則從厚。筆削之際,實留意焉。

接着,徐志説:

> 此應志舊文也。今日續修,無以易其言矣。

萬曆年應廷育等修的縣志,爲徐志所衷心推崇。從這段話來看,確名副其實。應廷育等應該可以見到原先的所有縣志,他們如何對待許許多多沒有確切依據的歷史故實?多記,顯得荒唐無稽;少了,可能遺漏有重要價值的信息。何況今人以爲荒唐但後人可能發現有大用。所以才有這麼一個看法:"過疑而近苛,又不如存疑之近厚也。"厚,厚道,寬容也。當然,最理想的方式,是"信則從核,疑則從厚"。徐志也是貫徹了這條原則的。由於萬曆志今已佚,所以這裏特別説明。

今人讀起來可能覺得特別有興味的,是"風俗"一卷。正德志的"風俗"不足一頁,在此擴爲整整一卷。但從"凡例"看,徐志的這一卷基本上來自萬曆應廷育的舊志:"《風俗篇》。舊《志》亦云詳該,今雖積習變遷,稍有異轍,姑從舊文。"

志書絕大多數是按條目記載人物事件，但這一卷"風俗"則純由一篇文章構成，前後連貫，渾然一體，從閱讀上就能給人一種整體的快感。而且文章內容豐富，分析科學，心態較爲客觀，跟今天的風俗也有千絲萬縷的聯繫，所以值得在此特別一提。

　　"風俗"卷首先非常實際地分析了正德志的相關記載，指出它的不盡準確處。如正德志引《漢書·地理志》的"信鬼神，重淫祀"，徐志就指出這是就當時整個揚州而言。而引《隋書·地理志》的"君子尚禮，庸庶敦龐"和《宋史·地理志》的"風聲氣習，一變淳厚"，徐志則指出是針對整個金華而言。最後肯定了正德志最後一段關於風俗的描述，認爲那才是針對永康本地的。

　　該卷分析永康風俗，用了兩個解釋性的視角：一是用了永康的地理狀況來解釋永康人的習性：永康"多山少水，故其民多重質而少權，慓好剛果而乏深沉。僻在東南，灘澀嶺阻，非舟車之所輳、商賈之所聚，故其民安土而不輕轉徙，敦本而罕事懋遷。壤瘠而狹，生理艱難，故其民儉嗇而不競繁華，勤苦而不甘遊惰，勤儉相師，無淫靡之誘，故遠於邪僻。奮而尚義，安居相聚，無主客之分，故恥於屈伏，激而喜爭。"第二個視角更爲具體，從接壤鄰縣的習性來看它們對永康的可能影響："且一縣之內，四境之俗，亦復不同。縣東邊東陽，南邊括，西邊武義，北邊義烏。東陽之俗文，其弊也飾。括之俗武，其弊也悍。武義之俗質，其弊也野。義烏之俗智，其弊也黠。"概括一縣之俗，都只用一個字，何等簡潔明快，而且感覺還是相當準確的！

　　該志記載的社會狀況，像筆者這般年紀的人讀來猶覺栩栩如生："吾縣之農，蓋四時俱勞，不遑逸樂者也。緣地陿不能多得田，且壤瘠不能多得穀，稍惰則無以糊口矣。""民鮮技巧，工多粗劣，持斧鑿者不及雕鏤，操機杼者不及錦綺，秉針綫者不及絺繡，攻澤飾者不及文章。其欲爲奇淫以悦耳目者，則倩江右與徽人爲之，而縣民不能也。商賈鮮百金之賫，其徼利他郡惟米穀……若四業所不能容者，則又多去爲僧、道，爲店歇。未暇遠論，若各郡屬以及諸寺觀，其攬詞訟與披緇戴黃者，大率多吾縣人也！"接着還談到性別觀："其内外之限甚嚴，婦女有終身不出房闥者，惟清明一祭掃於墓而已。然性頗妒悍，雖富貴鮮畜妾媵，甚至有因而無後者。"

該卷還用不少篇幅記載了永康各種禮儀情狀，如婚禮、喪禮、祭禮。記歲時節令，如大年初一情狀云：

元旦夙興，放火爆，乃啓門，然香燭，望空而拜，次乃拜祖考，次乃尊卑長幼以序而拜，曰團拜。拜畢，出大門，避三殺及退方，向吉而行，百餘步乃返，曰轉腳。自此宗族親戚互相往拜，至六七日而止。

又記立春、清明、四月八日、五月五日、六月六日、七月七日、七月十五、八月十三、九月九日、冬至、十二月二十五日等節日習俗。

該卷最後指出永康有八大惡俗，不能不盡力去之。一曰淹女，即溺斃女嬰。二曰火葬，當時以爲悖於儒家禮法。三曰健訟，四曰起滅，説的都是司法情弊。五曰扛幫，六曰攬納，説的是拉幫結派包攬各事的情形。七曰聚集，即打群架聚衆鬥毆。八曰投兵，在當時人看來是不安於農，動摇國本。尤其近二十年，師巫之風興盛，對社會風氣戕害甚大矣。

翻檢康熙年間兩部《永康縣志》，其"風俗"内容大致相同，更可見萬曆志此卷内容精確，難以移易也。今日讀之，或仍可供參考。

康熙十一年《永康縣志》的整理，以日本國立公文書館藏清康熙十一年（1672）刊本爲底本。其間因水平限制和疏漏造成的錯訛，責概自任。誠祈高明垂教。

盧敦基
2021年8月18日初稿
2022年1月18日二稿

永康縣志叙

徐同倫

郡邑有志,猶國有史。由來著述,言之詳矣。永邑雖小,絶長補短,古侯國也。舊志代修代易,不一其人,而成於前令尹吴公文仲、鄉先生應公仁卿者,則在明萬曆之初。迄于今,且將百年。梨棗蠹蝕,不減秦碑漢碣;典畫荒謬,奚菖亥豕魯魚。余不敏,愧未能抽金匱石室之藏,品題軒輊,勒成一代之典,乃於案牘偶暇,廣搜遺文,博綜近事,聞見從新,條例從舊,以提綱則有大書,以評事則有分注,仿簡記于編年,協參稽於輿論,持之慎故察之精,察之精則其書之也頗謂得其實而無歉。昔司馬子長之自爲一史也,總要舉凡,原始會終,覽其概略,亦足通其指歸矣。及夫世道之殆忽,政事之得失,載令甲而如新,首利害登耗之數而無爽,即姱即遺烈,或隱而章,章而備,備而當。以至規畫有因革,人才有盛衰,時斷時續,若存若亡。今此無徵已致咎于前此之闕略矣。若不早計,則後此之紕漏,不又致咎於今此之放佚乎!藉曰采錄或遺,睹聞或誤,其未備也,猶愈于存而無論也。正其誤,補其遺,況有待于後也耶!由是而上下古今,可以擅博雅之資;由是而登進風謡,可以觀大化之成。摘辭捊藻,作者斌斌,勿令探藝海者致懯于遺珠也。他日徵文考獻,則典册具在,庶可傳信於千萬世云。

時康熙壬子春三月穀旦,邑令雲杜徐同倫亶源序。(録自《永康文獻叢書・康熙十一年永康縣志》)

永康縣志跋

尚登岸

間嘗流觀山海輿圖所載,至婺之永康,得名賢如陳同甫、林和叔輩,文章風節,矯然自命,心嚮往之。兼得方巖、石城諸勝,咸稱仙靈窟宅。華溪一水，盈盈相望，勞我寤寐。至道士指庭松而化石，竊疑之矣。辛亥秋，布帆南來，旅寄華水之濱，每間步河梁，白鷺青鱗，浮翔上下，欣然樂之。甫越月，爲方巖遊，攀飛橋，凌絶巘，幾不知有身在塵世也。獨石城以稍近而失之。松化故迹，在郭外里許，磊兀嶙皴，出地不盈尺，他山或有之，而佳者不可得，始信人間事有遠乎尋常意計之外者類如此。若先賢里墓所在，未遑展謁，兹爲良遊一憾。蓋名山大川，每多異人、藏異書，非足之所歷、目之所睹，其淪没於荒烟蔓草者不知凡幾矣！徐君亶源，出宰是邑將六載，政成化洽，歌頌聲洋洋盈耳也，乃繙繹舊志，手爲釐定，俾百十年來往事遺行，燦然大備。余浮鷗斷梗，品藻烟雲，獲從几研之間，共爲參校。梅破寒汀，柳繫春風，相與晨夕焉，數閱月而書成，上以佐興朝文治之盛，下以發名邑潛德之光，乞靈山川，願惬禽魚，仿佛先賢如在丹峰碧嶂間，似可揖之而出也。還問化松仙子，或別留片石，秘爲奇珍，終當怡然惠我，壓載歸舟，位置楚澤園亭，敬投袍笏之拜，庶不負山海流觀搜巖剔壑數千里，目追足涉之近踪也。快睹永志刻竣，而跋其後。

時康熙壬子春上巳後五日之吉，楚人尚登岸未庵氏謹跋。（録自《永康文獻叢書·康熙十一年永康縣志》）

康熙沈志

前　言

　　康熙三十七年（1698），京城官員張希良視學浙江。他是參與編纂《大清一統志》的人物，讀過許許多多志書。在金華府公幹之餘，不禁技癢，就把所屬八縣的縣志拿來流覽，發現《永康縣志》獨缺。此時的永康知縣沈藻，康熙二十四年（1685）的進士，是他科考的同年，張不免動問。沈藻答道："書板毀於大火，已有二十來年了啊。"張希良說："這應該屬當政者的職責了。把它修起來？"沈藻說："我久有意於此了。實在是公務頭緒太多。最近稍暇，我當勉力從事。"幾個月後，新編《永康縣志》書稿成。冬十一月，張希良爲這部縣志寫了序。此志沈藻的自序，則言修志自上一年秋開始，該年夏天成稿。

舊的《永康縣志》書板何時毀於大火？這部沈藻主修的康熙三十七年《永康縣志》（以下簡稱"沈志"）卷十五"祥異"，記載了永康歷史上的一些異常現象，而又於近爲詳。查該志，自上次修志的康熙十一年（1672）後的二十六年中，永康沒有大火的記載，其間所歷最大的災禍是"三藩之變"。康熙十二年（1673），康熙帝決定撤藩。該年十一月，吳三桂起兵。次年三月十五日，福州耿精忠起兵回應。"六月至十二月，清、耿兩軍以衢州爲中心，展開激烈的爭奪戰。""六月，徐尚朝帶領所部官兵，包圍處州府城……城池失守。……閻標率兵從金華府所屬永康、武義等縣進犯金華府城。""康熙十四年（1675）正月初八日，副都統馬哈達、總兵李榮等率兵恢復金華府屬永康縣城。"①關於永康此時情形，沈志中叙云：

十三年，耿逆叛。六月十九日，城破。十二月，康親王率師駐婺進剿，逆兵敗走。十四年正月初四日，邑令徐公單騎回縣，召集殘黎，迎請王師恢復，安堵如故。

寥寥幾行，飽含多少世變！舊志的書板如果在此期間毀於火，那真是一件不大的事了。而本人讀沈志覺得最有缺憾的，是它記此事，全志只用了上面不到一百個字。歷史如果沒有準確的細節和動人的故事，確實難以入人心耳，更不要說後人必爲之補充的吳絳雪事迹了。

---

① 滕紹箴：《三藩史略》（下冊），中國社會科學出版社，2008年，第1083—1084、1082、1180頁。

沈志的修纂人員名單，志云：沈藻重修，余澶參閱，朱謹編纂，王同廱、徐琮校訂。道光志"歷代修志姓氏"則記載更全：

  沈藻（縣令）

  余澶（司教）

  余敬明（司訓）

  朱謹、陳銑（並縣丞）

  王同廱、徐琮、林徵徽、應錦鬱、俞玉韜、徐友範、王同傑、徐璣、徐彥滋、應本初、徐友閎、程璘初、金兆位（俱邑人）

沈藻，沈志卷九"宦表"記載云："號琳峰。江南松江府華亭縣人。乙丑進士。康熙三十年（1691）年任。"光緒《永康縣志》卷五職官列傳云：

  沈藻，字琳峰。華亭人。進士。治民以寬，修預備倉以贍荒政，禁鑿黃青、朱明二山以培氣脈，重修縣志叙各前令宦迹，有"小民一時之利害，官吏得操其生殺；官吏千載之是非，小民得擅其褒譏"之語，其畏清議而克慎厥職可知。時學使者張希良謂其"以蒲鞭爲治，民懷其惠，有長者之稱"云。

乾隆《金山縣志》卷十二"人物（一）·儒林"云：

  沈藻，字火先，號琳峰。居大石村。康熙乙丑進士。授永康令。永當甌括之沖，故浙東瘠邑也。經閩逆變後，民不聊生。藻至，除供億，禁火耗，一應貼費名項，皆捐俸以償。其徭役民夫，動以千百計。藻憫之，爲吟《兜夫行》，出貲招募，民始不疲於奔命矣。永俗：產女多溺，富家巨族畜婢至老不擇配。藻下令嚴禁，其風遂革。後因逋欠呈誤，民多攀轅號泣。出署時，圖書數卷,蕭然無一長物。越四年,卒於永之公寓。祀名宦。有《古處堂詩文》等集。子中黄,衛學生,雄才博學,工真草書。

該志卷十五又云:沈墓在金山"新運河東三十八圖"。光緒《華亭縣志》卷十二:"按,藻居查山北,如今金山境。"

清代戴名世有《永康縣令沈君募助説(代)》一文。因戴後觸文網被處斬,書板亦被毁,所以此文在清代流傳不廣。今轉録於下:

余同年友沈君某,以康熙某年爲婺之永康令。永康在萬山中,土田磽瘠,人民淳樸。沈君之爲人,和厚而詳明,其爲縣令也,噢咻拊煦,縣父老子弟皆懷其德,上官將欲文章薦之,會以他故掛誤失官。先是庫金因公事挪移凡四千餘金。令甲,官吏去任,庫金不足者必償之,乃得無事,於是沈君遂流滯永康不能歸。沈君家故貧,勢無以得償,縣父老子弟患之,相率謀曰:"以吾侯之賢,而以邑税賦故累侯,其何以安?"於是釀金助侯。而永康故小縣,民又貧,所釀金僅得四分之一,無以紓沈君之急。復相向咨嗟,束手無策。適某巡部至婺,具知其狀,召沈君而謂之曰:力大則任易舉,人多則事易集。今之官兹土者,自持節大吏之於州縣,先後乘權而來者,皆有賑難恤災之責,況以平廉之吏,困躓愁苦而在耳目之近,豈能漫然不爲之計?古人有言,惠不期大小,期於當厄。夫欲甦憔悴之民,當先甦憔悴之官,宜亦仁人君子之所用心也。以先後之分言之,諸君子或爲其上官,或爲其同僚。一客向隅,舉坐爲之不歡,此人人之所同情也。某不敏,當捐俸相助以倡其事。沈君持吾言去,遍告於諸君子,必有起而應者,永康之父老子弟其無患。①

---

① 王樹民編校:《戴名世集》,中華書局,2000年,第432—433頁。

這篇文章説清楚了爲什麼沈藻離職後仍然居住永康。而且此文的效果也不明顯，應該是没有募集到所需的數目，所以沈藻在永康待到逝世。一代仁人，下場之不佳竟如斯！

沈藻新修縣志，依據的舊志，是明代的正德志、萬曆志和清代康熙十一年徐同倫主修的縣志，共三部。沈志跟康熙十一年志一樣，完全没有提到嘉靖志，可見嘉靖志入清後就已佚失了。由於沈志跟上一部縣志只相去廿六年，在傳統農耕社會，一代人的時間内，除了特别時期，一般難以發生太多的新變。所以沈志中有不少照抄前三部志書，並且皆明確標出出處，或指明其間的同異。

也是基於以上原因，張希良在給沈志作序時，就没有特别誇獎此書的資料性，而言其"義例則謹以嚴，筆法則簡以潔，目則括而能通，編次則條而且羃。每篇冠以小序，補舊志所未及，疏朗質直，意主乎紀事而不主乎文；微顯闡幽，可以維風勸俗"。沈藻的自序則云：

> 永志昉自宋嘉泰縣令陳昌年，元延祐邑人陳安可、明成化訓導歐陽汶修續之。嘉靖壬午，縣令胡楷以爲歐陽每多失實，復據宋、元志修之。同時邑人應僉憲著有志稿，藏於家，至萬曆辛巳始刊布，然其條例參錯未定，蓋一家之書也。康熙十一年，縣令徐同倫一仍應本續之。今也二陳之志已亡，惟胡志可以爲據，然甚簡略。而應氏體裁，未敢附和。乃遵洪瞻府志，立標題四十有三，皆自然之條例，非意見創立者也。每題各有小序，亦遵府志例也。應志條例有分所不當分者今則合之，合所不當合者今則分之，一以本題爲準，仍於行末各注某志列某項某項，以俟後之君子鑒别裁定，不敢以此廢彼也。其各項編序，仍注照某志某志者，不没其舊也。

這是沈志全書的宗旨。總結一下，大抵的意思是：

一、批評舊志的缺點。如胡志太簡略,應志則分類體例有所參差不齊。

二、採用新的體例。自述所見各志,分類較合於自然的是洪瞻主修的康熙《金華府志》。所以本志襲用府志全部標題共四十三則,題後各有小序,亦遵府志之例。

三、尊重前人成果。一是在本志的正文後,注出該部分内容的分類與前志的不同之處,以便後來鑒定評判;另外,在與前志相同之處,也同樣注出,以見"不没其舊"。

今天來看,沈志相對徐志而言,其新的内容大致是三點:一是内容的新增;二是標題的調整;三是小序頗見匠心的撰寫。以下簡要説明之。

(一)關於内容的新增

沈志中的新内容,首當其衝的可能是永康與鄰近各縣的邊界勘定。當然,徐志對永康的四封也有記載,而且也不完全抄自正德志。但沈志的記載,大多出於沈藻自己的實地踏勘。康熙三十六年(1697),沈藻奉郭督憲的命令,親自帶隊到本縣四封實地勘界並立石爲記。正東,護臘橋,與縉雲接;東北,伍斗山,與東陽接;東北,下連坑,與仙居接;東南,包坑口,與縉雲接;正南,永祥馬嶺,與縉雲接;東南,庄基,與縉雲接;西南,桐琴,與武義接;正西,楊公橋,與武義接;西北,董村,與武義接;正北,祉嶺尖,與義烏接;東北,長塢坑,與東陽接;東北,三石,與東陽接;西北,楓坑嶺,與義烏接。其中只有護臘橋、楊公橋、祉嶺尖、長塢坑四處有舊界立石,其他都是新立的。在那樣的一個交通條件下,儘管縣太爺也基本不用徒步勘界,但仍然是不易的,關鍵是更清晰地掌握了縣情,也爲後人留下了不可磨滅的印記。

沈志跟徐志,時間相去僅二十年,所以新增的内容,大多是這期間發生的新事,比如說户口、田土的數字,用了相對較新的資料。比如縣公署,在康熙十八年和三十一年均有修建,這些新的情況都補充進去了。關於長壽老人的記載,見"耆壽",徐志只記了三人,沈志擴充到五十四人,標準在八十歲以上。"惠政"中的預備倉,在康熙八年徐同倫創建三間後,康熙二十二年知縣謝雲從又建三間;三十三、四兩年,沈藻重修並新建六間。"義塚"一項,康熙十年徐同倫奉令創建一處,但徐志未載;二十三年,謝雲從又新建一處,沈志均記載了。至於"人物"、"科名"等條目下,也均例有增補。沈志有些新增的内容,是以前沒有立項的内容,如"祀典",徐志沒有這個標題,沈志新增,中有前志沒有的内容"釋奠",但亦不是完全的新創,自注"采《學志》"。卷一中的"形勝"、"城池",題下均注"新增",但其實是前志未立此題,内容也非新創,而是采其他書籍而入。"驛遞"收了徐志沒有的驛吏名表,但也是采於《金華府志》的。最有價值的新增内容,可能是"祥異"題下永康災荒年與豐收年的新記了。從康熙十一年到三十七年,四年豐收,十二年災,其中一年是耿精忠造反的人禍。"遺事"新增五條,也都是本朝的新事,頗有意味。至於"藝文",新增了一些詩文,則是十分正常的事情了。

(二)關於標題的調整

沈志對於舊志的更新,如前所説,是不滿於原來標題的簡略或不妥。所以他自述新志的標題,相較舊志有不少更動,遵照了自然原則,不摻雜太過個人的看法,最後覺得康熙《金華府志》的標題最好,所以全盤照抄。

問題在於,修成於康熙二十二年(1683年)的《金華府志》,其標題完全因襲了明萬曆《金華府志》,毫無變革,志中只增新事。所以如果要説康熙《金華府志》的標題好,還不如説成化《金華府志》的標題好。康熙《金華府志》對成化志的修改,僅在於增加"武科"。其"凡例"言:"前志共四十款,今所載悉如其舊。但武科竟缺而不書。竊以國朝定制,文武並重,況出自科名,亦人材所系,烏容盡泯沒耶!今特取屬於本朝者以次附見於科第之後。"但增加的"武科",也並未單獨立目。

不過,仔細對照,沈志關於全志標題全襲府志的説法,也不盡準確。粗粗一看,就能明白其中端倪:府志全書四十目,沈志則四十三目,數字就已不一樣了。沈志目録中與府志中完全一致、一字不改的是二十四目,其他有些是意思一致,而用詞不一,如沈志中的"宦表"與府志中的"官師",都是指在當地任職的行政和教育部門官員,但稱呼則不一。"武備"與"軍政","土産"與"物産",内容一致,但標題不一。有些則府志有,縣志無,如"分野",沈志繼徐志,棄之不録。有些則縣志有,府志無,如"鄉區"、"塘堰",或者這些内容在縣志中立項合適,在府志就不一定合適,應該是照顧到了各級行政的具體情况。

而相對於前志,沈志新的調整大多也有相當的理由。如以爲不可不分的標題,即"貢賦"與"田賦",現在分開。而不當分而分的,如"士行"、"民德"、"女貞"、"節婦",現在歸於"人物"與"列女"名下。不過這些都是針對萬曆應志而言。當然,沈志對徐志也有調整,如在凡例中强調《藝文》要"極嚴選",對照一下,可以看出,沈志删去了徐志中原有的尚登岸《放生潭碑記》、徐光時《龍虎塔牌記》、程文德《陽明文録跋》和《象山書院録跋》、程正誼《永康縣學教思碑序》。程文德的兩篇,跟永康關係確實不够緊密,删之也有理由。但另外幾篇,無論怎麽看也不能説它們與本邑關係淺。難道是沈志的編纂者們覺得這些文章寫得不够真實準確?沈志有一處調整得很好,即新立的"祠墓"。徐志中有"丘墓",附於"古迹"之下,是一個小題目。徐志按明成化《金華府志》"丘墓"例添上,也是受到了一件近事的刺激:康熙十年(1671),因爲貪圖好風水,東陽有一户人家説自己是陳亮狀元的後裔,歸葬至陳亮墓所在的卧龍山。據説當時當地人都不知道,"忽山木號鳴,震動連日",陳亮後裔驚覺,啓動官司。知縣徐同倫"親往勘視,掘起四棺,盜葬者服辜,古墓得安"。這段故事記載於沈志,徐志中略有涉及,可能是因爲當事反不好多説的緣故?徐志因而記下三十七處古墓。沈志則記了五十處古墓，說明是先賢才夠資格。沈志的新作爲，是辟了"祠堂"一目，記錄了一些民間有廣大信衆的祠如赫靈祠、三長官祠、烏傷侯祠、孝忠祠（祀應孟明），更多的則記錄了本縣各地聚居宗族的宗祠，計七十三處，注明地點，大多還記下祭祀的始祖，填補了原先志書忽略的但又是當時社會重要情形的一個空白。

（三）關於小序的撰寫

沈志極爲著力的一點，是關於小序的撰寫。正德志無小序，標題之下直接展開實際內容。其他已佚的縣志無論，徐志則每一標題下均新撰小序，下引兩條以見之：

（山水小序）邑治層巒環列，衆水縈繞。鬱鬱青芙，星體分五方之秀；洋洋華渚，仙源合兩派之流。不惟代興之彥，本河嶽以篤生；抑亦甸治之賢，指山川而表識。爰綜流峙，匪屬品題。

（人物篇）敘曰：山川毓秀，名賢迭生。爰及士行，民德女貞。不有載籍，於何有徵？志人物第八。

徐志小序，特點有二：一是簡潔，關於山水的那則是特別長的，關於人物的那則比較有代表性，只講了記載的內容及其重要性；二是用騈體，文辭典重華麗。與之相比，沈志小序正好相反：一是對序後該項的重要性有所闡述，有時還會跟相關的不同論點進行論辯；二是不用騈體，而用散體，使論說進行得更爲充分，更爲深入。這是騈體文所不能爲的。

沈志自稱標題因襲康熙《金華府志》，張希良的序明確說該志的小序也是因襲了府志。不過，沈志的小序，跟府志相比有相當不同。試以開卷首篇"建置沿革"爲例：

（康熙《金華府志》）先王疆理天下，建邦分制，地有定制。後世環數百里之地而郡之，亦古侯邦也。婺治自秦漢以來，代易其名，地方僅四百里，而人才、土產之盛，甲於東浙之郡。爰考其沿革本末之詳，志建置。

（沈志）自有宇宙，便有疆邑。宇以六合言，宙以古今言。疆邑井井，宇之義也；沿革歷歷，宙之義也。觀於建置，而治道出焉；觀於沿革，而變化生焉。永邑疊經興廢，今之永邑，非昔之永邑也。治之者，貴乎善通其變。然而山川猶是，疆邑猶是，今之永邑，猶昔之永邑也，所以治之者，貴乎慎守其常。縣有沿革，道有常變。神而明之，存乎其人。乃志沿革。

相比而言，府志點出了本地最基本的特點：在浙東諸郡中人才、土產極盛。縣志則完全沒有涉及本地特點，也許是因為永康當時沒有顯著特點？但指出時空常變，道有常變，神而明之，存乎其人，雖然都是古人早已發明的智慧，但一個地方領導人真能體悟到這些道理，其應對現實問題大抵會更有胸懷。沈志小序，有不少是討論該項事物的至理的。可以說這是它的顯著特點罷。本文前引的光緒《永康縣志》，用沈志"宦迹"的小序來敘說評價沈藻，也不是完全沒有理由的。這則小序值得在此全文徵引並略為闡說：

永志宦迹，僅存十五人。敢告學士大夫操筆以從事者，自茲以往，務期網羅舊聞，使十五人之外，有所增入。又必及時續述，使十五人之後，相繼罔缺，庶無遺憾矣乎！或曰：循吏固不常有。漢之循吏，不過六人；唐之循吏，不過十五人。永固小邑，得十五焉，足矣！曰：非也！國史雖統天下而言，然祇為一朝之事耳。況簡取宜嚴，舉其一即可以例什伯也。若夫郡邑之志，雖就一邑而言，然合數十朝而計之，則已多矣。即以近時近地言之，其循吏已指不勝屈，況聞見所未及者乎！故知永邑十五人之外，其失傳者，不知凡幾也。雖然，傳者其常，失傳其變也。即其所存于消燼之餘者，已足令人感慕不窮矣。夫小民一時之利害，官吏得以操其生殺；而官吏千載之是非，即小民亦得而擅其褒譏。故宦迹有志，大可慕也，亦可畏也。

這段不算短的小序，集中討論了兩個問題：一是以前縣志中收的好官員太少，只有十五人，並强調這與國史不同，如果實事求是地記載，好官的事迹應更多。二是爲什麼要去收集好官的事迹？他說平常都是官員操平民百姓之生死，也應該有一條讓平民百姓得以評論官員的途徑。要讓官員慕官聲，畏民議。多麼透徹的洞察，多麼清楚的頭腦！由此也確見出古代中國仁人志士真切的仁心仁懷。

在古代中國，佔據主導地位的多爲儒家學說，尤其對於知識分子，辟佛、老，是宋代以後的一大主題。在這樣的背景下，讀沈志"仙釋"小序，確是別有會心：

人世甚無藉乎？有，此仙、釋也。然而無害也。王者之政，必先煢獨。釋之自稱曰乞士，釋之所居曰給孤獨園。所謂羽士也者，亦相等耳。以天下之大，出其少，分以給此不家不室之畸民，是亦養老存孤之一端耳。若以爲無補於民而贅疣視之，是豈天地聖人之量哉！況其志行潔清，亦足以醒醉夢而滌塵氛，藥籠中亦不多此一物也。雖其絕類離倫，與儒道相遠，然各行其志，在彼亦自有其所以然之故，亦不必强之使同也。邑志備載人物，主也；人物之外，併載仙、釋，賓也。今有棄其所學而學仙、學釋者，是舍家雞而求野鶩也。又有斥爲異端而拒絕之者，是猶主之於賓不爲之恭敬款洽而反謾罵訶叱之也。此適足以爲物戾也。故邑志之列仙釋也，是因主及賓，非以主廢賓也。明乎賓主之分，世之紛紛論議者，亦可以少息矣！

對仙、釋的理解當然不算全面深刻，但是這樣來展示儒家的博大情懷，顯示治國理政的寬大包容，是符合人性的，也是符合廣大民衆的願望的。沈藻之博大和通達，在此展露無遺。如果此時再去讀一下志中"藝文"所收《山羊記》，會更有意味。此記作者仇兆鰲，有著作《杜詩詳注》，爲大詩人杜甫詩集的一個極爲經典的注本，至今不廢。

本次整理所依底本爲浙江圖書館藏本，此本版刻不全，卷四、五、六、十五、十六皆爲配抄，抄手業務精熟，字迹清晰。全書除序跋、凡例外，文中皆有句讀，皆以圓黑點出之，爲今天的整理工作帶來諸多方便，點得不妥之處有，但極少。要特別說明的是，這是現存明清兩代五部永康方志中唯一有一些句讀的。

此次整理工作由我本人獨立完成。其中不妥之處，敬乞高明垂教。本前言的撰寫得到《永康文獻叢書》編委會李世揚、林毅二位先生，永康市圖書館徐關元先生、孫璇女士，永康康廷大酒店應瑛女士的特別協助，在此謹致謝意。

盧敦基
2022 年 1 月 24 日—2 月 28 日

序

張希良

余承乏史館，預修《一統志》，嘗取寓内之志乘縱觀之。凡治忽醇漓，盛衰興廢，歷歷如指諸掌。竊嘆夫人物之光華、風俗之茂美，固地靈所鍾哉；其教與養，蓋實關人事焉。歲丁丑，奉命視學兩浙。山川風物，稱一大都會。校文之暇，于郡邑志咸得寓目。按行經婺郡，獨永康志闕勿備。詢諸邑令沈子，對曰："板燬于火，闕二十餘年矣。"余曰："是有司之責也。盍修諸？"沈子曰："久有意於兹矣。以邑務并營勿遑，及今稍暇，當竭蹶以從事。"閱數月，書成，以其稿來。義例則謹以嚴，筆法則簡以潔，綱目則括而能通，編次則條而且覈。每篇冠以小序,補舊志所未及。疏朗質直,意主乎紀事而不主乎文,微顯闡幽,可以維風勸俗,如讀《南陽耆舊》之傳,應、劉《人物》之志、《風俗》之通,非第爲一邑米鹽籍記已也。沈子爲余齊年友,問學該博,品誼端方,其宰永邑,以蒲鞭爲治。民懷其惠,有長者之稱。以沈子之才,不得在蘭臺著作之列,而小試一斑於理縣之譜,惜矣!然今天子,稽古右文,館局弘開,方將起枚、馬於泥塗之中,徵外史於山海之畔,沈子其橐筆以俟之。

康熙三十七年歲在戊寅冬十一月,楚黃張希良拜題。(録自《永康文獻叢書‧康熙三十七年永康縣志》)

序

沈 藻

永康蕞爾邑也,地無城堞,田不常稔,戶鮮宿糧,市缺百貨。民生其間,蓋亦難矣。然自宋、元以來,人豪人師,高名顯爵,與夫篤行媁修之士,里苞巷茁,接踵而起,豈非山水之靈所蓄歟?敬姜之言曰:"瘠土之民,莫不向義。"則是永多善類,轉因地瘠使然歟?然而非常之人,則又未可以凡情限之也。夫靈氣所鍾,蔚爲文獻,永邑之志,累代修續,文獻固足徵矣。顧自徐志燬于火,二十年來莫之問。及藻視事茲土,蘊懷已久。去年秋,紳士耆老昌言修復,予捐俸以倡,紳士踴躍欣助。始事于去秋,告成于今夏。藻以簿書餘晷,細加考訂,不以急心乘之,不以易心忽之,訛則正之,遺則補之,冗則削之,亂則整齊之。其於舊本,或仍或革,大旨一歸自然。吳門雪鴻朱子語予曰:"天下之物,莫不有故,因而求之,是爲天則。孟子曰:'禹之行水,行其所無事也。'豈惟治水?堯、舜之治民,夫子之刪定贊修,俱不外此。即以文論,自經傳史集以及學士大夫撰述,千百世相傳之故具在也,其可鑿歟?"予與朱子,志尚不岐,迭相默喻,竊以爲志之所載,于地境之所有,適還其故而已矣,不必創列門類,綱復加綱,目又分目,義例既窮,勢必矯强,孰若本于自然之爲愜也!永志昉自宋嘉泰縣令陳昌年,元延祐邑人陳安可、明成化訓導歐陽汶修續之。嘉靖壬午,縣令胡楷以爲歐陽每多失實,復據宋、元志修之。同時邑人應僉憲著有志稿,藏於家,至萬曆辛巳始刊布,然其條例參錯未定,蓋一家之書也。康熙十一年,縣令徐同倫一仍應本續之。今也二陳之志已亡,惟胡志可以爲據,然甚簡略。而應氏體裁,未敢附和。乃遵洪瞻府志,立標題四十有三,皆自然之條例,非意見創立者也。每題各有小序,亦遵府志例也。應志條例有分所不當分者今則合之,合所不當合者今則分之,一以本題爲準,仍于行末各注某志列某項某項,以俟後之君子鑒別裁定,不敢以此廢彼也。其各項編序,仍注照某志某志者,不没其舊也。是役也,時日甚促,遺書鮮少,猶有缺略未備者,亦望後之君子網羅蒐採,以次增補,庶可爲蕞爾之邑、瘠薄之土增其式廓也。昔揚子之書本於閭邱,鄭國之命匪成一手,惟兹結集,敢云定本?亦聊以備後賢之考正云耳。雪鴻子曰:"子之言,質而不泛,近而不枝,斯亦毋失其故者歟!"予謝不敏,書予兩人所見,以爲之序。

賜進士出身、文林郎、知永康縣事華亭沈藻撰。(録自《永康文獻叢書·康熙三十七年永康縣志》)

道光志

前 言

清朝的皇帝,不管是政治素質、個人品德還是身體狀況,在兩千年的中國皇朝史中都是比較優異的,所以才有連續時間最長的康乾盛世。但此刻人們很容易産生一種錯誤的心理傾向,即以爲前人既有成功的實效和經驗,只要沿着這條路走下去,未來將會是確定的,天下一定太平,萬民必然安泰。道光一朝的政治,主宰的基本就是這種理念,所謂"治術則拘守成規,不敢稍有變通;學術則崇尚考據,不能講求實用"①也。據説道光初登基時,因爲奏摺實在太多,真的很難細看處理,就問親信的重臣曹振鏞如何辦。曹説:今天下承平,可能没有必要看那麽多,但是又不能有拒諫的表現,最佳方法是見奏摺文書中文本不規範的,用朱筆標出,然後發給大家看,讓大家不敢怠忽;再交部嚴議,痛加譴責,讓臣下再也不敢亂説。道光然之。"於是一時廷臣,承望風旨,以爲奏摺且然,何況士子試卷?而變本加厲,遂至一畫之長短,一點之肥瘦,無不尋瑕索垢,評第妍媸。"(陳康祺《燕下鄉脞録》)"論者謂一時吏治日壞,學風日替,民族日壞,民生日困,内外兵禍,紛至遝來,開千古未有之變局,皆振鏞有以造成之,庸人誤國,甚於佞人,言雖過甚,然亦不得謂非無因也。"②當時也只有天份極高、深諳世變的極少數人才能窺破其中奥秘,如喊出"萬馬齊暗究可哀"的杭州大詩人龔自珍,其實也乏人理會。歷史的重大轉折,已經悄然發生,然當時人常無以覺之,反而覺得太平盛世當可無限延續。只有後人才能於史迹中窺之,"後人哀之而不鑒之,亦使後人而復哀後人也"。

此部《永康縣志》,修成於道光十七年,即西元1837年,離林則徐虎門銷煙僅兩年、第一次鴉片戰争僅三年,兩千年未有的中國大變局即將發生。但在這大變局前兩三年,處身帝國腹地的官員百姓們無論如何也料不到歷史會有那樣的轉折。所以這部道光《永康縣志》(下簡稱道光志)就帶有它這個時代所有的特徵。而此特徵,如果必須一言以蔽之,大抵可以表述爲在一個既成的格局中將事情做得更細緻、更準確、更漂亮、更周全。

先來看看道光志寫作班子。爲何這裏不像前幾種志書前言中將

---

① 蕭一山:《清代通史》(二),華東師範大學出版社,2006年,第673頁。
② 蕭一山:《清代通史》(二),第676—677頁。

其稱爲"胡志"(明正德志)、"徐志"(康熙十一年志)、"沈志"(康熙三十七年志)直接拿主纂官員之姓區別稱呼？因爲道光志有一個龐大的寫作班子。總修三人：廖重機、陳希俊、彭元海，均曾任本縣知縣。廖於道光十四年(1834)冬來永康，覺得距前志纂修已過一百三四十年，實在應該重修縣志了。次年他就立局開工。但不巧，此年秋天歉收，"經費不足"，工作暫停。下一年遇豐收年景，重新開局。但廖此時調到了橫陽(今浙江平陽)，來接任的是陳希俊。廖在交接工作時特別向後任提到縣志修纂，陳氏也高興地回答願意繼續。又過年餘，志書告成，知縣又換成了彭元海。彭元海何時到任，志無明確記載，但既上縣志編纂領導班子名單，顯然在刻板印成前已到位，至於幹了多少實際工作，則難説得很。而且廖重機在這項工作一開始就聘請了當地的兩位官員充纂修職：應曙霞，原任甘肅秦州直隸州知州；潘國詔，前任直隸天津府滄州知州。兩人均曾任州職一把手，讓他們來主持實際工作，能夠更方便地應對來自各方的壓力和牽制。光緒《永康縣志》在"人物"卷中記錄了應、潘兩人的事迹："應曙霞，號梧垞。嘉慶戊午(1798)舉人。"後任甘肅大通縣知縣。"道光元年(1821)，西番不靖，乃召募獵戶丁壯，厚其食餼，訓以步伐，按山川夷險及虜所出入要隘，嚴設守禦。至冬，西番掠入境。霞親率獵戶及白塔營弁，追至青海哈哩察兔河及之，斬酋虜十數人。西番懾伏，不敢入境。壬午(1822)，西番抵蒙古地。節相長帥師從西寧、大通兩路出，以曙霞才，檄兼權西寧，辦理糧餉。六月凱旋，以功升固原州知州。"兵後民饑，應先捐己廉，散給口糧。後得官府接濟，分發後，餘糧一千餘石。陝甘總督那彥成説這點餘糧就補給他。應對曰："此糧應奏請還倉。且前既詳請捐廉，今以餘糧入橐，是前釣名而後弋利也。""潘國詔，字雲留，又字耘流，晚字贇嘐。嘉慶辛酉(1801)拔貢，朝考，以知縣歷任直隸任邱、獲鹿、慶雲、宣化、南皮、交河等縣，升天津府滄州知州，兼署天津通判。性清介，儀貌嚴重，不苟言笑。學有特操，秉敬義。"在官時，面貌嚴肅，清廉耿介，不給不正之風留任何面子。因廉潔、能化民俗，"上官以是皆諒之，不以其剛介爲嫌"。"官直隸三十餘年，丕著清聲，皆目以潘青天"。工作班子中還有校閱、分校、分修、採訪、董事等等，少則三人，多如採訪竟達十七人。廖重機在志書序言中自述其於此項工作："其修纂採訪，則諸君之力；其貲費，則余第捐廉以倡，而踴躍捐輸皆出於邑之士民。且余雖始其事，而未嘗終其事也。"雖是自謙之言，但恐亦是實情。後兩位知縣可能做得更少。而兩位州級官員的跋《書永康縣新志後》，先交代廖重機定下的修志總旨："一百餘年之久，闕略必多。搜采不厭周詳，棄擇務期精當。志猶史也，而褒譏寓焉。志非譜也，而稱述異焉。"而後表明所有的工作均在此原則指導下進行，"惟明府之取裁"，自己則"無所容心於其間也"。雖也是自謙之言，但恐亦是部分實情。所以可以認爲，此志是廖定宗旨，應、潘二人主持日常工作，衆人各有分派。工作既多，人員亦富，但也可以說沒有一個人負主要責任。這跟前面幾部志書各有人擔當的情形確乎相異。工作人員多了，責任也通過種種方式相應分散了。

　　如果從志書的外觀及編校品質上來看，此志在現存永康志書中無疑是最好的一種。整部志書格式開闊爽朗，字體工整美觀，且不像以前志書明顯出於衆刻工之手，全志渾然一體，讓人歎爲觀止。卷首之圖譜，如"永康全境圖"、"永康縣治圖"、"永康公署圖"、"永康學宮圖"，也比前志描繪更加精細，刻印更爲清晰。形式上僅次於此志的是沈志。而光緒志之板刻字體等等，儘管後出，反更次了。

　　道光志相對於前志，有些改動之處頗見匠心。比如"橋梁"。古代科技不夠發達，造橋遂爲人民日常生活中的重大事件，橋梁對大衆的作用大矣甚矣，自來修志當然不會忽略，會記下一些較大的橋梁，有時還略記修建人。道光志則將橋梁系統化，先記縣城邊上即附郭六橋，再記由縣至府驛道上的三橋，另一至縉雲方向驛道上四橋。接以非驛道但津要者：達東陽路四橋，達武義路二橋，達溫州、處州路六橋。再按東南西北等方位記載縣內各橋。方位清晰,理路井然。較之前志,條理性大大加強,且尤留意建橋事跡。"市集"也是如此,不再如前志平鋪直叙,第一句就指出"大者五",即縣內五大集市:縣市、桐琴市、芝英市、象珠市、古山市,綱舉目張,並注明農曆市日。這些市集及市日一直沿續至今未改。古墓,沈志按方位排,但參差不齊。道光志"名墓"則按時代,自宋胡則之父開始,至元、明、本朝,一併注出山名,同時增加了十餘處前志所缺的内容。道光志的系統化程度確實遠勝前志,考慮周密多了。

一部新修的縣志,它的價值,歸根結底是看它比以前多提供了哪些確切的重要信息。這句話其實包含了三層涵義:新事、真實準確的新事、重要的真實準確新事。最後一條,涉及編纂人員的主觀判斷,而且每個讀者也有自己的主觀判斷,很難一致,不容易劃一評判。前面兩條,應該更客觀一些。新事最易判斷,前志所無今志所有就是新事。當然是否準確也不易論。不過,無論如何,這可能是今天判別志書價值最關鍵的標準了。

道光志與沈志相去一百三十九年。此段時間相對於修志的一般要求大大超過了,所以道光志有許許多多新的内容。有些内容確乎十分重要,如"縣治"下的火災事:"嘉慶二十五年(1820),署内不戒於火,大堂、川堂、書房、架閣房皆毁。(是年魚鱗册皆毁於火,一邑田地山塘皆無所稽考,刁民猾吏更易於舞弊矣!)"一縣的重要檔案原來是這樣毁掉的,而且其影響肯定極大。"學校"下的"書院",沈志僅記五峰書院、龍川書院兩處,道光志則增記了來學書院、鶴亭書院、松桃書院、育英書院。這些書院皆由近年各任永康縣令創建,當地人士陸續捐獻義田。可見在清代永康教育得到了較大的發展,主政官員居功尤偉。在此期間,還新建新修了不少壇廟,如先農壇,嘉慶二十三年(1820)重建;關帝廟,雍正六年(1728)重建;文昌廟,乾隆二十年(1755)年擴建;在全縣鄉下還有五處文昌閣,可見有清一代國家與民間信仰之狀。"武備"一題下,沈志有關隘、孝義巡檢司兩目,而道光志則增加了司署汛防署,並有較詳盡的記載,如汛防署下有"小汛,在四十六都"。汛防署下有"馬、步、戰、守各技兵一百十五名",其分駐地點人數均明白開列,可見永康當日兵備狀況。"惠政",沈志有,道光志無此一題,但具體内容反增了"育嬰堂"一條,康熙間創建,乾隆十一年(1746)重建、道光九年(1829)擴建。"坊表"中增加的内容不少,這一百多年中當然出了不少應當建坊紀念的人物。而長壽坊也明顯增多,沈志中百歲坊凡三,其中一坊爲女。道光志載百歲坊凡八、百歲女坊三,而且都注明爲某地某人。貞烈坊、節孝坊則增得更多了。

道光志較之沈志,新增内容最多的幾項,應該是藝文和人物兩類。藝文容後叙。人物,包括很多類。在本縣任職的官員類,沈志以"宦表"、"宦績"統之,道光志以"職官"分"名表"、"列傳"統之,一百多年内自然增加許多。經過各種選舉制度脱穎而出的人才,沈志以"仕進"統之,分上下卷,上卷爲進士、鄉舉、歲貢,下卷爲貢監、辟薦、恩蔭、封贈、掾吏、耆壽。道光志合爲"選舉"一卷,而分類則更細,依次爲:進士、舉人、辟薦、貢生、欽賜、掾吏、各途入仕、武科、武途入仕、援例、恩蔭、封贈、旌獎、選尚。沈志的"人物"一卷,收錄的應是傑出人物,而將明萬曆應志中的名賢、士行、民德、女貞四科前三類合而爲一,這是實感於歷史傑出人物分類之難的應對,而又專門另立一卷,收流寓、列女、義民、義勇、方技、仙釋等。道光志大體上按此思路,安排了人物、列女、雜傳三卷來處理,列女單獨列爲一卷,而堅持在"人物"中分許多類别:名臣、忠臣、政績、武功、儒林、文苑、孝友、義行、隱逸、補遺。下面重點談談列女這一部分。

"列女"作爲書名,應始於漢代的《列女傳》,傳爲劉向所作,内容則比較豐富,七卷依次爲母儀、賢明、仁智、貞順、節義、辯通、孽嬖,涉及各個領域,且有褒有貶。到了宋代,列女所指的範圍大幅減縮。正德志的人物下收貞節，徐志有女貞一目，沈志爲列女一目，都非單獨成卷。道光志第一次將列女單獨立卷，分貞烈、節孝兩目，而且收錄名單之多，遠超前志。

爲什麼道光志能夠搜羅那麼多的女性？一方面自然是因爲時間推移，有德行的女性自然增多；但更關鍵的，是道光志的纂寫方式有了重大變革。前此的縣志，采進志書的女性，基本上都是有頭有臉的人家出身，或者已經產生較大影響了的，最爲可靠的是被名人寫進過文章和被官方正式表彰過的。如陳亮寫過《二列女傳》，宋濂寫過章氏二烈婦，正德志中宋代的就僅收了這幾位。後來官府各個行政層次皆有表彰功能，知縣、教諭也可題表寫額，這些官方表彰對象，入志均無障礙。但道光志列女傳撰寫的關鍵舉措，是組織一批人員下鄉採訪，采輯鄉間女性事迹，將原先沒有機會引起官方和文人重視的貞節烈婦寫入縣志，且在志中標出各屬何鄉、何人採訪，真正深入了基層，極大地擴展了國家意識形態的影響。今天在道光志卷首見的"新志姓氏"（即新志纂修人員姓氏）中的"採訪"十七人，就是幹這個工作的。這就使得列女的篇幅大大擴充，滿足了當時平民百姓的道德要求。

採訪人員新增，帶回來的信息當然不止於列女。僅祠堂，道光志比沈志多收了一百三十四處，或前漏收，或新建。"物產"一目中的新增，今天看來可能更有意味。如沈志中有"瓜"，在"蔬之屬"。道光志將"瓜屬"單列一類，與穀、蔬、木、草、花、藥、竹、鳥、畜、獸、介、蟲、貨同列，瓜下攝"西瓜、甜瓜、瓠南瓜（亦名金瓜）、冬瓜"。由於前志的簡略，南瓜第一次出現於永康縣志，只能是道光志了，這比《山陰縣志》的記載晚了近三百年。南瓜首次見於浙江方志，是在明嘉靖三十年（1551）的《山陰縣志》中，爲"金瓜"。這就是對重要信息的不同理解所致。再看穀類，道光志比沈志多了蘆穄、"珠穄（即蜀黍，亦名包穀）"、撒荳、刀荳。筆者不攻植物學，但亦知道南瓜和玉米非中國原產。

"目前我國是南瓜最大的種植國和消費國。"①玉米的原產地爲中美洲和南美洲,玉米,學名玉蜀黍,"16世紀初期玉米傳入中國。""玉米最早是經由西南陸路傳入……清代乾、嘉時期玉米獲得初步的發展。到19世紀末期,玉米基本上傳播到全國大部分適宜種植的地區,並與中國已有的'五穀'並列……而在廣大丘陵山地玉米後來居上,發展成爲'恃之爲終歲之糧'的糧食作物。"②而在永康鄉土文獻上第一次亮相,就在道光志。

道光志衆多的採訪者和纂寫者,畢竟爲這部志書帶來了一些更新的信息。玉米既然寫進了這部縣志,足以證明這種農作物在當時的永康應該不算太稀罕的物種,播種應該較爲廣泛。永康"七山一水二分田",屬於低山丘陵地帶。對大多數地方而言,旱災比水澇危害更大。如此,新的耐旱糧食作物如玉米,應該給永康帶來不小的影響,從常理推測起碼給人口的繁衍增長起到積極作用。(番薯在古代永康縣志中從未露面,估計道光時也有種植了)據今人研究,嘉慶十七年(1812)玉米總産爲1 820萬吨,大約全國人均增加糧食10—12公斤。③ 相應地,這對永康原來的地形地貌應該也會産生相當影響。比如說,原先的旱地當然可以種植麥子,但麥收後原先已沒有合適的糧食作物了,如今玉米崛起,提供了原先沒有的新食糧。那麼,開山擴地豈非爲百姓最正常不過之抉擇?而新居民深入散居大山各處,豈非是到此階段才能出現的新生活場景?換言之,改革開放前永康山中多有小村,是不是與玉米和番薯的種植有莫大相關?

很遺憾,這些推理只存在於架空的推演之上。而且從各方面來看,這些推演均缺少現存史料的佐證。沒有什麼更多的可靠史料出現在古代的這幾部縣志中。康乾盛世,實施生丁永不加賦之法,應該

---

① 李昕升:《中國南瓜史》,中國農業科學技術出版社,2017年,第3頁。
② 佟屏亞:《中國玉米科技史》,中國農業科技出版社,2000年,第1頁。
③ 佟屏亞:《中國玉米科技史》,中國農業科技出版社,2000年,第44頁。

是能大大促進人口的生產和再生產的。但是既然没有國家徵税索賦的必要,人口統計自然成爲具文,難得有人去幹這個吃力不討好的事,所以道光志中的人口,僅有清朝開國之初的數字,比之明正德人口大大減少,其實徐志、沈志也均没有當下的人口數字。道光志中記載旱地面積,應是嘉慶以後的數據,與明初洪武黄册中的數據相去僅2%,完全看不出農業革命的痕迹。"哥倫布大交换"在永康竟然没有造成什麽影響,實在太不合理了。但看來這些合理的疑問,在現有的條件下確實難以覓到合理的解答,只有等待以後的合適機緣吧。

　　道光志中其他新增的内容還有一些。如沈志"山川"中横山,只寥寥幾字:"一曰崝山,去縣十里。"道光志則言:"崝山,俗呼爲横山。分東、西二支。東支爲黄青、朱明二山,西支爲西崝山……"黄青、朱明二山爲何從未被縣志記載而這裏特别關注?這是因爲這兩座山産石青,即一種顔料。有民人開掘牟利,而他人以爲破壞本縣風水,提起控告,沈藻立石永禁開鑿。所以這兩座山進入了縣志視野,但沈志没有記録立石禁鑿之事,光緒年間縣志才明言此事。"井泉"從沈志的15處增加到了19處。"祀典"部分,記録了祭祀儀式的具體過程,篇幅大增。"耆壽"的標準,從八十歲提到了九十歲。至於"治官"、"人物"等等的增多,就不需再加解釋了。

　　作爲壓卷的"藝文"内容亦大幅加多。道光志"書目",開列本縣人所著書目,其中相當部分應屬未刻,也有一些因各種原因失傳,但有一個書目總是很好的。沈志"藝文"所收,按詩、文兩大門類排列。道光志先收賦七篇,此爲歷代縣志所未收之文體。而於詩下標出五古、七古、五律、五言排律、七律、七言排律、五言絶句、七言絶句,在文下標出上書、疏、書、序、記、傳、説、箴、銘、辨等文體,將沈志中暗含的次序明朗化,新增了一些體裁和作品。道光志還恢復了正德志有而康熙年間兩部縣志不取的陳亮《上孝宗皇帝書》,可證此時民族問題已經不算最敏感的意識形態問題了。而凡例所云:"藝文:關地方利弊者，在所必録。亦有名哲品評、寓賢題詠，人物山水賴以生色，皆可爲徵文考獻之資。"第一句話確是做到了。但後續的聲明，明顯擴大了收集範圍，所以道光志"藝文"所收作品大大越過了前志。

要挑道光志的錯舛，當然總會有。最顯眼的，是徐志本着實證精神已摒棄地理與天文的對應，而道光志又恢復了"星野"，實在沒有必要，只見出此際人們墨守舊規的習慣思路。所以道光志做得好的，就是在舊的框架内補充、完善。這些編纂者做夢也未曾想到，他們已處於動蕩歲月的前夜，一個天崩地裂、乾坤倒轉的新時代轉瞬來臨。

本次整理底本爲浙江圖書館所藏之道光志，整理工作由本人獨立完成。

盧敦基
2022年3月5日—3月9日

重修永康縣志序

廖重機

士君子敷政立教，將思因天之時、乘地之利、順人之情，相其緩急輕重，而興利除弊、措施悉協者，果何道之從哉？亦惟是網羅舊聞，參考載籍，驗其星野、災祥、山川、疆域、人物、文章，以及農桑學校、風氣剛柔，莫不瞭如指掌，因而酌古準今，示儉示禮，以上下衷益，其施使優柔饜飫，自然而躋於平康正直之休焉。故志所以紀一邑之事，而宰是邑者，將於此徵文考獻，爲敷政立教之本，非徒藉以誇博洽美觀聽、黼黻太平已也。甲午冬，余來宰是邦，覯山川奇勝，仰古哲流風，穆然有餘慕，因索邑志，以稽故實，乃獲徐、沈兩志各一帙。沈志係康熙三十七年續修，繼康熙十一年徐志而作也，迄於今又百有餘歲。凡事之今昔異形，時物異勢，而碩德名儒、忠孝節義之士，亦先後繩繩而不絕。不有紀載，後將何徵？因不揣固陋，以修志爲己任。商諸紳士，咸有同心。適應梧垞、潘雲留兩刺史致事家居，博學有史才，遂請諸大府,畀總司其事,相與承舊章、擬條式、精採訪、補略拾遺,以公去取。雖事有增芟,文有繁簡,而矢公矢慎,不倚不偏,尤於忠孝大節事關風化者,加意蒐羅,其他務於考覈詳明,折衷至當而後已。自乙未立局纂修,是年秋適歲歉,經費不足,因暫停止。明歲稔,復開局修輯,而余調任橫陽,深以未獲蕆事爲憾。臨行,乃屬在局諸公及繼任兹邑者陳君曰:"昔韓子有言:'莫爲之前,雖美弗彰;莫爲之後,雖盛弗傳。'余既慎厥始矣,諸公其蓋圖厥終乎!"莫不喜悅。閱歲而新志告成,邑紳士來請序於余。余曰:"志之成也,其修纂採訪,則諸君之力;其貲費,則余第捐廉以倡,而踴躍捐輸皆出於邑之士民。且余雖始其事,而未嘗終其事也。余又何序焉?"邑紳士固請曰:"永邑志書,歷百餘歲,未有踵而嗣修者。今賴分廉倡修,立法肇始,俾要領舉而節目詳,後人得循序以淑其事。志之成雖成於已後之人,實成於創始之人也。"余聞而異之。因思此役也,官無新舊久暫、畏難紛擾之嫌,士無角立門户、伐異黨同之見,各殫心力,勉始終,以贊襄厥成,俾後之君子網羅參考,藉以敷政而立教,不可謂非予之大幸也!然諸君之功,亦當與斯志並垂於不朽矣!是爲序。

　　道光十七年歲次丁酉壯月,賜進士出身、勅授文林郎、原選雲南彌勒縣、欽調浙江永康縣知縣、今調平陽縣知縣、甲午科浙闈鄉試同考官、加五級、紀錄十二次桂林廖重機撰。(錄自《永康文獻叢書·(道光)永康縣志》)

書永康縣新志後

應曙霞　潘國詔

　　永康自吴赤烏年置縣,至南宋嘉泰,而志始萌芽。元延祐,邑人陳安可續修之。有明數百年間,重修者數四,乃其書僅有存者。國朝康熙壬子、戊寅,且再修矣,迄今一百四十年。志之失修,未有若斯之曠久者也。其間賢令尹亦嘗接踵,而簿書期會,未暇及此。我廖明府萃堂先生以粤西名進士來宰是邦，下車數月，政修人和。公餘考索，覩簡編之未備，慮文獻之無徵，慨然以修志爲己任，乃大開帷幕，以引方容，且諗於衆曰："一百餘年之久，闕略必多，搜採不厭周詳，棄擇務期精當。志猶史也，而褒譏寓焉。志非譜也，而稱述異焉。"明府既洞見夫修志不易之成法，而必以秉筆任之邑紳者，欲以觀好惡之公而察其取舍之慎也。曙霞等顓童不寐，汲綆未修，惟勉圖報，命珥筆以隨諸君子之後，而稽諸史牒，考諸省志、郡書，諮諸一邑之公論，闕者補，繁者芟，譌者訂，按部就班，巨肨細肝，惟明府之取裁，而無所容心於其間也。若云康海之志武功、崔銑之志安陽，其何敢望焉！至於網羅參考，以敷政而立教，則明府之序詳言之，更非在宇下者所與知也。

道光十七年壯月應曙霞、潘國詔謹跋。（錄自《永康文獻叢書·（道光）永康縣志》）

光緒志

前　言

光緒《永康縣志》（下簡稱光緒志）成於清光緒十七年（1891）。它跟前面的道光《永康縣志》有着驚人的兩點巧合：一是均成於當朝皇帝的第十七年；二是均成於巨變之前的貌似平安年代。道光志後三年爆發第一次鴉片戰争，而光緒志後三年爆發中日甲午海戰。兹役一敗，清廷在中國執政的合理性毀壞無餘，頭腦較爲清醒的國人首議變革，一個中原逐鹿之局隨之開出。其實此刻誰最後獲勝已不重要，重要的是舊的統治注定要全面崩塌。光緒志的編纂者們萬萬没有想到，他們正在着力工作的，已是永康歷史上最後一部古老格式的舊志了。這也見出歷史的幻像可以蒙蔽時人多深。天機豈任凡人窺測？

不過，哪怕在平安時節，光緒志的纂修也是一波三折：同治十二年（1873），湖南善化人趙煦（字舜臣）署理永康知縣，次年他就請潘樹棠等人纂修新志。因爲"經費不敷"，工作半途中止。十六年後，即光緒十五年（1889），江西新建人李汝爲來永康任知縣，重啓縣志修纂，取潘樹棠等起草的舊稿閱之。十七年（1891），開設志局，正式啓動縣志工作。但到七月，李汝爲突然病逝於任上，郭文翹因而接篆署理縣事。該志跋云："凡諸門類其隱匿情事，下筆去取有甚難者，必遵照主修郭公祖酌裁審定，不敢擅專。"此年光緒志編畢，付梓版行。所以光緒志的總修爲李汝爲、郭文翹。纂修則爲潘樹棠、陳憲超、陳汝平。另有校閱二人，分校三人，分修四人，董理二人，採訪五十二人。

李汝爲，光緒志卷五云："字桐孫，江西新建人。丁卯（1867）舉人。光緒十五年任。振興文教，聽訟明決，倡修邑志。惜工未竣而終於任。"同治十年（1871）刊行的《德安縣志》，"協修"名單中有"德安縣教諭李汝爲"。郭文翹，光緒志云："安慶合肥人，光緒十七年署。"綜合志書編纂情形，並經全文閱讀，推斷潘樹棠實際承擔工作似應居多。潘樹棠（1808－1896），字憩南，號西廬，永康本地人，咸豐辛酉（1861）拔貢，候選教諭。詔舉賢良方正，欽加內閣中書七品銜，敕授文林郎。他"一生未躋仕途，岩棲谷處，以莞席自安，然致力於教學……晚清永康，凡中式舉人幾乎皆其門生。潘樹棠學問博贍，於書無所不觀，素有'八婺書櫥'之美譽，尤以經學久負盛名"①。

光緒志的編纂，自然是在舊志的基礎上進行。但這時幾乎看不到明代前的舊志了，經兵荒馬亂，連康熙十一年的徐志都已殘缺不全。所以此次修志所倚仗的，祇有康熙三十七年的沈志和道光志了。這主要是太平天國戰亂的後果。現在我們知道，這部徐志今天在國內可能都已不存，祇有日本有藏，也算不幸中之萬幸。

---

① 潘美蓉：《潘樹棠文集·整理前言》，見潘美蓉輯校：《潘樹棠文集》，上海古籍出版社，2010年，第1頁。

總的來説,光緒志是在道光志的基礎上修纂的。連各目下的小序,不少都全文沿用,不加修改。當然光緒志也做了不少自己該做的事。簡言之,光緒志於舊事,則考訂之,增益之;於時事,則或依官方記載抄入之,或派員採訪而述録之。其篇幅比前志增多四卷,内容自然增多不少。下就此兩點試略述之。

(一)對舊事的考訂增益

光緒志卷一,小序後首爲"分野",文則略改舊志,並以注説明改動之目的。在"金華於《禹貢》屬揚州"後,新增入廿二字:"《太康記》云:揚州東漸太陽之位,履正含文,天氣奮揚,故云。"《太康記》,應作《太康地記》,晉人著作,但《隋書·經籍志》已無著録,可見早已散佚。此段引文,疑來自《咸淳臨安志》卷一百。爲何光緒志要加上這幾句?它是針對宋代劉昌詩《蘆浦筆記》中有人認爲揚州之所以用"揚",是緣"江南之氣躁勁,其性厥揚"這麽一種很不好的説法,所以要引《太康地記》之語,"爲一洗躁勁輕揚之陋"。其實"星野"一目,殊屬無謂,徐志早已删去。針對正文中没有的言辭,增文考訂,更屬無聊之舉。但鄉先生之愛鄉屬俗之情,亦從此可見。反倒是緊接着的"沿革",涉及永康具體史事,也有兩條辨正,更有必要,且有更確鑿的依憑。

增益較多的,更在於人物。縣志中所收之人物,其實就是兩類:一類是外來人氏,主要是來此地任職的,爲官員,加上少量由於種種原因來居住的文化界人士(其他領域之人則完全没有機會)。另一類是本地的傑出人才,這又可以分爲兩類,其一是通過科考等國家選拔制度脱穎而出的;其二是因爲立德、立言、立功等行爲爲時人稱頌的。單單就官員任職來説,永康自孫吴建縣,到清代光緒,歷時一千多年。一縣之内,由國家任命的長官,包括佐理及教職,均有數名。任職限期,或日或月,或年或幾十年。從整體看,這個隊伍足夠龐大。但是自有縣志之前,多數官員連姓名都已湮没,遑論籍貫及任職貢獻。光緒志在"治官姓氏"一目下做了大量增補,且這些增補均有確鑿依據,經過考證。在這裏,要特別加以注意的不僅是官員的新名單,更應注意其依據來自哪些文獻。由此可見,潘樹棠讀書,涉獵範圍確實很廣。依增補的縣令名單次序,可以見出他利用了哪些書籍:胡毋崇(何法盛《晉中興書》)、蕭爲(《齊書》)、呂謂(《唐書》)、顧逢(項斯《送顧逢尉永康》)、段浚(劉壎《隱居通議》)、姚棐忱(《嵊縣志》)、項義能(《溫州府志》)、徐榮曳(《浦城縣志》)、何子海、吳紳、楊休(均《廣東通志》)、嚴恪(《南昌府志》)、蔡華(《南安志》)、易侃(《湖南通志》)、呂鋭(《呂氏貞烈編》)、王忠(《泉州志》)、唐東旦(《撫州府志》)。這是自齊至明的知縣增補情況。其他如縣丞、主簿等等,不再在此列舉,僅此可見光緒志之取材於文獻,範圍確實很廣。當時浙江的一個普通縣城哪來這麼豐富的藏書,特別是在没有公共圖書館的條件之下?正經正史固不稀奇,但大量筆記與方志的獲得,則爲今天的人們不易想象。浦江蔣畈(此地今屬蘭溪)曹聚仁,在回憶民國初年的文教情況時説:"在我們這麼鄉僻地區,要找尋儒家經典以外的知識,實在太難了。塘裏壁陳家有一部石印本《百子全書》,算是奇珍異物,可是連句都斷不了,祇能算是裝飾品,什麼都不相干的。"①看來要認識百來年前的故土狀況,也非憑一兩條證據所能下斷言者。光緒志中增益舊事舊人也不少,均注明文獻出處,兹不贅述。

　　增益之舊事,篇幅較大、可引注意的還有"蠲卹",即政府針對荒歉減免租税的情況。舊志從無就此況專門列項紀録。光緒志特創此目,繫於"田賦"之下,記載了本朝開國以來的減免情況,其中順治朝十二次,康熙朝十八次,雍正朝五次,乾隆朝十次,嘉慶朝四次,道光十七年前一次。由此可見當時百姓生活之難及生産力低級之狀態,略有天災人禍,社會便難支撑。當然也見出國家機器對此有一些積極的應對。另外,"祀典"的篇幅也有較大擴充,特別是增入了順治九

---

① 曹聚仁:《我與我的世界》,北嶽文藝出版社,2001年,第37頁。

年告誡生員務必遵守的卧碑文、康熙九年的十六條上諭、康熙四十一年的御制訓飭士文以及乾隆五年的訓諭文。清廷思想統制之思路及措施，於此歷歷可見。今人於古典文獻研究，多及思想家及文學家著作，其中文辭之美者又極佔優勢，而更反映歷史真實狀態的公文，常常不被關注。一般方志，視此爲等閒，屬於衆所周知之列，不願爲此使用寶貴篇幅。但是要知道，大明永樂十年官方向全國頒佈的地方志修纂凡例，規定了各地方志的主要内容，其原本全文今日已不能在政府的檔案和書籍中找到，而祇存於明代福建的《壽昌縣志》中①。文獻流傳之奇妙有時竟至於斯！

當然，光緒志之舊事增益，最引人注目的，還是在列女卷中補入了吴絳雪。

吴絳雪，名宗愛，絳雪其字也。其父曾爲嵊縣教諭。她受良好家庭教育，工詩律，善字畫。嫁庠生徐明英爲妻。夫早死。"既寡，猶盛年，以才故，艷名尤噪。"康熙十三年（1674）"三藩之亂"中，福州耿精忠部徐尚朝於六月中拔處州城，攻金華府，過永康。徐曾在金華爲官，知絳雪名，此時揚言：永康如以絳雪獻，可免兵禍。絳雪爲桑梓計，答應之，行至半路，投崖身亡。光緒志在簡要記載"徐烈婦"事跡後，附入了許楣、吴廷康等人的傳及《燃脂續録》《清詩别裁集》等著作中的相關叙述評論，並自加了長篇按語。

即便是到了今天，吴絳雪在永康仍是影響極大的歷史人物，雖遜色於胡則、陳亮，但在民間的聲名可能可以排到第三。吴絳雪之聲名遠揚，首先當然是由於她挺身而出，爲家鄉犧牲自己一人，且始終保持了忠烈節義的傳統道德完美形象。而且此事效果如何？從目前所見史料看，應該也較爲良好，因爲在縣志中没有發現此次兵事的其他惡劣情狀。其次還有一個原因，即中國傳統社會普遍存在的文字崇

---

① 戴思哲：《中華帝國方志的書寫、出版與閱讀》，向静譯，上海人民出版社，2022年，第39—43頁。

拜,在女性身上表現尤著:吳絳雪因文才被叛軍將領覬覦,也因文才死後被文人追捧,被百姓傳揚。

上述這些事情的發生延續,因果清晰,人皆可見。需要探究的,反是這椿發生在1674年的事迹,爲何在1698年和1837年的縣志中均無蹤影?

暫且讓我們穿越四百餘年回到當時的永康,懸想吳絳雪面臨的真切境況。徐尚朝率兵經過,想擁才女美婦爲己有,他應該是派辦事可靠的忠實手下前來傳達要求。接收信息之人,或爲永康本地官員,或爲官署内的其他人員,或爲當地著名士紳。而收到此信息後,必然也經過小範圍的討論籌畫,然後由一位或幾位有頭有臉的人物、弄不好還有徐家族中長輩,前往勸説。此事而且不可能完全保密,一定迅速流入民間形成强大八卦。全社會當時的共識,恐怕均以爲一人换一縣平安爲值得。許楣傳中云:"至是衆議行之以紓難,勢洶洶。"當然,我們也都知道,道德是用來約束自己的,而不是拿來要求他人的。以一人换一縣平安的要求,屬於道德範疇。在吳絳雪一人,作如此抉擇,自然英烈動千秋。但是前去勸説的人物,平時皆以道德君子自命,雖不敢説爲國之棟樑,然均以爲一地之正氣繫於己身,他們此刻於慶幸免難之餘,心中寧無半點自責與愧疚?而且絳雪自盡,叛軍竟也認了,没有動兵洩憤,永邑免了一劫。但免劫之後,永康官員士民,也不好意思宣傳一位弱女子的捨身相救之擧,祇能以埋没英烈來隱瞞自身的怯懦。當然這種怯懦之擧,中間或許還夾雜相當的羞愧和自責。這比起後代某些人做了壞事還恬不知恥四處登臺的醜況,其道德境界總還是高出一些的吧?

吳絳雪事迹被寫入光緒志,其原因有二,誠如志中按語所云:"和戎之謀,當事者所諱,故沈華亭(即沈藻,康熙三十七年《永康縣志》主編)諱之。至分修諸士,自以士民爲苟免,無丈夫氣,亦諱言不載。後道光丁酉,仍循沈志。然而節烈之氣,動天地,感鬼神,潛德幽光,有積久彌彰、歷劫不磨者。"於是後來又有不少人去采寫回憶此事,操筆成文,行之於世。同時,吳絳雪因文才留下詩作,班班可考的文獻給了後人可靠的追憶憑據,在此可窺文獻記載之意義之大!於是吳絳雪詩入各家詩選,其人得國內大佬如俞樾、彭玉麟等的揄揚,大顯於世。吳絳雪終於成爲永康歷史上一個光彩奪目的文化形象。

不料此事後來仍有餘波。《永康縣志增補》之姚振昌撰《潘樹棠傳》云:"因吳絳雪烈女傳事,引起徐姓不滿,竟有人妄加陷害,誣告樹棠私通太平天國髮匪,纏訟至京。後來學憲莅永康,主持公道,密訪斯事經過,奏請朝廷冤議,還其清白。一代通儒,遭此冤枉,可見地方志主修之難也。"①世事如此,讓人浩歎。

(二) 對新事的採訪記錄

對一部縣志而言,"新事"何謂?很明確,就是上一部縣志梓行後到本部縣志編纂期間發生的事。自 1837 年至 1891 年,永康遭遇最大的事,當然非太平天國戰事莫屬。光緒志採用了從未有過的體例,在卷十一"祥異"末附一專文《咸同間寇亂紀略》,專門記錄了太平軍在永康的情形。

太平軍入永康先後兩次。第一次是咸豐八年(1858)農曆四月至六月。第二次是咸豐十一年(1861)五月來永康,八月占城,至同治二年(1863)始退。第一次來永康的太平軍,爲翼王石達開部下"僞帥寶天燕及僞軍政司程姓者"。崔之清主編的《太平天國戰爭全史》云:"5月24日,石鎮吉又佔領了金華府的武義、永康兩縣城。"②延續兩個月不到,清軍來襲,"7月17日,陳開選移營永康城下。18日,陳開選督率遊擊吳再升等進攻太平軍西路營壘,施放火箭、噴筒,焚毀太平軍3座營壘。這時,周天培派來助戰的榮升也自武義馳往助戰。太平軍

---

① 永康縣志增補編纂委員會:《永康縣志增補》,1983年,第31頁。
② 崔之清主編:《太平天國戰爭全史》(三),南京大學出版社,2002年,第1843頁。

遂不再戀戰,於當日中午開門突圍,向縉雲方向撤退"①。第二次來永康的太平軍,爲侍王李世賢部下。其時太平天國已失守長江上游重鎮安慶,太平軍意欲在浙江發展,伺機奪取上海、寧波等通商口岸,獲取新的財源,所以與第一次石達開的運動戰,目的與方法大不相同,持續時間也較長。1861年5月28日,太平軍佔領金華。"6月25日,李世賢又令武義太平軍東進,佔領永康。27日,黃呈忠等與侍王在永康會師。"至1863年3月2日,金華被左宗棠部收復,武義、永康"兩縣太平軍懾於敵威,於3月2日同時退走"②。

永康兩遭戰事即三藩之亂與太平天國兵事,其實際狀況究竟如何?從縣志的記載來看,三藩之亂中,永康死者二人,均爲烈女,其一爲吳絳雪,前文已明;另一爲"王三輔妻胡氏,秉性幽貞,不妄言笑。康熙甲寅,閩寇掠永,衆皆星散,氏恐被汙,遂死之"(《道光永康縣志》卷八列女)。此人並未遭遇現實的威脅,而是死在想象的後果中。可見三藩之亂,對永康的實際影響確實很小,主要是造成了一段時間的恐慌。而太平軍來永兩次,時間接近兩年整,其後果遠比上一次兵事來得嚴重,僅光緒志卷十"烈女"中死於此次兵事的成年女性,筆者逐頁統計,就達306人,其中相當部分懷抱孩子赴難。

中國實在太大,在許多情形下,某地的真切情形很少有機會出現在總體性視野下的文獻之中,這也就是地方志之所以必需的理由。前述的《太平天國戰爭全史》,是目前爲止研究其軍事行動最詳盡的一部全史,但它祇講述戰爭過程,對戰事之下人們的生活,除了極少數特別情形,均忽略不提。這應該不完全是由於史料缺少的問題。所以,要了解那時候的民衆生活,還是得看那一篇《咸同間寇亂紀略》。其文云:第一次永康被佔領時,城中大受影響,但四方鄉間仍較

---

① 崔之清主編:《太平天國戰爭全史》(三),南京大學出版社,2002年,第1853頁。
② 崔之清主編:《太平天國戰爭全史》(四),南京大學出版社,2002年,第2192頁。

平安。辛酉(1861)農曆八月,"僞帥蕭大富領賊數萬來踞縣城","於各鄉要路多設賊卡,召鄉官設立門牌,多方嚇詐。而城中賊及他郡賊之往來經吾邑者,四散分掠,無處不到,(計邑中惟孝義一鄉,地險人和,賊不能至。外則方岩及絶塵山,賊亦不能上)焚殺燒掠,慘莫名言"。次年四月初,武平鄉民團突至石柱,殺守卡太平軍十餘人。十二日,蕭大富率數百軍出城偵查。行至留金嶺,遭民團伏兵。蕭於懷中摸出大洋數百元拋出,希望借亂脱身。計畫未遂,快刀已至,蕭某當即身亡。民團精神振奮,十四日,竟召集各地同志,圍永攻城。僵持幾日,金華、武義方向太平軍援兵至,民團大潰。"各路被傷者無算。"又次年,太平軍方遁。"然計數載以來,闔邑之衆已損十之七,所餘者又是飢民,房屋幾燬五之三,獲免者亦祇破屋。村墟零落,鳴吠無聞,粒米珠珍,炊煙罕舉。"筆者二十來年前偶至永康厚吳村尋訪,見某老房屋柱子上有一道深深刀印,老人告訴我,那就是太平軍留下的。村中留存《屏山慶堂吳氏宗譜》,其中有這麼一段話給我印象尤深:

癸亥二年(1863)正月十二,合郡賊退,吾永之人方幸復見天日。無如兵戈之後,家鮮粒食,人無完衣,荆榛滿路,雞犬無遺,肥田賤同壘塊,粒米貴等珍珠,家則甑塵釜覆,人皆鵠面鳩形。又且瘟疫比鄰而染病,豺狼當道而噬人,天未陰而鬼哭,日已出而神號,生者僅存二三,死者又去八九。

作者在寫下多描繪而少細節的這段文字之後,再三致意:

此皆吾族中人實親備嘗。難以細述,僅存大略。後之人切勿視爲虛語。

還有一些細節可供參考:1864年,在溫州的蘇州詩人江湜,見了一位從杭州過來的人，於是寫詩十首錄其路上見聞，中有兩語云："裹飯疾行義烏縣，百三十里始逢人。"①永康毗鄰義烏，此時其況應仿佛也。而該年農曆五月，江湜從溫州赴杭州，途經永康，住城中呂氏宗祠。太平軍佔領期間，曾擬拆祠取材軍用，登屋三人皆墜亡，因此疑有鬼神，此祠獨得保全。江湜詠祠云："我來亦借宿，炎月風蕭蕭。可憐此屋外，厥土一片焦。"蓋城內除此"無完宇矣"②。

亂世出英才。永康此時新出人才，頗爲可觀。其代表人物爲應寶時、胡鳳丹等。應寶時（1821—1890），芝英人。生長母家，小時寄居杭州，"童試入永康學，以二十有四，中道光甲辰（1844）恩科舉人"。太平軍佔領南京，"寶時方考取國子監學正，志在匡時，乃出京，留心機務與洋人通商事宜。性警敏，胸有智珠，非惟識其字母……及銅錢爲開時、洋錢爲打叻等話言，而併能通曉其意"，保全上海於兵亂，立大功，任上海道，後"授江蘇按察使兼署布政司政事"。"開時""打叻"，乃英文 cash、dollar 也。以英文入永康縣志，真是開天闢地第一回。遙想應氏年已四十，北京有官職可以安居，乃心繫天下，毅然出京，主動融入世界，學習外語，諳熟洋務，出奇計保境安民，非有大智慧、大勇氣者孰能如此！上海的現代化，寶時應有一大功焉。

胡鳳丹（1828—1889），"溪岸人。生而意趣超特"。幼時見其父樂善施惠，熱心文教，"遂不璅璅規小，務爲遠大"。捐貲爲"光祿寺署正，眼法抑又高曠，凡天下士之有俊才者，與之款交，意甚懇切。一有不足，必傾囊且借籌而扶起之，義聲大振於京畿"，"聲聞達於內大臣。擢遷兵部員外郎"。他熟諳時務，第二次鴉片戰爭期間，英法聯軍攻入北京，民情不穩，"鳳丹兀不爲動，佐治鎮壓。事平，內大臣交章保舉，擢簡用道，加鹽運使銜"。在湖北綜理釐局期間，"時東南文籍，歷經劫火，搜求天下秘藏遺書，悉心校訂"，印行善本頗多，後在杭州刻

---

① 江湜：《伏敔堂詩錄》，左鵬軍校點，上海古籍出版社，2008年，第378頁。
② 江湜：《伏敔堂詩錄》，左鵬軍校點，上海古籍出版社，2008年，第404頁。

成《金華叢書》。其子胡宗楙於民國時刻行《續金華叢書》。應寶時與胡鳳丹皆胸有大志,幹練警敏,其事業與功績均大大超越了一縣所限,斷非鄉先生所能,在走向世界這個大方向上跨出了很大的步伐。

永康縣舊志,例有"傳疑"或"遺事",南朝宋劉敬叔的《異苑》均節抄在內。此書爲筆記小說,時涉荒誕,但因爲是古代文獻中最早一部提到永康的正史以外的著作,志書編纂者還是不能置之不理。明正德志、康熙徐志、康熙沈志均錄"桑龜共語""大鼠捧珠"兩則,道光志、光緒志多錄一則"洗石孕金"。其實,《異苑》中共有五則涉及永康,另兩則一直爲縣志失收。現抄錄於此,以免有意者翻檢之勞,亦見古人得書、抄書之不易也:

樹下老公

永康舒壽夫,與同里獵於遠山。群犬吠深茂處,異而看之。見樹下有一老公,長可三尺,頭鬚蒙然,面縐齒落,通身黃服,纔能動搖。因問:"爲是何人,而來在此?"直云:"我有三女,姿容兼多伎藝。彈琴歌詩,閑究五典。"壽夫等共縛束,令出女。公曰:"我女居深房洞庭之中,非自往喚,不可復來。請解我繩,當呼女也。"獵人猶不置。俄而變成一獸,黃色四足;其形似羔,又復似狐;頭長三尺,額生一角,耳高於頂,面如故。壽夫等大懼,狼狽放解,倏忽失處。①

趙侯異術

晉南陽趙侯(一作度),少好諸異術。姿形悴陋,長不滿數尺。以盆盛水,閉目吹氣作禁,魚龍立見。侯有白米,爲鼠盜。乃披髮持刀,畫地作獄,四面開門,向東長嘯,群鼠俱到。咒之

---

① 劉敬叔:《異苑》卷八。見上海古籍出版社編:《漢魏六朝筆記小説大觀》,上海古籍出版社,1999年,第670頁。

曰："凡非啖者過去，盜者令止。"止者十餘，剖腹看贓，有米在焉。曾徒跣須履，因仰頭微吟，雙履自至。人有笑其形容者，便佯說以酒，杯向口，即掩鼻不脫，乃稽顙謝過，著地不舉。永康有騎石山，山上有石人騎石馬。侯以印指之，人馬一時落首，今猶在山下。①

此志原藏浙江圖書館。本志的標點整理，由本人單獨完成。錯舛之處，煩請垂教。

這裏有必要特別提到的是，本人2021年受《永康文獻叢書》編輯委員會之邀，標點永康舊志共八書，其間就字詞標點等不明之處多方求教。同學王君依民、計君偉强及其他師友，多有垂教。——難以盡記，在此一併特爲致謝焉。

盧敦基

2022年4月3日畢

2022年11月21日改定

序

郭文翹

縣之有志，爲縣令者之準的也。民風於是著焉，吏治於是見焉。昔朱子爲郡縣，所至必求其圖經玩之，以習知其方土之故，則志之所係，不綦重與！夫司牧者，以民風爲事，以吏治爲心，而於志書，或置弗問，是直捨本逐末，導流忘源，而民風曷以著、吏治曷以見也，烏乎可哉！去秋七月，文翹奉大府檄來權是邑，下車伊始，詢諸紳士，即知前令李君桐孫有重修縣志之舉。考永康縣志，國朝以來，凡三修矣：一修于康熙十一年前令徐公同倫，再修于康熙三十七年前令沈公藻，

---

① 劉敬叔：《異苑》卷九。見上海古籍出版社編：《漢魏六朝筆記小説大觀》，第680頁。

三修于道光十七年前令廖公重機。迄今五十餘年,而中遭寇亂,兵燹之餘,耆獻凋零,簡編殘闕。不亟爲纂輯,而代遠年湮,更何從稽考哉!幸得李君創議重修,而諸紳士不憚煩重,網羅散失,以薈萃成編,校廖志增多四卷,遺漏者補之,舛訛者訂之,甫期年而蕆事。俾後之觀民風、察吏治者展卷瞭然,獲資考鏡,因歎李君之能務其本、清其源,尚不失朱子爲郡縣遺意,而尤嘉諸紳士之不辭勞瘁、共贊厥成也。爰就管窺所及,以叙其顛末如此。至是書之體例,李君自序已詳言之,余又奚贅爲!

光緒壬辰孟秋,平梁郭文翹序於署内達情堂。(録自《永康文獻叢書·(光緒)永康縣志》)

序

李汝爲

古之以志稱者,始見於《周禮》。《周禮》:邦國之志,小史掌之;四方之志,外史掌之。注家者言,志四方謂九丘,志邦國謂土風、物產、貢賦。由是言之,則四方之志,實因邦國之志而爲之者也。然則縣之有志,其昉于此乎?永康置縣,始自孫吴。間有沿革,尋亦如故稱,至今因之。若夫志,則自魏而晉而六朝而隋、唐未之有聞。越宋嘉泰,縣令陳公昌年始創爲之。至于元延祐,縣人陳安可續之。嗣兹以降,前明則成化間司訓歐陽氏汶一修之,嘉靖壬午縣令胡公楷據宋、元本再修之,洎乎萬曆辛巳長洲吴公安國復依縣人應僉憲嘉靖時所著稿本而三修之。蓋自嘉靖壬午至萬曆辛巳,適及六十年,較諸宋嘉泰至元延祐,年雖未滿百,然亦爲闊疏。而過此以往,寇警相仍,注意武功,未遑文事。恭遇我國朝定鼎,越康熙十有一年壬子,宏日月光華,以照臨四方,詔章督飭天下府、州、縣,俾海内肅然嚮風,以儒修交飾吏治,時雲杜徐公同倫莅任在兹,遂遵安國本纂緝,悉如應志。越甘餘年,華亭沈公來知縣事,以名進士,復舉徐志而整理之,時即以此爲定本，無議修者。逮道光間，桂林廖公重機以應刺史梧圫、潘刺史賞疁致仕家居，迺振起與爲編葺，至丁酉始竣事。溯自道光至丁酉，距康熙戊寅凡百有四十年，視嘉泰之于延祐未有若此之久遠者也。越至于今，由丁酉而來又五十有餘年矣，其剏緝相去與胡、吳等。爲以己丑春，沐膺簡命，承乏視事，意在撫民，以養士爲先，乃捐添書院膏火，通詳大憲，既有成例，俾縣之文教得所振興。然志書爲文教之標的，即于茲歲進諸紳而謀之，而諸紳遂出其同治甲戌所繕修本，爲前令趙舜臣煦奉憲飭所督修者，以艱于錢幣而中阻。夫甲戌至此，又歷十有八年，如徐、沈二志相間直差八九年耳，烏可緩諸？余于是以公餘之暇，始披閱之，見其譌者正，缺者補，各有證據，亦有條理，持論核實，不爲鑿空之言，乃爲開館設局，定其條章，務爲省約。諸紳亦皆勤謹嚴密，不欲曠日持久，凡四匝月始脫稿，而于忠孝節義尤加慎重。承奉皇國之典章，博採鄉評之公論。茲復竊有所幸者：錢唐戴翁同卿，適亦秉鐸于斯，互相參訂，爲亦不勞得與而審定之。茲日也，舊疴復作，草本甫得成帙。庶幾以之鋟梓，與入小史之所，傳而列諸外史，或亦有可取者焉。雖然，予未敢知，亦惟以是備一方之記載、不致失墜而無徵焉云爾。

　　光緒十有七年歲辛卯且月，知永康縣事西昌李汝爲撰。（録自《永康文獻叢書·（光緒）永康縣志》）

志　跋

潘樹棠　陳憲超　陳汝平

　　昔江文通淹有言：作史莫難於志。鄭夾漈《通志》序言引而詳述之。某等皆知其難矣，而縣之爲志，紀美不紀惡，則更有難焉者。每自念咸、同之交，既經兵燹。同治甲戌，楚南趙舜臣明府莅任，適奉憲檄札飭修志，即招某等撰稿。因經費不敷，輒以中止。溯自道光丁酉續修，延至今光緒壬辰，凡五十有六年。回憶己丑春，江右李明府奉簡命受篆，崇尚文教，具有成緒，取某等甲戌所繕粗稿閲之。惟恐失墜，而又以吾縣少居積之家，乃立條章。辛卯命設志局。秋七月，李明府調簾忽逝去。郭公祖署篆，沐承主修，局仍不徹如初。某等時思其難，周詳審慎。所有故事，辨訛補缺，注明出處，與爲徵信。時事則殉節士民及殉難烈婦，本兩浙忠義局參入之，不敢妄筆。貞節婦女，則依採訪簿據，併憑公論，不徇私見。仕籍門職銜、祀典門墳墓，均照舊志條例，不敢冒濫登載。凡諸門類其隱匿情事，下筆去取有甚難者，必遵照主修郭公祖酌裁審定，不敢擅專。惟職官一門有遺失者，自晉至唐、宋歷朝，既得所考以補之已，復幸得金華縣學謝公遹聲，淵博鴻才，留心掌故，郵寄元、明以來職官增補二十餘名。而志之全帙，則本學主教戴同翁互相參閲，某等得所就正而取裁焉，俾得益思其難而敬慎之，不至一字之紕繆以自取戾。潘樹棠、陳憲超、陳汝平謹跋。（録自《永康文獻叢書·（光緒）永康縣志》）

民國新志稿

前　言

《民國永康縣新志稿》，共十六卷，寧海干人俊纂，民國三十四年（1945）成稿。

干人俊的生平事迹，今李聖華、萬吉良主編之《寧海叢書》第34册（上海古籍出版社，2016年）《方正學先生年譜》提要中介紹云：

> 人俊字世傑，一字庭芝，號梅園，寧海下何人。善韶子。生於光緒二十七年。年十一習吟詠，明年從名宿胡景熙學。民國七年，入杭州之江大學中學部肄業，同年入宗文中學，受教於朱

硕甫、鍾毓龍、張相、劉大白，從大白學語體詩。十一年九月，肄業上海國語專修學校，十月與許傑等選爲臺屬旅滬同學會籌備員。明年十二月，選爲寧海縣教育會副會長。十三年三月，任寧波群學社義務學校主任。十六年，肄業上海遠東大學國學系。二十年，入復旦大學中國文學系。翌年五月，兼《上海西北評論》主筆，七月畢業，教於天台縣中。二十三年赴杭，任惠興女中教務主任。明年八月，改杭州民中校長。二十五年兼《之江日報》主編，明年兼社長，九月隨民中避倭遷仙居。二十七年還里，創辦上海僑光中學寧海分校。二十八年，任黃巖縣中教務主任，九月辭，教於杭州遷壺鎮安中。明年九月，改教天台縣中。三十年二月返里，任《寧海戰訊報》主編，兼抗日宣傳團副主任，七月改寧海抗日動員會書記長，九月改遷柏坑奉中教導主任。三十一年二月，改三門古中教導主任，明年任校長，九月改教奉化遷里鄞縣中，十月兼《新寧區志》總纂。三十三年二月，專任總纂，兼遜志小學校長，七月改寧海縣修志館編纂。三十四年二月，改天台縣中教員。三十五年，改寧海縣中教員，辭大學副教授之聘。易代後，歷任甬江女子中學、董南中學、寧波三中、四中教員。戊戌歲，離職還里。年八十二卒。一生著述逾二百五十種，經、史、子、集莫不兼涉。尤長史志纂著，以一己之力，纂輯志書千餘卷。

該志稿前有干人俊之父干善韶的序，介紹了志稿成書的經過：1939年秋，干人俊在縉雲壺鎮安定中學（今杭州市第七中學前身，因避日寇遷居）任教。縉雲毗連永康，干人俊曾遊永康方巖及其他多處地方，"而受某方之促"，纂修永康新志。這裏的"某方"，沒有寫明，推測以浙江通志館可能性爲大。當時浙江省政府爲避日寇遷永康方巖，以余紹宋爲館長的浙江通志館隨省府遷居。該志稿中收有多篇余紹宋內容與永康相關的詩作，可見干人俊與余紹宋有相當大的關係。但工作進行時，干人俊因"母病囑返，就近天台中學執教"，此事中輟。到1944年，干人俊任寧海縣縣志館編纂，"復受某方之促"，於是重操舊業，將其編纂成書。名爲"稿"，以自視尚未成書最後寫定也。

此志雖稱稿本，留至今天，却也彌足珍貴。該志《凡例》第一條開篇就説："本志專紀民國元年(1912)至三十二年(1943)事，而非續《光緒志》後事，故曰《民國永康縣新志》。"這標誌着一個有着悠長歷史的國家開始走向現代，作爲傳統文化重要載體的地方志，也要換一副新的樣子了。所以此志稿的特點就十分明顯：它不像傳統方志將大量篇幅用於抄録舊志，而專選擇新事記載。内容的選取，也隨時代的變化有了重大更新，更多着眼於經濟和社會生活。從這個意義上説，此志稱爲"新志"，名副其實。當然，新志如何匹配新的時代，應該做哪些改革，改革到什麽程度，則又是一個考驗新人的長期課題。

兹將此志稿的大致内容介紹於下，其間略加評述。

卷一與卷二，其内容與舊志相近。蓋顧名思義，古來一縣之志，在其事皆發生於本縣之四封内也。所以卷一分沿革、疆域、面積、人口、土壤五目，前面兩目與舊志相去無幾，後三目則采用了較新的統計數字，如面積記爲5 200平方公里，人口268 813(1935年)。土壤則采用了現代科學方法的統計數字，分壤土、砂土、粘土三大類，並給出了百分比。其中永康縣之面積，只相當於今天測繪結果的一半不到（編者注：似有誤，永邑面積現爲1 049平方公里，當年即使加上已經劃出的磐安縣也少於2 000平方公里）。這也可以見出當時科學發展的初步程度。而卷二的地形、山水、河湖，則更是基本上照搬舊志所云了。當時改變自然的人工力量還是很弱的，所以沿襲舊志，無可非議也。

不過，志稿卷三開始，其内容則基本符合《凡例》所云之新事了。

卷三爲機構、團體。《凡例》七："本縣縣境，抗戰期間爲一省政治重心，故首列杭城移永機關團體，次及本縣。"志稿羅列了自省政府以下三十六家自省城遷來的機構、團體名稱，並列出負責人姓名。次及永康本地十七家機構、團體及其負責人姓名。

卷四爲土田。舊志例分縣城土田爲田、地、山、塘四類。志稿采民國以來之分類，將"塘"改爲"蕩"，"即湖沿水區"，餘無改，並采用了新的統計數字，還附有農戶佔有土地面積大小的統計表格，由其可見永康佔有土地兩百畝以上的大地主僅五戶，百畝以上的三十三戶。最多的是占五畝不到的，有 114 816 戶。還附有田價統計表。"賦稅"部分，記錄各類賦稅的名稱及具體數額。

卷五、六、七均爲物産。卷五記農、畜。舊志也記此項，但僅記名目。新志稿不僅增添了舊志無而實際有的新物種，如甘薯，還記錄了每年各類的產量、種植面積。在"農產"下，重點記錄了米、麥、豆、花生、雜糧、茶、麻、白术、水果、蔬菜。"畜產"則記錄了牛、猪、家禽、蛋，並特別注明："本縣之養牛，目的全在力役。"這種情狀，至 20 世紀 70 年代仍是如此。卷六是林、礦。"林產"分木屬、竹屬、花屬，還有植樹造林活動的情狀，後附林中鳥獸及特產。"礦產"則記銅、砒石。卷七爲工業，分列針織業、碾米業、製茶業、製糖業、火腿業、手工造紙業、製皂業、製繩業、電氣業、釀造業十類，並有代表企業、資本數、產量、價格、行銷地點等項。由此可窺見永康工業化初期之情狀。

卷八爲交通，分公路、水道、郵政、電政四項。公路四條，分別是永康至縉雲、至武義及金華、至東陽、至仙居。方嚴由永康東綫分出支綫可通。水路極短，自縣城至武義及金華，只能行民船竹筏。郵政則縣中有二等局，下設唐先、桐琴、芝英、古山代辦所。電政指的是電報和長途電話服務，均在縣城，長途電話總數爲一對。

卷九爲商業、金融。"概況"先述縣市市日，下及進出主要商品及數量。又記兩個重要行業即轉運棧、牙行之名稱及營業額等。金融機構僅一，即永康農民借貸所，資本額爲九百萬元。

卷十爲教育、衛生。初等教育，"較鄰縣仙居、縉雲、義烏、武義均發達","共有小學校三百三十一所。學齡兒童就學者,男有一八三八一人,女有六八七六人,合計二五二五七人"。"失學者","三一三七六人"。從歷史的眼光看,女孩上學的應該不算太少。中等教育機構有四所,另有民衆教育館一所。至於醫院,已有兩所,醫生總數爲四人,每月診病人數七百。

卷十一爲防衛、救濟。防衛機構有保衛團、公安局,其中公安局七十五人。救濟院一所。

卷十二爲古迹。此内容舊志均有。但此志稿記録的都是光緒《永康縣志》没有寫到的地方,所以也頗有新意,係根據其他歷史文獻輯成,遺憾的是這些古迹當時就已部分不存。

卷十三、十四、十五均爲藝文。卷十三"書録"部分,以胡鳳丹《金華叢書》、胡宗楙《續金華叢書》爲主,餘則盧紹稷略爲可觀。最後是時人一些關於永康的文章、著作,其中干人俊自撰五種,分别爲《永康記》四卷、《方巖山志》二卷、《胡公祠墓録》一卷、《永康雜録》二卷、《方巖紀詠》二卷。接以《永康縣志乘考略》,以舊縣志爲重點,延及時人相關纂述。卷十四選録了民國時期人們關於永康的遊記、日記,作者爲郁達夫(著名文學家)、陳萬里(著名攝影家)、嵇光華、應傑人,旅遊書籍《方巖指南》一書的兩篇序言隨其後。此卷中的名家散文,視野開闊,記述真切生動,對瞭解民國時期永康百姓日常生活之情狀,洵爲不可多得之佳作。卷十五爲詩編,其實僅收了余紹宋一人關於永康的詩作,估計此類詩作可能確實不多,另外兵荒馬亂資料搜集也有難度。但附録之楹聯,抄録了杭州胡公墓、方巖胡公祠、壽山五峰書院三處楹聯原文,於保存歷史文獻,不能不説有獨到之功。

最後一卷爲雜記。前面書録中列有干人俊"《永康雜録》二卷",今天整理出版的《寧海叢書》中,除收録了本新志稿外,干人俊其他關於永康的著述皆不見。推測《永康雜録》全文即此卷内容。不僅如此,干人俊所撰關於永康的五種著述,很可能都已散見於本新志稿各卷。雜記内容駁雜，但應該說很有價值。如第一條就記錄了《光緒志》後至民國成立前永康行政領導的姓名、籍貫、簡歷、任期。還有關於胡公神異的各種傳說，繪聲繪色。還記方巖廣慈寺原有僧衆五百餘人，其規模爲今人難以想象。光緒間，寺僧相率而去，巖下街的旅店業纔順勢而起，新志稿記錄了此地各家店鋪的名稱，還有方巖下街的臨時商店以及常設商店。各村打羅漢的具體村名及時間也保存在此中。有些材料真是彌足珍貴。

該志與舊志最大的不同，是采用了大量的統計數字，這與多用定性說法的舊志構成了最明顯的區別。簡言之，就是以定性爲主的方法，適合於強調道德掌控的農業社會，而到了工業化、現代化的時代，技術掌控更爲關鍵，統計數字成爲觀察社會的主要指標。當然，如前所說，這些數字可能相當不準確，但這只是技術手段問題。今後的志書，必是越來越依賴於數字。這是一個不可逆轉的趨勢。

該志的缺陷是十分明顯的。它最重大的失誤，是不了解磐安縣是民國二十八年（1939）新建的，永康劃出了相當大一塊地方，志稿卷首《永康山水圖》第一幅所繪的那個宛如伸出的拳頭，再不歸屬永康。卷二中寫到的白瀛山也不再屬永康，永康此後也不再與仙居接壤，所以卷一疆域的記載也有錯誤。如有本縣人士參與，這個明顯的錯誤斷不會發生。另外一個比較突出的問題，是内容太過簡略，不少地方僅僅提供了一些最初級的數字，這當然是由於戰爭期間萬事不得從容，應該說是可以理解的。而從另外一個角度看，我們無論如何應該感謝這麼一位異地文士，在永康缺少合適人選時毅然出手，留下了後帝制時代永康第一部新縣志。有書，畢竟勝於無書！

要特別感謝浙江省社會科學院的吳寒女士，她負責了這次本人標點整理之八部志書前言的錄入工作。

盧敦基
2022 年 4 月 10—11 日

序

干善韶

　　自班氏易八"書"爲"志",而後世郡縣記事之書,亦謂之志,猶古侯國之史也。顧作史難,作志未嘗不難。長男人俊之纂《永康新志》,洵難乎其難矣！蓋日寇猖狂,人心惶恐,則創修難也。山陬僻壤,家鮮藏書,則考據難也。人地生疏,語言不通,則審問難也。代遠年湮,復經兵燹,則補綴難也。至舊志自宋迄清,或剏或修,不下十餘家,今存者雖有《正德志》(寧波天一閣藏)、《嘉靖志》(北京大學藏)、《康熙沈志》(故宮圖書館藏)、《道光志》、《光緒志》(浙江圖書館藏),但粗率瑣冗,體制未精,引援失實,不免有訾議處。重加釐訂,殊費躊躕,則又一難也。不然,七十餘年來,(《光緒志》成于光緒十九年)豈無賢達起而任其責者？大抵存其難而慎之,不覺遷延,以至於今也。洎近歲,疊遭兵燹,已失者不可復得,而僅存者亦漸漸銷亡。繼此不修,勢必歺焉終敝。二十八年秋,長男人俊,執鞭縉雲壺鎮安定中學。壺鎮毗連永康方巖,嘗遊其地,而受某方之促,不敢存畏難之見,惕然自勉,搜取文獻,訂訛補闕,忽忽經年,而前所謂難者已稍稍就緒矣。方創始之際,以其母病囑返,就近天台中學執教,以免夢魂之勞,因之纂事忽焉中阻。天下事之難,類如是乎！三十三年秋,長男任本縣縣志館編纂,復受某方之促,抽空續纂成書。都凡十六卷,以其專紀民國後事,名曰《民國永康縣新志稿》。惟其個人力薄,見聞不廣,集遺補闕,糾謬訂訛,深有望于博雅君子者！爰欣其成,爲識其顛末于簡端。

　　民國三十四年雁蒼人干善韶撰。(録自《永康文獻叢書‧民國永康縣新志稿》)

縣志人名索引

說明：

1. 本索引收録除民國新志稿外五部縣志中列名職官、選舉、人物、寓賢等有評價或事迹介紹者，不含列女、耆壽、旌獎等。包括刻、印誤重名者，合計631名。

2. 查找以繁體姓氏筆劃爲序；姓氏相同者按縣志纂修時間先後和在該志相關卷目出現先後爲序。編號爲：縣志《叢書》册號—本册頁碼。

3. 其余人名（含職官、選舉、人物、寓賢等無評價或事跡介紹者）可直接從正德志卷四至六、康熙徐志卷六至八及十、康熙沈志卷九至十三、道光志卷五至九、光緒志卷五至十一查找。

四　畫

1. 王秩　　　7-89、8-100、9-180、10-126、11-227
2. 王焕之　　7-132
3. 王□　　　8-98、9-178、10-124、11-225
4. 王世鈁　　8-121、9-233、10-143、11-246
5. 王洙　　　8-128、9-241、10-257、11-319
6. 王廷望　　8-138、9-251、10-169
7. 王用賓　　8-138、9-251、10-170
8. 王善　　　8-156、9-274、10-160

9. 王崇　　　8-197、9-199、10-246、11-279
10. 王楷　　　8-198、9-200、10-257、11-319
11. 王世德　　8-200、9-202、10-247、11-280
12. 王師堯　　8-205、9-208、10-275、11-329
13. 王孟俊　　8-209、9-215、10-285、11-339
14. 王京　　　8-270、9-218、10-294、11-354
15. 王良政　　8-272、9-318
16. 王思退　　8-272、9-319
17. 王綸　　　8-272、9-319、10-286、11-340
18. 王世忠　　8-272、9-220、10-287、11-341
19. 王良儒　　9-151
20. 王世鈇（同王世鈇）　9-209
21. 王世琮　　9-211、10-286、11-341
22. 王世鍵　　9-212、10-280、11-297
23. 王同庚　　9-212、10-276、11-329
24. 王汝忠　　9-216、10-280、11-298
25. 王同晉　　9-220、10-293、11-354
26. 王世琨　　9-221、10-287、11-342
27. 王世昌　　9-221、10-295、11-345
28. 王同龐　　9-255、10-298、11-330
29. 王乃昀　　10-129、11-230
30. 王環　　　10-153、11-258
31. 王禮　　　10-163
32. 王同傑　　10-173
33. 王慕敬　　10-176
34. 王世鑪　　10-258、11-321
35. 王世鈇　　10-275、11-329

36. 王丙箭　10－281、11－300
37. 王清遠　10－283、11－302
38. 王灝　　10－289、11－344
39. 王元寶　10－290、11－346
40. 王鳳東　10－290、11－346
41. 王永洲　11－348
42. 孔毓銓　10－281、11－299
43. 毛衢　　8－100、9－180、10－126、11－227
44. 方琮　　7－112
45. 方大成　8－271、9－318
46. 方叔和　8－272、9－319、10－294、11－341
47. 方瓚澤　10－114、11－207
48. 方卓然　10－123、11－219

五　畫

1. 兄洙　　7－127
2. 石天民　7－128、8－202、9－205、10－265、11－283
3. 包世傑　8－103、9－172、10－119、11－215
4. 田子貞　8－208、9－213、10－262、11－336
5. 艾瓊　　11－217
6. 史朝富　11－228

六　畫

1. 呂兼明　7－77、8－87、9－157、10－103、11－196
2. 呂潭　　7－98、8－123、9－235、10－274、11－328
3. 呂熒　　7－110、8－204、9－207
4. 呂文燧　7－114、8－192、9－157、9－194、10－261、11－335

5. 吕皓　　　7-127、8-188、9-190、10-277、11-283
6. 吕溥　　　7-127、8-202、9-205、10-267
7. 吕钦　　　8-128、9-240、10-150、11-254
8. 吕师岐　　8-148、9-263、10-205
9. 吕玄明　　7-130
10. 吕源　　　7-131、8-189、9-190、10-278、11-295
11. 吕汲　　　8-203、9-206、10-284、11-338
12. 吕一龙　　8-205、9-208、10-271、11-290
13. 吕应光　　8-209、9-215、10-287、11-343
14. 吕德务　　8-269、9-217、10-293、11-328
15. 吕邦俊　　8-270、9-219、10-294、11-342
16. 吕仲玉　　8-271、9-318
17. 吕仲通　　8-272、9-318
18. 吕国元　　8-272、9-320、10-287、11-342
19. 吕之奇　　9-210、10-293、11-354
20. 吕一美　　9-211、10-287、11-341
21. 吕锐　　　9-240、10-256、11-318
22. 吕良时　　9-265、10-207
23. 吕一麟　　9-321、10-295
24. 吕端性　　10-169
25. 吕纯　　　10-175
26. 吕恒德　　10-203
27. 吕文燊(同吕燊)　10-267、11-285
28. 吕璠　　　10-295、11-289
29. 吕成章　　10-296、11-289
30. 吕振周　　10-297、11-302
31. 吕继宙　　10-297、11-299

32. 吕應銓　10-297、11-299

33. 吕鳴純　10-297、11-300

34. 吕東萊　10-376、11-500

35. 吕渭　11-186

36. 吕浦（同吕溥）　11-285

37. 吕周詳　11-314

38. 吕觀光　11-333

39. 吕宏忠　11-347

40. 吕瑗　11-353

41. 吕經苞　11-354

42. 朱仲智　7-138、8-193、9-195、10-252、11-315

43. 朱露　8-90、9-161

44. 朱名世　8-90、9-161、10-106、11-199

45. 朱思全（同朱師全）　8-156、9-274

46. 朱方　8-196、9-198、10-254、11-316

47. 朱熹　8-267、9-304

48. 朱世遠　8-270、9-218、9-322、11-337

49. 朱仲南　8-271、9-318

50. 朱叔文　8-271、9-318

51. 朱以禮　8-272、9-318

52. 朱孟積　8-272、9-318

53. 朱山　8-272、9-319、10-286、11-340

54. 朱日知　10-175

55. 朱友美　10-176

56. 朱璉　10-216

57. 朱師全　10-275、11-328

58. 朱晦庵（同朱熹）　10-376

59. 朱晦菴(同朱熹)　11-500
60. 牟士龍　10-252、11-309
61. 邢澍　10-129、11-230
62. 江長元　11-222

七　畫

1. 吳貫　7-77、9-158
2. 吳思齊　7-128、8-191、9-192、10-249、11-305
3. 吳安國　8-89、9-160、10-127、11-229
4. 吳元襄　8-97、9-169、10-128、11-229
5. 吳辰賜　8-270
6. 吳嚮豹　10-283、11-302
7. 吳搏　10-290、11-346
8. 吳協　10-296、11-298
9. 吳景瀾　11-312
10. 宋壄　7-77、8-87、9-158、10-103、11-196
11. 宋顯　7-77、8-87、9-158、10-103、11-196
12. 宋世遠(刻本朱世遠,印誤)　10-262
13. 李參　7-78、8-88、9-159、10-104、11-197
14. 李寧　7-99、8-124、9-236、10-145、11-250
15. 李轅　7-110
16. 李文鎮　7-118
17. 李滄　7-129、8-195、9-197、10-267、11-286
18. 李曄　7-133、8-268、9-305、10-274、11-501
19. 李景軒　8-91、9-162、10-107、11-201
20. 李之杜　8-103、9-173、10-119、11-216
21. 李鴻　8-127、9-239、10-149、11-253

22. 李珙　　　8－197、9－199、10－270、11－288

23. 李叔安　　8－207、9－212、10－284、11－339

24. 李弘道　　8－269、9－216

25. 李希俊　　8－272、9－318

26. 李世翶　　8－272、9－320、10－294、11－342

27. 李長春　　9－210、10－280、11－297

28. 李恃　　　9－228、10－138、11－241

29. 李祥華　　9－253、10－171

30. 李滋　　　9－272

31. 李懷唐　　9－275、10－252、11－308

32. 李承芳　　9－321、10－295、11－345

33. 李應錫　　10－171

34. 李雲志　　10－176

35. 李任　　　10－250、11－306

36. 李作瞻　　10－260、11－322

37. 李明峰　　10－281、11－299

38. 李雲魁　　10－282、11－300

39. 李貞球　　10－282、11－301

40. 李汝才　　10－288、11－344

41. 李繼鑠　　10－290、11－346

42. 李宏道（同李弘道）　10－291、11－352

43. 李汝爲　　11－209

44. 李載懋　　11－247

45. 李南棠　　11－312

46. 赤琖　　　7－81、9－156

47. 何炯　　　7－88、8－98、9－178、10－124、11－225

48. 杜廉　　　8－89、9－160、10－105、11－198

49. 杜友　　　10－145、11－249

50. 谷中秀　　8－90、9－161、10－128、11－229

51. 邵琳　　　8－107、9－176、10－122、11－219

52. 汪宏　　　8－204、9－207、10－263、11－337

53. 沈晟　　　9－169

54. 沈藻　　　10－128、11－230

55. 沈庚　　　10－131、11－233

八　畫

1. 林秀穎　　7－74、9－152、10－125、11－225

2. 林大中　　7－122、8－185、9－186、10－240、11－273

3. 林彥穎（同林秀穎）　8－99、9－179

4. 林宗署　　8－269、9－217、10－292、11－353

5. 林槐　　　8－272、9－220、10－294、11－342

6. 林邦彩　　9－289、10－182

7. 林兆沛　　10－213

8. 林佳璨　　10－289、11－345

9. 林和鳴　　10－291、11－346

10. 林良易　　11－349

11. 金□（同金叔夜）　7－89

12. 金銘　　　7－131

13. 金叔夜　　8－99、9－179、10－126、11－227

14. 金洲　　　8－100、9－180、10－127、11－227

15. 金盛宗　　8－271、9－220、9－318、10－285、11－339

16. 金大材　　9－209、10－271、11－290

17. 周□　　　8－98、9－178、10－124、11－225

18. 周懋　　　8－113、9－224、10－124、11－237

19. 周文光　8-119、9-231、10-141、11-244

20. 周聚星　8-120、9-232、10-142、11-245

21. 週一雍（刻本周雍,印誤）　8-127

22. 周勳　　8-137、9-250、10-256、11-319

23. 周微　　8-143、9-259、10-200

24. 周鳳岐　8-200、9-203、10-252、11-308

25. 周望素　8-202、9-205、10-291、11-352

26. 周祐德　8-205、9-208、10-271、11-290

27. 周瑩　　8-269、9-218、10-271、11-290

28. 周桐　　8-270、9-217、10-271、11-289

29. 周惟忠　8-271、9-219、10-294、11-342

30. 周養中　8-271、9-318

31. 周邦羲　8-272、9-320、10-294、11-342

32. 周雍　　9-239、10-255、11-317

33. 周景灝　10-153、11-257

34. 周於德　10-170

35. 周諮詢　10-260、11-322

36. 周在鎬　10-282、11-301

37. 周雲鑾　10-282、11-301

38. 周士疇　10-289、11-345

39. 周世滋　11-221

40. 周樹械　11-351

41. 易鳳庭　10-130、11-231

九　畫

1. 俞希魯　7-76、8-85、9-155、10-101、11-194

2. 俞拱　　8-118、9-230、10-140、11-243

3. 俞有斐　8-121
4. 俞玘　8-127、9-239、10-149、11-253
5. 俞統　8-208、9-214、10-286、11-340
6. 俞柏　8-209、9-215、10-286、11-341
7. 俞聞　8-270、9-218、10-275、11-328
8. 俞永思　10-123、11-220
9. 俞希聲　10-167
10. 俞敬　10-244、11-277
11. 俞顯書　11-304
12. 計澄　7-78、8-88、9-158、10-104、11-197
13. 胡楷（望江人）　7-78、8-88、9-159、10-104、11-198
14. 胡楷（則子）　7-97、8-122、9-234、10-143、11-247
15. 胡仲勉　7-85、8-101、9-170、10-117、11-213
16. 胡義　7-87
17. 胡興權（刻本胡與權，印誤）　7-95
18. 胡鈞　7-110
19. 胡桌　7-118
20. 胡則　7-123、8-182、9-183、10-236、11-270
21. 胡巖起　7-125、8-190、9-191、10-261、11-335
22. 胡叔寶　7-126、8-204、9-207、10-253、11-316
23. 胡長孺　7-127、8-191、9-193、10-266、11-284
24. 胡侁　7-128、8-190、9-192、10-243、11-276
25. 胡嘉祐　7-129、8-207、9-213、9-322、10-250、11-335
26. 胡侃　7-131、8-202、9-205、10-265、11-284
27. 胡以準　8-103、9-172、10-118、11-215
28. 胡大經　8-119、9-231、10-141、11-245
29. 胡相　8-136、9-249、10-167

30. 胡伯弘（同胡伯宏）　8-156、9-274

31. 胡邦直　8-184、9-185、10-239、11-272

32. 胡仕寧　8-204、9-207、10-292、11-352

33. 胡希洪　8-271、9-219、10-280、11-298

34. 胡以澄　8-271、9-219、10-294、11-299

35. 胡伯中　8-271、9-318

36. 胡與權　9-229、10-139

37. 胡啟桂　9-321、10-295、11-345

38. 胡惟敏　9-321、10-287、11-342

39. 胡宗璧　10-175

40. 胡坦　10-179

41. 胡廷偉　10-213

42. 胡文靖　10-214

43. 胡伯宏　10-253、11-315

44. 胡瑛　10-253、11-316

45. 胡啟衍　10-289、11-344

46. 胡戀略　10-290、11-345

47. 胡仔　10-291

48. 胡演　10-296、11-297

49. 胡珍　10-296、11-301

50. 胡賑　11-235

51. 胡鳳丹　11-293

52. 胡南枝　11-303

53. 胡中涵　11-303

54. 胡廣緒　11-303

55. 胡搢中　11-304

56. 胡鳳鳴　11-309

57. 胡鳳林　11-325

58. 胡兆熙　11-347

59. 胡仁楷　11-347

60. 胡繼勳　11-349

61. 胡鈴博　11-350

62. 紀能　　7-84、8-95、9-166、10-111、11-205

63. 洪垣　　8-89、9-160、10-127、11-228

64. 姚守仲　8-270、9-218、10-279、11-296

65. 姚汝循　10-275、11-328

66. 姚珏　　10-296、11-297

67. 姚占薰　11-311

68. 施茂盛　8-271、9-318、11-351

69. 施坦然　8-271、9-318

70. 施孟高　8-271、9-318

71. 施仲華　8-272、9-318

72. 施孟達　8-272、9-319、10-285、11-340

73. 施友清　11-304

74. 施步雲　11-313

75. 段浚　　11-188

十　畫

1. 高鑑　　7-78、8-88、9-159、10-104、11-197

2. 孫伯虎　7-88、8-99、9-178、10-125、11-226

3. 徐通　　7-105、9-247、10-165

4. 徐無黨　7-126、8-183、9-184、10-273、11-327

5. 徐木　　7-128、8-189、9-190、10-265、11-283

6. 徐沂　　7-130、8-194、9-196、10-243、11-276

7. 徐鑑　　8－102、9－172、10－130、11－232

8. 徐若納　8－112、9－224、10－134、11－237

9. 徐昭　　8－119、9－231、10－255、11－317

10. 徐文通　8－120、9－232、10－256、11－318

11. 徐顯臣　8－129、9－241、10－150、11－255

12. 徐訪　　8－142、9－258、10－200

13. 徐文璣　8－144、9－259、10－201

14. 徐文訓　8－144、9－259、10－201

15. 徐師夔　8－145、9－260、10－202

16. 徐文述　8－147、9－262、10－204

17. 徐士芳　8－147、9－263、10－204

18. 徐一楠　8－147、9－263、10－205

19. 徐際時　8－149

20. 徐讚　　8－194、9－196、10－244、11－277

21. 徐可期　8－201、9－203、10－248、11－281

22. 徐學顏　8－201、9－204、10－251、11－307

23. 徐明勳　8－205、9－209、10－280、11－297

24. 徐寶　　8－208、9－214、10－285、11－339

25. 徐文景　8－209、9－215、10－279、11－296

26. 徐惟啓　8－209、9－215、10－294、11－342

27. 徐綱　　8－268、9－216、10－238、11－271

28. 徐鸞　　8－269、9－217、10－294、11－296

29. 徐淇　　8－269、9－218、10－269

30. 徐士洪　8－270、9－219、10－279、11－296

31. 徐戀簡　8－271、9－219、10－280、11－299

32. 徐於祥　8－271、9－219

33. 徐伯良　8－271、9－318

34. 徐德美　8－272、9－319
35. 徐嘉言　9－151
36. 徐同倫　9－181、10－113、11－207
37. 徐士震　9－209、10－280、11－298
38. 徐光時　9－210、10－276、11－329
39. 徐士雲　9－210、10－292、11－353
40. 徐裳吉　9－210、10－275、11－329
41. 徐士儀　9－211、10－293、11－354
42. 徐浩　9－211、10－275、11－329
43. 徐士雷　9－211、10－293、11－354
44. 徐紹源　9－211、10－295、11－354
45. 徐若瓊　9－211、10－276、11－330
46. 徐元乘　9－212、10－263、11－338
47. 徐惟明　9－215、10－288、11－343
48. 徐元贊　9－215、10－294、11－343
49. 徐應顯　9－220、10－287、11－343
50. 徐之駿　9－242、10－258、11－321
51. 徐友基　9－243、10－152、11－256
52. 徐士瀿　9－253、10－171
53. 徐戀文　9－253、10－171
54. 徐文德　9－268、10－155、11－260
55. 徐文璧　9－282、10－223
56. 徐氏（一鶚妻）　9－283、10－224
57. 徐文沛　9－283、10－224
58. 徐孟達　9－318
59. 徐宗諫　9－320、10－295、11－345
60. 徐思程　9－321、10－295、11－345

61. 徐德廉　10-125、11-226

62. 徐士雄　10-152、11-256

63. 徐懋問　10-171

64. 徐爲琪　10-175

65. 徐翰英　10-177

66. 徐文議　10-204

67. 徐隆　　10-253、11-315

68. 徐尭　　10-259、11-322

69. 徐琮　　10-276、11-330

70. 徐宏桓　10-276、11-330

71. 徐英紘　10-281、11-300

72. 徐文榛　10-282、11-301

73. 徐鏳　　10-288、11-343

74. 徐昌美　10-290、11-346

75. 徐大禄　10-297、11-302

76. 徐良時　10-297、11-308

77. 徐榮叟　11-190

78. 徐洪（刻本徐淇，印誤）　11-287

79. 徐佐　　11-310

80. 徐履中　11-311

81. 徐世傑　11-312

82. 陳亮　　7-126、8-187、9-189、10-264、11-281

83. 陳璪　　7-128、8-203、10-274、11-328

84. 陳交　　8-89、9-160、10-127、11-228

85. 陳調元　8-103、9-173、10-128、11-229

86. 陳大朔　8-105、9-174、10-120、11-217

87. 陳舉　　8-203、9-206

88.	陳慎	8-207、9-212、10-284、11-338
89.	陳泗	8-270、9-218、10-256、11-318
90.	陳明光	8-270、9-219、10-294、11-297
91.	陳公署	8-271、9-318
92.	陳積安	8-271、9-318
93.	陳琦	8-271、9-318
94.	陳孟昇	8-271、9-318
95.	陳則璪（刻本陳璪,印誤）	9-206
96.	陳廷宣	9-210、10-293、11-354
97.	陳廷珙	9-212、10-280、11-297
98.	陳惟章	9-221、10-287、11-342
99.	陳昌年	10-125、11-226
100.	陳疇	10-208
101.	陳修法	10-215
102.	陳季卿	10-281、11-299
103.	陳崇宣	10-282、11-301
104.	陳時瑞	10-283、11-301
105.	陳守有	10-283、11-302
106.	陳應德	10-289、11-345
107.	陳(舉)（同陳舉）	10-291、11-352
108.	陳願	10-296、11-297
109.	陳宏焕	11-221
110.	陳富遠	11-231
111.	陳登朝	11-303
112.	陳顔	11-306
113.	陳樹瓊	11-311
114.	陳信熊	11-313

115. 陳德純　　11-334

116. 陳應藩　　11-334

117. 陳樭　　　11-341

118. 唐光祖　　7-132、8-204、9-206、10-292、11-352

119. 唐以仁　　7-138、9-306、10-377、11-501

120. 陸懷贄　　8-90、9-161、10-127、11-229

121. 翁恒吉　　8-103、9-172、10-130、11-233

122. 翁文正　　9-216、10-294、11-343

123. 倪大海　　8-208、9-214、10-279、11-296

124. 倪宗嶽　　10-289、11-344

125. 倪禧　　　9-321

126. 馬文韶　　8-269、9-217、10-284、11-339

127. 姬肇燕　　10-113、10-129、11-207、11-230

128. 夏孫祝　　10-283、11-302

129. 夏謨　　　11-333

130. 夏開昆　　11-350

十一畫

1. 張聰　　　7-77、8-87、10-103、11-196

2. 張鳴鳳　　7-78、8-88、9-159、10-126、11-227

3. 張淳　　　8-89、9-160、10-127、11-228

4. 張文中　　8-94、9-165、10-109、11-203

5. 張浙　　　8-94、9-165、10-110、11-203

6. 張潮　　　8-102、9-172、10-130、11-233

7. 張宗禧　　8-269、9-217、10-286、11-340

8. 張聰(同張聰)　9-158

9. 張彥卿　　10-93、10-403、11-735

10. 張朱梅　10-114、11-207
11. 張我弓　10-116、11-211
12. 張吉安　10-129、11-231
13. 張顏卿(應張彥卿,印誤)　11-185
14. 張中立　11-187
15. 張著　11-189
16. 張光宗　11-222
17. 張文集　11-313
18. 張化英　11-332
19. 曹健　7-82、9-165
20. 曹贊　8-127、9-239、10-255、11-318
21. 曹成模　8-202、9-204、10-258、11-320
22. 黃紹欽　7-89、8-99、9-179、10-126、11-227
23. 黃道年　8-89、9-160、10-105、11-198
24. 黃華　8-138、9-251、10-169
25. 黃一鶚　8-139、9-252、10-258、11-320
26. 黃延潘　8-140、9-254、10-172
27. 黃一鷗　8-150、9-209、10-251、11-307
28. 黃卷　8-199、9-202、10-247、11-280
29. 黃嵐　8-208、9-213、10-278、11-295
30. 黃季龍　8-271、9-318
31. 黃養浩　8-271、9-318
32. 黃一正　8-272、9-320、10-294、11-342
33. 黃宏　10-114、11-207
34. 黃大緯　11-223
35. 黃宗支　11-298
36. 黃大容　11-313

37. 黃鼇　　11-349

38. 章子邵　7-96

39. 章嵩　　7-101、8-125、9-238、10-147、11-252

40. 章堉　　7-111、7-129、8-190、9-192、10-249、11-305

41. 章服　　7-125、8-184、9-185、10-239、11-272

42. 章徠　　7-130、8-189、9-191、10-243、11-276

43. 章希膏　8-269、9-217、10-293、11-339

44. 戚崇僧（字仲咸）　7-132

45. 戚仲咸（名崇僧）　8-203、9-205、10-267、11-285

46. 梁滔　　8-92、9-163、10-107、11-201

47. 盛元粹　9-176

48. 許賢慶　11-222

十二畫

1. 葉應誠　7-78、8-88、9-159、10-104、11-197

2. 曾應泰　8-90、10-128、11-229

3. 強友諒　8-98、9-178、10-124、11-225

4. 程鋕　　8-118、9-231、10-244、11-277

5. 程文德　8-196、9-198、10-245、11-278

6. 程梓　　8-198、9-201、10-270、11-288

7. 程正誼　8-199、9-201、10-246、11-279

8. 程明試　8-205、9-208、10-275、11-329

9. 程堅　　8-208、9-214、10-278、11-295

10. 程引祚　9-210、10-275、11-329

11. 程尚濂　10-153、11-331

12. 程戀昭　10-172

13. 程鳳山　10-179

14. 程尚蛟　　10-195
15. 程開業　　10-259、11-321
16. 程夔初　　10-276、11-330
17. 程兆鏗　　10-276、11-330
18. 程兆選　　10-277、11-330
19. 鄔銓　　　10-114、11-207
20. 遊朝佐　　10-129、11-231
21. 童富　　　10-292、11-353
22. 董繼盛　　10-297、11-300
23. 賀興策　　11-223
24. 湯成烈　　11-231

十三畫

1. 楊德　　　8-89、9-160、10-105、11-198
2. 楊惟中　　8-129、9-242、10-151、11-256
3. 楊瑛　　　10-129、11-230
4. 虞輔堯　　11-221
5. 楊朝安　　11-222
6. 楊清壽　　11-233

十四畫

1. 齊宣　　　7-89、9-181、10-130、11-232
2. 齊瑄(同齊宣)　8-107
3. 趙若禠　　7-96、8-117、9-229、10-139、11-243
4. 趙艮　　　7-130、8-194、9-195、10-243、11-276
5. 趙懋德　　8-126、9-239、10-148、11-253
6. 趙錢　　　8-272

7. 趙凝錫　9-177、10-123、11-219
8. 趙鉞（同趙錢）　9-319、10-286、11-340
9. 趙崇訓　11-219
10. 聞人夢吉　7-132、8-267、9-305、10-377、11-501
11. 厲廋　9-269、10-155

十五畫

1. 劉瑜　　7-77、8-87、9-158、10-103、11-196
2. 劉珂　　7-89、8-99、9-179、10-126、11-227
3. 劉嘉貞　8-97、9-168、10-128、11-229
4. 劉華　　8-102、9-172
5. 劉楫　　8-107、9-181、10-130、11-232
6. 黎鐸　　7-78、8-88、9-159、10-104、11-198
7. 樓炤　　7-123、8-183、9-184、10-238、11-271
8. 樓澤　　8-118、9-230、10-250、11-307
9. 樓仲如　8-156
10. 樓永達　8-271、9-318
11. 樓啓通　10-154、11-293
12. 樓式禮　10-178
13. 樓望仙　10-214
14. 樓望江　10-216
15. 樓秉詡　10-272、11-290
16. 樓惟馴　10-276、11-329
17. 樓思護　10-283、11-302
18. 樓岑　　11-312
19. 魯應泰（刻本曾應泰，印誤）　9-161
20. 歐陽齊　8-91

132

21. 歐陽汶　8-104、9-174、10-120、11-216
22. 潘有開　10-136、11-239
23. 潘國燡　10-260、11-323
24. 潘埠　　10-266、11-284
25. 潘守基　10-288、11-344
26. 潘樹棠　11-268
27. 潘國韶　11-292
28. 潘國徵　11-323
29. 潘子高　11-328

十六畫

1. 閻充　　7-78、8-88、9-158、10-104、11-197
2. 盧汴　　8-94、9-165、10-109、11-203
3. 盧可久　8-205、9-208、10-270、11-288
4. 盧珮　　8-272、9-215、10-294、11-342
5. 盧元參　9-211、10-287、11-342
6. 盧汝翰　9-216、10-288、11-343
7. 盧仲傅　9-216
8. 盧元始　9-253、10-171
9. 盧一鵬　9-253、10-171
10. 盧元奎　9-320、10-294、11-342
11. 盧得　　9-322
12. 盧槃　　10-175
13. 盧仲傅（同盧仲傅）　10-286、11-341
14. 盧自明　10-295、11-289
15. 盧鳳詔　11-347
16. 盧琰　　11-351

17. 錢尚庫　10-297、11-308

18. 薛蕃　　8-203、9-206、10-291、11-352

19. 蕭爲　　11-186

十七畫

1. 魏處直　7-88、8-99、9-179、10-126、11-226
2. 應孟明　7-124、8-186、9-188、10-242、11-275
3. 應純之　7-129、8-189、9-191、10-248、11-305
4. 應綱　　7-131、8-204、9-207、10-278、11-295
5. 應恂　　7-132、8-204、9-207、10-293、11-352
6. 應恩(武功)　8-126、9-238、10-263、11-337
7. 應嗣美　8-139、9-252
8. 應典　　8-195、9-197、10-268、11-286
9. 應廷育　8-198、9-200、10-269、11-287
10. 應璋　　8-205、9-208、10-268、11-287
11. 應傑　　8-208、9-214、10-285、11-340
12. 應勝　　8-269、9-217、10-293、11-339
13. 應本泉　8-270、9-218、10-256、11-319
14. 應召　　8-270、9-218、10-279、11-296
15. 應克信　8-270
16. 應尚端　8-272
17. 應恩(義行)　8-272、9-319、10-294、11-341
18. 應崇德　8-272、9-319、10-294、11-341
19. 應玠　　9-209、9-260、10-271、11-290
20. 應炅　　9-209、10-292、11-353
21. 應光賢　9-216、10-280、11-298
22. 應本際　9-216、10-294、11-343

23. 應曇　9-219、10-285、11-339／傳 9-395（10-528、11-709 同）
24. 應枌　9-220、10-279、11-296
25. 應希聖　9-220、10-286、11-341
26. 應崇正　9-220、10-286、11-340
27. 應守誠　9-221、10-287、11-343
28. 應永禎　9-221、10-295
29. 應瑞璉　9-221、10-279、11-297
30. 應一鋕　9-221、10-295、11-345
31. 應淡　9-226、10-136
32. 應奎　9-239、10-254、11-316
33. 應照　9-239、10-254、11-317
34. 應熙　9-240、10-150、11-254
35. 應廷良　9-241、10-257、11-320
36. 應鍾　9-250、10-168
37. 應兼　9-251、10-295、11-289
38. 應明　9-253、10-162、11-268
39. 應志臣　9-262、10-257、11-320
40. 應洵乾　9-320、10-295、11-345
41. 應鍾毓　10-154、11-332
42. 應中安　10-154、11-331
43. 應世榮　10-176
44. 應泰華　10-177
45. 應鹿芩　10-178
46. 應介　10-201
47. 應梁　10-212
48. 應世朝　10-215

49. 應道種　10－215
50. 應材　　10－241、11－274
51. 應鑌　　10－256、11－319
52. 應煒　　10－259、11－322
53. 應阜　　10－262、11－337
54. 應国華　10－272、11－291
55. 應正禄　10－272、11－291
56. 應子和　10－273、11－327
57. 應松鑑　10－274、11－327
58. 應勳　　10－279、11－296
59. 應修　　10－281、11－299
60. 應鼎和　10－281、11－299
61. 應本初　10－288、11－343
62. 應佩之　10－294、11－341
63. 應莘　　10－296、11－301
64. 應芝暉　11－323
65. 應清芬　11－324
66. 應曙霞　11－324
67. 應寶時　11－325
68. 應永正（同應永禎）　11－344
69. 應邦翰　11－347
70. 應參申　11－348
71. 應學聖　11－349
72. 韓循仁　7－132、8－268、9－305、10－376、11－500
73. 謝忱　　8－193、9－195、10－243、11－276
74. 謝景銘　9－320、10－295、11－345
75. 謝雲從　10－128、11－229

76. 謝龍恩　11-233

二十一畫

1. 顏德藩　7-88、8-98、9-178、10-124、11-225

部分職官姓名歷代刻本有異者

職官名	正德志	康熙徐志	康熙沈志	道光志	光緒志
唐縣令	顏師謙	顏思謙	同左	同左	同左
宋知縣	陳繼琰	陳德琰	同左	同左	同左
	宋授_{青社人}	宋授	宋授_{青杜人}	宋綬_{青土人}	宋綬_{青社人}
	謝仿	謝倣	謝仿	同左	謝倣
	劉巖	劉巗	同左	同左	同左
	王淪	同左	同左	同左	王倫
	范直質	同左	同左	範質直	同左
	翁孟麟	翁孟麒	同左	同左	同左
	周駿昇	同左	同左	周駿升	同左
元縣尹	王琰	同左	同左	王炎	同左
	王廷鈺	同左	同左	王廷玉	同左
元達魯花赤	野士弘	同左	同左	野士宏	同左
元主簿	孛羅	孛維	同左	同左	同左
明知縣	吳圯	吳圮	同左	吳圯	吳圮
	梁天佐	梁天祐	同左	同左	同左
明縣丞	余仕溫	余士溫	同左	同左	同左
	于清	同左	於青	同左	同左
		蘇鋼	同左	蘇綱	同左
		俞弘澤	同左	俞宏澤	同左

部分職官姓名歷代刻本有異者

職官名	正德志	康熙徐志	康熙沈志	道光志	光緒志
明主簿	徐淇	徐洪	同左	同左	同左
		劉炯	劉炯	同左	同左
		李弘毅	同左	李宏毅	同左
明典史		徐廷乂	徐廷久	同左	同左
明教諭	彭均澤	胡均澤	同左	同左	同左
	朱芹	宋芹	同左	同左	同左
		劉華	同左	劉燁	同左
		王應春	王應椿	同左	同左
		鄭至和	同左	鄭玉和	同左
明訓導	呂熒	同左	同左	呂文熒	同左
	呂文熼	呂文澯	同左	同左	同左
		李鼐	李鼒	同左	同左
		吳大揚	同左	吳大楊	同左

《永康文獻叢書》縣志勘誤

（與刻本比對）

正德志（《叢書》第 7 册）

目錄第 3 頁　倒 9 行　貞婦→貞節

正文第 9 頁　倒 7 行　六→七

　　　　　　倒 6 行　五→六

　　　　　　倒 5 行　三→四

　　　　　　倒 4 行　貞婦→貞節，四十→四十二

第 23 頁　3 行　嘉定→嘉泰（點校註：刻本誤，以下各志均沿襲之）

第 37 頁　倒 11 行　天降→天澤

第 38 頁　倒 12 行　洪武十六年→洪武十一年

第 92 頁　4 行　名宦後加：（刻本原稿如此，誤。點校註；應爲名臣）

第 95 頁　倒 10 行　胡興權→胡與權

第 133 頁　7 行　貞婦→貞節

第 134 頁　7 行　開→聞

第 145 頁　15 行　客其奸→容其奸

第 175 頁　4 行　榷荼事→榷茶事

志末漏收"書永康縣志後"（跋）

康熙徐志(《叢書》第 8 册)

前言第 1 頁　簡表　萬曆志"今日存佚"欄,萬曆辛巳年(1589)應爲(1581),又應增應廷育叙

　　第 4 頁　倒 7 行　萬曆志的序言→萬曆志的叙

正文第 5 頁　倒 6 行　(尚寶)丞、應石門→去掉中間頓號

　　第 27 頁　倒 10 行　李璜→李琪

　　第 63 頁　倒 1 行　大耗銀→火耗銀

　　第 90 頁　倒 6 行　其祠祀之→共祠祀之

　　第 127 頁　5 行　周一雍→周雍

　　第 143 頁　13 行　□子→鋪子(刻本鋪)

　　第 166 頁　倒 13 行　興牧→典牧

　　第 262 頁　倒 11 行　兵屯城中,一日→去掉逗號

　　第 267 頁　倒 7 行　祠(朱、吕、陳三先生)→祀

　　第 272 頁　9 行　學官→學宮

康熙沈志(《叢書》第 9 册)

前言第 5 頁　3 行　宋嘉定→宋嘉泰

沈藻序第 1 頁　倒 5 行　宋嘉定→宋嘉泰

正文第 1 頁　倒 14 行　字→宇

　　第 26 頁　6 行　尚寶丞、應石門→去掉中間頓號

　　第 66 頁　倒 13 行　"萬曆六年坐派"、倒 9 行"國朝康熙四年"均用與同頁"弘治"、"正德"同號黑體字,後者適當空行。

　　第 102 頁　10 行　二千九百四十丈,丈→文

　　第 140 頁　3 行　知縣何弘道(查刻本如此)應爲吴弘道。正德志卷四"歷官"中有記:"吴貫,字弘道。吉水人。洪武元年任。撫民有道,蒞事公平,民懷之。"因此志刻本卷八"城隍廟"子目將吴弘道誤

刻爲何弘道,道光志更誤刻爲何宏道,光緒志亦以訛傳訛爲何宏道。

　　第 161 頁　　7 行　　魯應泰→曾應泰

　　第 164 頁　　倒 2 行　　趙思濟→趙恩濟

　　第 206 頁　　倒 12 行　　陳則璪→陳璪

　　第 220 頁　　14 行　　鳴於→鳴於

　　第 296 頁　　倒 11 行　　校《梓縣志》→校梓《縣志》

道光志(《叢書》第 10 册)

　　第 39 頁　　倒 3 行　　何宏道(刻本如此)→吴弘道(參見康熙沈志勘誤注)

　　第 251 頁　　8 行　　罵城而死→罵賊而死

　　第 262 頁　　倒 8 行　　宋世遠→朱世遠

　　第 433 頁　　7 行　　抔土→坏土(按原刻本。坏 pēi,土丘)

　　第 508 頁　　8 行(媊懿戚):→(媊懿戚);

光緒志(《叢書》第 11 册)

　　前言第 1 頁　　倒 5 行、倒 2 行,第 2 頁 4 行　　郭文焕→郭文翹

　　第 7 頁　　8 行　　道光志→光緒志

　　第 11 頁　　2 至 4 行　　明正德志、康熙徐志、康熙沈志、道光志均録"桑龜共語""洗石孕金"兩則,光緒志多録一則,即蔡喜夫"囊珠報德"事。→明正德志、康熙徐志、康熙沈志均録"桑龜共語""大鼠捧珠"兩則,道光志、光緒志多録一則"洗石孕金"。

　　正文第 7 頁　　5 行　　太廚山→大廚山

　　第 27 頁　　11 行　　石柘堰→西柘堰

　　　　　　　　13 行　　訪表→坊表

　　第 30 頁　　倒 9 行　　末沫→未沫

　　第 32 頁　　7 行　　豌豆。→去掉句號

第 37 頁　倒 10 行　諸行署：……→應另起一段

第 44 頁　2 行　欞星門皇渡橋,金盛宗建→欞星門,皇渡橋金盛宗建

第 45 頁　7 行　訓導者→訓導署

第 46 頁　5 行　嘉靖十年→嘉慶十年

　　　　　14 行　書院通其基,生員……→書院通,其基生員……

第 50—51 頁　從 50 頁 11 行起至 51 頁 12 行止,除開頭"崇善祠"外其餘均用小號字體

第 54 頁　3 行　按應志：宋驛二；一曰……→按應志,宋驛二；一曰……

第 56 頁　11 行　何宏道（刻本如此）→吳弘道（參見康熙沈志勘誤注）

第 57 頁　1 行梁風橋、3 行西津橋後面逗號均按上下文用句號。

第 142 頁　8 行　嶽隆之期→嶽降之期

第 144 頁　6 行　陳宙→陳亮

第 150 頁　倒 10 行　王永褒→王永裒（刻本"褒",乃裒之異體）

　　　　　倒 8 行　程禮嚴→程禮巖

第 151 頁　6 行　予大官、二官→子大官、二官

第 165 頁　7 行　陳中恕→程中恕

第 171 頁　15 行　黃民達→黃思達

第 176 頁　3 行　李征洋→李征泮

第 183 頁　倒 8 行　末兩字忽塘之間加逗號

第 185 頁　倒 1 行　張顏卿→張彥卿

第 197 頁　倒 7 行　陽穀人→暘穀人

第 222 頁　倒 8 行　進士爲官仁厚→進士。爲官仁厚

第 224 頁　倒 8 行　金職署→世職署

第 229 頁　13 行　徵糧入限→徵糧八限

第241頁　倒13行　周振炎榜→周震炎榜

第253頁　12行　致仁歸→致仕歸

第275頁　2行　對候→封侯

第278頁　倒12行　（郊）祀議、內訓四詩、親蠶行。→（郊）祀議《內訓》四詩、親蠶行。

第280頁　4行　"……臥龍事。"悉諧之。→"……臥龍！"事悉諧之。

第286頁　13行　其題曰→其額曰

第287頁　6行　徐洪→徐淇

　　　　10行　濮王議→《濮王議》

第291頁　13行　樂有齋→樂育齋

第296頁　倒3行　按郡，乘傳引見→去掉逗號

第297頁　倒4行　其父也→非父也

第302頁　倒6行　歸如法治之→歸，如法治之

第303頁　7行　果遇春母暴疾→果遇其母暴疾

第305頁　倒1行　其先括人→其先栝人

第309頁　倒12行　何苦退守魯港→何若退守魯港

第310頁　9行　喃喃指天，日誓欲雪恥→喃喃指天日，誓欲雪恥

第313頁　2行　饉粥→饘粥

第317頁　2行　言笑不妄舉。進士時……→言笑不妄。舉進士時……

第320頁　6行　邢藩→刑藩

第337頁　5—6行　賢達傅→《賢達傳》（注：傅，刻本誤，應爲傳）

第356頁　5行　妻舅姑→事舅姑

　　　　11行　妻姑孝→事姑孝

第 368 頁　2 行　撫姑→撫孤

第 444 頁　倒 1 行　徐明綸→徐時綸

第 473 頁　倒 3 行　夫亡守世→夫亡守志

第 483 頁　2 行　吳越康→吳廷康

　　　　　4 行　則詩又烏可以不傳，→句末逗號改爲問號"？"

　　　　　11 行　貧笈→負笈，

　　　　　12 行　《送外雲》→《送外》云

第 506 頁　倒 3 行　碬→煆

第 517 頁　6 行　呂鳴珍→呂鳴琴

第 533 頁　倒 6 行　螫→螽

第 538 頁　1 行　跨→踞

第 547 頁　倒 12 行　徽→徵

第 551 頁　倒 8 行　毀不入於→既不入於

第 558 頁　倒 1 行　入澗水紋裂→入澗冰紋裂

第 569 頁　倒 6 行　至官→至言

第 573 頁　倒 6 行　封抔土→封坏土（坏音 pēi，土丘）

第 585 頁　倒 11 行　頸→勁

第 592 頁　倒 1 行　雨鬢華→兩鬢華

第 603 頁　倒 5 行　括嶺→栝嶺

第 611 頁　5 行　紅邊→江邊

第 658 頁　1 行、2 行　天台→天臺

第 663 頁　9 行　傅贄→傳贄

第 676 頁　6 行　忽儵→忽儵

第 715 頁　倒 1 行　孰愛爾身→孰前加引號

第 719 頁　倒 10 行　不衍於時→不愆於時

第 737 頁　倒 10 行　《游宦紀聞》→《宦游紀聞》

民國新志稿(《叢書》第 7 冊)

正文第 234 頁　1 行　淞石亭→松石亭

　　　第 236 頁　針織業表格第三項"陳茂昌"地點應爲"上街"

　　　第 237 頁　碾米業表格第四項"華記"地址應爲"華溪沿"

　　　第 249 頁　表二"合計"(三六一枝)去掉上下橫線

　　　第 269 頁　倒 11 行……清一色後加句號

　　　第 283 頁　倒 5 行　思→恩

（光緒）永康縣志補遺

《永康文獻叢書》光緒志整理，依據浙江圖書館館藏《光緒十七年修永康縣志》刻本，此刻本卷六（選舉志）存一至三十四頁，餘缺。近從中國科學院圖書館藏本中覓得所缺三十五至百廿二頁。浙圖刻本卷六子目科第、薦舉見《永康文獻叢書》第 11 册 235 至 268 頁（含科第進士、特奏名、舉人、薦舉辟薦、保舉並列）；卷六所缺其餘子目由中科刻本補齊，計有：正貢、恩賜、仕籍、武科、武仕、援例、恩蔭、封贈、旌獎、選尚。點校後刊印於此，是爲"補遺"。

（2023 年 7 月 10 日）

貢生（正貢）

明

洪武年

徐　堂　字允中。見舉人。

朱　良　饒州同知。

陳　顔　御史。

邵　嵩　同安知縣。

吕　堅　字德美。高唐州學正。

朱　濟　邳州知州。

李　安　江西理問正。李安，府志失載，徐志在正統年。
徐　禮　字伯儀。
王仕榮　松江照磨。
陳　定　字叔靜。交州知州。
王道崇　武昌同知。
章　良　字履善。御史。
楊　倫　字宏道。吉安同知。
項　愈　御史。
邵　端　字俊德。仁和知縣。
王　禮　字子會。春坊贊善。調雲南府學教授。
葉　琥　字存敬。郎中。
陳德中　荊州通判。

建文年　按此牟倫爲建文元年舉人，則入貢必在洪武年可知

　　楊　安　揚州鹽運司吏目。
　　周　安　新建典史。
　　潘　立　泰寧主簿。
　　牟　倫　見舉人。

永樂年

　　盧　逹　古田主簿。府志作盧達。
　　孫　羅　字克文。建寧同知。
　　李天祐　湖口縣丞。
　　呂　鐘　字德器。宜興縣丞。
　　應　碧　字仕澄。
　　陳　吉　定襄知縣。
　　李　芳　字子芳。安慶經歷。
　　王　愷　原武知縣。
　　徐　光　字輝宗。南河縣丞。

施　信　字尚文。工部主事。
謝　忱　見舉人。
陳　恭
錢　葵　順德同知。
葉　恭　字敬忠。鉛山知縣。
韓　勸　字茂脩。晉江知縣。
程　洋　字孟洪。黟縣知縣。
葉　懋　饒陽知縣。
褚　宗　泰州判官。
胡　旺
陳　蕃　字懋德。教諭。
陳　祥　主簿。
孫　泰　閩縣主簿。
陳　良　字鎮疇。順天治中。府志作陳艮。

洪熙年
陳　勉　曹縣知縣。

宣德年
高　源　字伯淵。德州衛經歷。
胡　舜　信陽訓導。
施　良　字上賢。營膳所正。
陳　勝　字克仁。樂安主簿。
王　渭　字子明。
汪　宏　見武功。
高　行　興化同知。
胡　澤
應　通　字克達。濱州同知。
趙　塤　字時和。經歷。

何　汾　字士源。四川都司經歷。

陳　全　字仲修。恩貢。瀏陽主簿。

正統年

何　珦　閩縣主簿。胡志作胡珦。

徐　福　字天祥。

柴　育　字致和。

孫　福　字景祥。常州通判。

胡　坡　字希賢。泰寧知縣。

馬　乾　字光清。雲南檢校。

童　信　見舉人。

胡　玉　字廷珪。光祿署丞。

呂　鏘　字文和。

周　亮　見舉人。

徐　善　字原性。豹韜衛經歷。

潘　貴　寧清縣丞。

景泰年

姚　盛　字景茂。鹽運司判官。

徐以仁　以字行。石埭知縣。

郭　綱　字廷紀。福安知縣。

李　啟　字自明。孝感教諭。

錢　勝　字大昌。桐城主簿。

天順年

應　興　字時起。

何　澄　字士清。

楊　洪　字克寬。寧府奉祀。

徐　祐　字天錫。

黃　彰　字世顯。河泊所官。

胡　錤　字以時。錦衣衛經歷。
趙　彰　字文明。思明府經歷。
楊　廉　字惟正。永明知縣。
徐　璞　字琢之。邵武推官。
徐　葵　字德陽。太平照磨。
李　悌　字順之。衡州推官。
章　忠　無爲州判官。
徐　通　字時亨。晉江知縣。有愛民父母碑。
胡　銘　字日新。通道知縣。
章　嵩　郡貢。見舉人。
陳　廉　郡貢。運司經歷。
潘　惠　字克順。鳳陽主簿。
陳　志　字有成。武昌衛經歷。

成化年

陳　善　字嘉祥。鄱陽縣丞。
方　崇　字宗嶽。建寧知縣。
施　能　字廷才。松邑教諭。
顏　洪　原名宏。經歷。
李　俊　字廷傑。龍巖知縣。
王　吉　字元吉。建平知縣。
陳　震　字思德。文登縣丞。
呂　聰　字伯敏。廣安州知州。徐志作吏目。
王　佐　字汝弼。典史。
陳　禮　字天秩。龍巖教諭。
馬　佐　字良弼。德安教諭。
應　宸　字時亨。星子訓導。徐志、府志作應震。
林　鏘　字世和。陽江主簿。

朱　格　郡歲貢。夷陵州判。

弘治年

陳　瓊　字廷器。河陽衛經歷。

徐　麟　字天祥。

朱　楷　字克正。

呂　淵　字原本。

應　綱　見孝友。

徐　琛　字良玉。徐州訓導。府志、徐志作隨州，琛徐志作深。

周　玹　字師舜。貴溪訓導。徐志作圓。

曹　勝　字天申。金山衛訓導。

胡　沂　字崇魯。長汀主簿。

童　珍　字君聘。淮府審理。

孫　滔　字東之。寧陽訓導。

章　茂　字德盛。郡歲貢。

徐　銳　字柳夫。

馬　鑾　字大用。善化教諭。

王　琳　字舜卿。州判官。

金　端　弘治中袁州府訓導。府志作兗州。

正德年

葉　鑾　字時英。杞縣訓導。

趙　思　字希魯。

朱　善　字良進。應天訓導。

俞　玘　郡貢。見舉人。

胡　相　字秉均。松江訓導。有文行，士林重之。

陳良謨　字用嘉。汶上訓導。

林　釗　字利之。霍邱訓導。

徐　檜　字廷用。浮梁教諭。

陳嘉靖　字景甯。贛榆訓導。府志作同安教諭。

童　鎮　字邦甯。湘鄉知縣。

嘉靖年

李　珙　見儒林。

盧　曉　字正明。嚴州府教諭。

應　麟　字天祥。典史。

郭　惠　字天與。和平知縣。

陳　泗　見政績。

周　桐　見儒林。

盧　洵　字誠之。教諭。其學可模範儒林，行實見《石崖文集》。

馬廷弼　撫州訓導。府志作廷鼐。

應　璋　見儒林。

朱邦弼　孝感知縣。

俞希聲　梓潼知縣。讀書談道，家貧自樂。

呂　銳　見舉人。

童如淹　見舉人。

吳九經　見舉人。

俞　申　南安訓導。

王　玉　長沙訓導。

王　鑑　雩縣訓導。

李　星

周　昇

王　鑑　雩都訓導。今據《贛州府志》補。（校注：刻本如此，兩王鑑應爲同一人）

應　㦲

朱天啟　黃陂訓導，陞周府教授。

胡大韶　長樂訓導。

應　熙　見舉人。

金　端　字正夫。袁州訓導。

章　溥　永新訓導。

應　玨　郡歲貢。

童　鐔　江西瑞昌教諭。徐志作安平訓導。

章　堂　晉江教諭。

應　鐘　吳縣訓導。課諸生極賞，申文定人，服藻鑑。

呂　輝　銅陵教諭。今照府志，縣名照《銅陵志》補。

童　格　泉州訓導。據府志補入。

李天錫　郡貢。訓導。據府志補入。

周　光

周　勳　見政績。

周良翰　河陽教諭。

倪　桂　教諭。

呂　輝　江西淮府教授。

樓希誠　字自明。湖廣麻陽訓導、漢陽府教授。

沈　榮　字(下缺)

童　采

隆慶年

　　呂　誠　湖□縣教諭。

　　應一治　星子知縣。

　　曹文儒　嵊縣訓導。陞荊府教授。

　　呂端性　山東平度州學正。著有《雲池吟稿》。徐志作太平教諭。

　　姚守虞　恩貢。

萬曆年

　　郎思義　甲午副貢。據府志補入。

　　朱時敏　常州訓導。

徐文玉　滎陽訓導。
應綏來　趙州判官。
應世道
呂可久　太平通判。同修郡志。
李　培　副貢。德化訓導。署安溪知縣。
鬍子熙　湖州訓導。
應綏福
黃　華　博極羣書，割股救母，晚歲歸隱龍泉。
王　恩　訓導。
應　兼　見儒林。
應明德　嘉興教授。
王廷望　閩清知縣。有廉名。
陳希騰　拔貢。維摩知州。
盧應試
金希曾　歲貢。
朱天嗣　博興知縣。
周應參
應明毅　惠安教諭。
馬應圖　永安知縣。今據《永安縣志》補。
王用賓　南雄通判。有惠政。
馬應義　福建上杭教諭。
李國珍　拔貢。授訓導。
應逢原　處州教授。
應明時　臨江教授。
朱天繼　桂東知縣。
李思聖　淳安訓導。
程明試　歲貢。見文苑。

呂師皋　副貢。前志載例貢。
泰昌年
　　　童文元
天啟年
　　　李子寶　歲貢。
　　　吳希皋　溫州教授。
　　　應嗣美　有文行。
　　　黃一鶚　見政績。
　　　徐昇騰　江津訓導。陞福州經歷。
　　　王宗海
崇禎年①
　　　應嗣功　蘇州府經歷。
　　　應　祥
　　　徐學顔　見忠節。
　　　周於德　號厚峰。從王陽明先生遊。
　　　應樹功　松溪縣丞。陞鄖陽經歷。
　　　王之幹
　　　胡用賓　太平訓導。初名用名，徐志名作明。
　　　施守官　處州府學訓導。陞馬平知縣。
　　　吳士騏　嵊縣教諭。
　　　應綏甯　武岡州學正。
　　　應綏邦　潯州教授。
　　　郎　益
　　　潘崇仁　副貢。
　　　王世衡　乙亥郡拔貢。見舉人。

------

①　刻本避諱爲"崇正年"。今徑爲回改。

王世鈇　乙亥拔貢。見文苑。

李天成

林之翰　訓導。

朱允治　山陰訓導。

朱　穮　遂安教諭。

應公允　仙居教諭。

徐懋問　事繼母以孝聞，年登上壽。

李應錫　字若敷。善屬文。

李芳春

徐明勳　福州推官。見孝友。

徐士濬　恩例。秉質剛方，持身廉介。

徐　浩　恩例。見文苑。

徐懋文　義烏訓導。著有《性理答問》二卷。

盧元參　恩例。見義行。

盧元始　恩例。食貧好古。福建延平推官。

朱光遠

盧一鵬　字翔南。恩例。博學敦行，有聲藝林。

李祥華　秉性淳厚，推重士林。

國　朝

順治年

　徐光時　見文苑。

　俞有斐　見舉人。

　倪德遠

　徐化時　桐鄉訓導。

　徐得寵　靖州州判。

　童士秀　台州府訓導。

黃延濬　初任慈谿訓導，嘗潛闞湖，調常山輯修典禮。士類德之。

　　李爲梁　拔貢。

　　吕崇簡　拔貢。　定邊知縣。

　　田一泰　開化訓導。　學行爲士所式。

　　吕惟瑞　仁和教諭。

　　程懋修　歲貢。

　　朱家棟　歲貢。

　　金俊聲　拔貢。

　　徐得宙　訓導。

　　俞調變　武康訓導。

　　陳啟章　縣丞。

　　吴康先

　　陳淑讚　字道菴。庚子副貢。

康熙年

　　王世鑪　見政績。

　　胡永祚　郡歲貢。

　　盧恒春　字□□。歲貢。著有《四書》大全。

　　楊光斗　松陽訓導。

　　程懋昭　郡貢。壽昌訓導，陞桐鄉教諭。三護縣篆，同修郡邑志。

　　徐　悦　定海訓導。

　　陳雲鐘　拔貢。授州同。

　　樓惟駟　拔貢。見文苑。

　　程晟初　壬子副貢。正白旗教習。

　　徐紹源　歲貢。

　　林鐘鼇

　　李先甲　歲貢。

李士奇　恩貢。

徐若瓊　歲貢。

徐紹鐘　訓導。

王同召　恩例。雲和訓導。

徐士宗　恩例。訓導。

李　佽　訓導。

顏聞義

童　璵　恩例。

朱紹廕

徐之驌　恩例。訓導。

應始偉　訓導。

徐　位　拔貢。雲和教諭。

胡　鈺　訓導。

徐煥然　訓導。

徐　偉　恩例。

王同廱[①]　授訓導。見列傳。

王同傑　授訓導。力學不倦，質樸有古人風。

王同曾

應芝珽　訓導。

王風淳

徐友范　訓導。同修郡邑志。

曹際熙　訓導。

徐　瑄　恩例。

盧　瀾　訓導。

盧　泮　恩貢。

---

① 原作"癰"，誤。

李日升　拔貢。

徐喜銘　拔貢。

林爾瓊　歲貢。

盧一虯　恩貢。廷試第六。

李如朌　歲貢。

朱宏儀　字隅抑。歲貢。

李志侃　字右如。歲貢。

楊文球　歲貢。

周　官　歲貢。

徐景炎　字漢升。乙酉副貢。

鮑祐銓　辛卯副貢。見舉人。

林佳椿　歲貢。宣平訓導。

舒士振　字起陳。歲貢。江山訓導，陞常山教諭。

程　琦　歲貢。

徐　霍　字漢陸。歲貢。

王化渾　歲貢。

程開業　庚子副貢。見舉人。

朱韶善　字若虞。歲貢。

程璘初　字嗣玉。歲貢。

程夔初　恩貢。見文苑。

雍正年

徐　璐　字如珍。歲貢。仙居訓導。

施鳴九　癸卯拔貢。孝豐教諭。

呂光瑛　字葡臣。歲貢。

盧　崔　字又崔。歲貢。

應鼎球　字聲徹。歲貢。

呂　俊　字唐英。歲貢。

王　翊　歲貢。

徐廷僖　字於泮。歲貢。

徐　堯　己酉拔貢。見政績。

呂　純　字宜一。歲貢。奉化教諭。著有《治心錄》《則古要語》。

馬逢聖　歲貢。縉雲教諭。

趙光來　字利濟。歲貢。

應洪沂　字紹曾。乙卯拔貢。江西永豐縣丞。

李顯升　歲貢。樂清訓導。

周景灝　乙卯副貢。見舉人。

章日新　字盛德。歲貢。

乾隆年

王丙瞵　歲貢。麗水訓導。

徐宏桓　字彥威。恩貢。見文苑。

王逢昌　字景韓。歲貢。嵊縣訓導。

王丙昕　歲貢。

李雲耀　字蘊中。辛酉拔貢。歷任瑞安、於潛教諭。

盧　槃　字永初。歲貢。於潛訓導。著有《學庸集成》《詩文雜記》。

朱日知　字若行。歲貢。著有《楚辭指歸》《禹貢三江辨》。

胡宗璧　歲貢。武康訓導。博學敦行，為時矜式。著有《奎山詩稿》。

徐為琪　字相英。恩貢。江山教諭。雍正初，詔舉賢良方正，郡守馬以其名聞於朝，力辭不赴，人景其高致云。

金兆鬱　歲貢。

盧懋昭　字建如。恩貢。溫州府教諭。

朱友美　字君穀。歲貢。著有《萬卷山房詩集》。

程兆鏗　癸酉拔貢。見舉人。

黃鴻飛　字有謨。癸酉拔貢。遂昌訓導。

盧　剛　字又塞。歲貢。

應鼎聰　字標友。歲貢。

徐兆彭　字商賢。歲貢。

樓光淮　字安若。歲貢。

胡廣銘　字彩芳。歲貢。

王慕敬　字舜德。歲貢。誘掖後進，多所成就。

朱志伊　字莘夫。恩貢。

應志標　字漢彩。乙酉拔貢。

應洪恬　字智侯。歲貢。

徐鎮元　字建侯。歲貢。

盧普照　字光天。歲貢。桐廬訓導。

胡　璨　字璀九。歲貢。

應恆暨　字仰垣。歲貢。

王載瑄　歲貢。

應世榮　字翼儒。恩貢。著有《詩學輯要》。

胡毓哲　字聖明。歲貢。

王丙熊　歲貢。

盧秉睦　字聖和。歲貢。

朱振銘　郡歲貢。

周諮詢　丁酉拔貢。見政績。

李雲誌　歲貢。植品端方，善誘後學。

王丙搏　字鵬萬。歲貢。

楊志朝　字希韓。恩貢。

樓光翀　字漢儒。歲貢。

方作霖　歲貢。

程德漢　字章侯。歲貢。

應渚封　字希三。歲貢。

周熙敬　恩貢。

應恒坦　字履旋。歲貢。

徐華國　字光朝。歲貢。

程尚曾　字省三。己酉拔貢。

徐　祝　字華三。恩貢。

胡正多　字孟華。歲貢。

胡正軒　字孟轅。歲貢。

應大綵　字素文。歲貢。

應泰華　字雪滿。甲寅恩科副貢。博學有文名，兼工書法，爲寶東皋都堂朱石君學士所賞識，以教習期滿歷署福建羅源、將樂、大田知縣。

嘉慶年

陳文綱　字植三。恩貢。

徐翰英　字鎮藩。歲貢。慈谿訓導。耄而好學，誘掖後人惟恐不至，士論歸之。

王紹槐　字洪九。歲貢。

程鳳山　字鳴岐。恩貢。見恩賜。

童大英　字象文。歲貢。

潘國詔　見儒林。

應梯雲　字漸逵。辛酉副貢。候補州判。

程尚履　字允端。歲貢。

王元埈　字高士。歲貢。

盧繼韶　字合如。歲貢。

樓式禮　字履中。郡歲貢。著有詩集。

李志灝　字希梁。歲貢。

應振先　字希哲。恩貢。

王　純　字岐周。歲貢。

鄭開正　郡歲貢。見恩賜。

方　端　字以正。癸酉副貢。

應兆金　字聲始。歲貢。

應鍾毓　癸酉拔貢。見舉人。

徐開蓮　字益清。歲貢。

徐純粹　字善元。歲貢。

應煥然　字文林。歲貢。

呂　松　字鶴林。歲貢。

道光年

項陳謨　字承典。恩貢。

倪夢魁　字象輅。壬午副貢

徐紹開　字基儒　恩貢。

應鹿芩　字雅鳴。歲貢。著有《持敬編》。

陳開桂　字秀林。恩貢。

徐慕陶　字次亮。歲貢。

胡師尹　字聘三。乙酉拔貢。

應泰如　字昌期。郡歲貢。

潘國望　字載遠。歲貢。

陳心廣　字克胖。歲貢。

施國誠　字純一。歲貢。

金希范　字克任。歲貢。

呂觀光　字尚賓。歲貢。見文苑。

應　韓　字紹文。恩貢。

王錫享　字歆之。歲貢。

徐世傑　原名溶波。丁酉郡拔貢。見舉人。

俞　芬　字煥奇。丁酉拔貢。

施　章　字含貞。歲貢。

程師洛　字瞻之。歲貢。

應鳳吹　歲貢。著有《丹山詩稿》。
夏永修　見文苑(夏)謨傳。
王宗羲　字復之。郡貢。見祠祀。
胡元超　字煜起。丙午恩貢。
王大昌　字穀升。歲貢。
徐御星　字近光。見耆壽。
張拱奎　字宿元。己酉郡拔貢。分發江蘇直隸州州判。
夏　謨　己酉拔貢。見舉人。
陳鳳巢　字鳴岡。歲貢。輯有《永康詩錄》及《列國姓氏源流》《中庸脈絡圖說》。
酈靜山　字印仁。歲貢。乙卯副貢。
張文集　見忠節。

咸豐年
　　胡繼勳　見義行。
　　胡秀穎　字芳琳。恩貢。
　　吳景瀾　見忠節。
　　樓　岑　見忠節。
　　盧　暖　字春臺。恩貢。著有《春園時草》并《家訓》。
　　程中良　字志嘉。戊午歲貢。
　　黃　鴻　字陸飛。歲貢。候選訓導。儀貌豐偉，詣望醇識，時稱長者。見封贈。
　　張化英　見文苑。
　　王鐘鼎　字禹九。歲貢。
　　王永洲　恩貢。見義行。
　　潘樹棠　字憩南。辛酉拔貢。見薦舉。
　　徐　佐　見忠節。
　　吳鳴鏘　字振飛。郡貢。

同治年

  應參申　見義行。

  夏燃青　見文苑（夏）謨傳。

  胡摺中　字庚一。恩貢。見舉人。

  徐汝銓　字秉衡。歲貢。署石門教諭。

  陳汝平　字時懋。壬戌恩貢。署淳安教諭。

  呂佩蒽　字鳴玉。歲貢。署安吉教諭。

  黃鳳來　字儀韶。歲貢。試用訓導。

  陳定邦　字燮元。歲貢。試用訓導。

  陳德成　字際唐。癸酉拔貢。

  王　溶　字浪三。庚午歲貢。

  施維城　字立生。恩貢。

  呂瑞蓉　甲戌。歲貢。

光緒年

  胡聘三　字景伊。恩貢。

  周望蓮　字愛之。歲貢。

  徐憲時　字鼎臣。郡貢。志趣渾樸，風度簡密，義事則樂爲之然，不可幹以私。

  徐籲俊　字惟升。歲貢。

  樓鳳修　字徽典。歲貢。

  胡宗俊　號逸舲。庚辰恩貢。就職直隸州州判。

  應　策　字特書。歲貢。

  程炳焜　字景卿。歲貢。

  應祖錫　字韓卿。乙酉拔貢。見舉人。

  胡宗文　字坦夫。歲貢。

  施紀椿　字伯章。歲貢。

  陳鑒虞　字乙書。歲貢。

胡逢庚　字銘西。歲貢。

沈　琪　字漢崇。歲貢。

王承雲　庚寅恩貢。

呂念祖　字澹夫。恩貢。候選教諭。

朱正廉　字捷三。歲貢。

王　齡　字翰齋。歲貢。

恩　賜

徐由湘　字聖登。乾隆己酉副榜壬子舉人。癸丑翰林院檢討。

程騰鳳　嘉慶丁卯舉人。戊辰翰林院檢討。己巳翰林院編修。

徐　驛　字龍儒。嘉慶甲子副榜。丁卯舉人。戊辰國子監學正。

胡　坦　嘉慶甲子副榜。丁卯舉人。戊辰國子監學正。事親孝，居喪哭泣盡哀三年，不入內室。

程鳳山　字鳴岐。嘉慶癸酉舉人。秉資敏捷，讀書目數行下，性率直不事緣飾，人以長者稱之。

鄭開正　字光先。道光甲午舉人。授雲和訓導。

王九儀　字韶鳳。嘉慶甲子副榜。

王載峒　字定章。嘉慶癸酉副榜。

呂汝亨　字文通。道光辛卯副榜。

程桂林　道光己亥副榜。

胡國棟　監生。同治乙丑副榜。光緒乙亥舉人。

吳熙照　同治乙丑副榜。

俞　允　字鳳九。同治庚午副榜。光緒己卯舉人。

章　憲　同治庚午副榜。

胡丙藜　同治癸酉副榜。

胡青藜　光緒乙亥副榜。
朱　濱　光緒乙亥副榜。壬午舉人。
林維翰　光緒丙子副榜。
胡光邦　字爲盛。光緒丙子副榜。
姚作濬　光緒辛卯副榜。
周炳奎　光緒辛卯副榜。

仕　籍

宋 舊志略

呂　約　判司。
陳麟孫　國子助教。
池　直　字君舉。由明經任本邑市丞。

元 舊志亦略

俞翼之　應志作巽之。市舶提舉。
徐養賢　安城巡檢。
陳　顔　字景淵。見薦舉。
吳雲川　贛州教授。今照《贛州志》補。
柴　興　樂清主簿。

明

馬文韶　韶州通判。見義行。
盧允福　海州知州。
陳　格　字致方。新泰典史。
戚廷玉　百順巡檢。

徐　隆　見政績。
朱彥本　伯基。中堂巡檢。
朱　暉　倉大使。
施　澄　江西餘于縣丞。轉泉州南安縣丞。今照《泉州志》補。
胡宗朗　蘄水典史。
金世昌　河泊所官。
施　源　清平主簿。
胡　著　經歷。
王希賢　典史。胡志作顏。
童存禮　古田縣丞。
胡叔寶　見政績。
應　華　伯先典史。
朱　俊　宜黃縣丞。
吳　瓊　茂玉巡檢。
應萬春　松江知事。
朱　傑　都昌主簿。
應希忠　巡檢。
應仕政　知事。
朱　格　彝陵州判官。
李　暕　光澤主簿。
施　忠　驛丞。
魏仲成　主簿。
周　賢　歐寧縣丞。
胡　清　知事。
應　紀　同安倉官。
曹元明　豐城巡檢。今照《豐城志》補。
章　端　寧德縣丞。

陳　寧　仲志巡檢。

章　洪　驛丞。

童　欽　歐寧主簿。

王子直　倉大使。

項孟善　典史。

賈伯壖　江浦縣丞。

項文鑑　倉官。

項　田　無錫縣丞。

趙懋功　華亭縣丞。

項思敬　倉大使。

胡　艮　倉大使。

徐　暎　連城縣丞。

趙文忠　局官。

呂　林　倉大使。

徐　訪　福州通判。築連江城，民立祠祀之。

薛文玉　倉大使。

呂　録　旌德主簿。

薛　旺　主簿。

胡　雙　主簿。

盧　夔　曲江縣丞。融縣主簿。

薛孟造　典史。胡志作遠。

樓文賢　倉大使。

柳　茂　博羅主簿。今照《博羅志》補。

應　賢　雲南知事。寶山縣丞。

陳　鎰　縣丞。

朱　彰　經歷。

應　琮　裕州判官。

應　康　河源教諭。今照《河源志》補。
胡　魁　倉大使。
徐　達　孟州主簿。
徐　時　監生。商邱縣丞。見封贈。
盧　㫤　巡檢。
胡　華　廷華巡檢。
董文鏊　泗川判官。
應　開　巡檢。
施　奇　巡檢。
徐　稻　鎮遠衛經歷。
呂　義　草場副使。
周存勖　縣丞。
周文奎　縣丞。
葉　陞　永高倉大使。
王　寶　典史。
葉　祚　普安判官。大理府經歷。
林茂盛　主簿。
葉　泰　倉大使。
周　徽　宛平縣丞。
胡　海　伯川巡檢。
李廷相　主簿。
應　昇　瀘州吏目。
馬　興　南平主簿。
應　權　倉大使。
應　鐄　見政績。
林　讚　巡檢。
林　完　經歷。

應　琪　南安主簿。

牟德正　巡檢。

王　賢　典史。

馬國本　楚府典史。

樓鳴鳳　湖廣黃梅主簿。

李世良　倉大使。

周　微　汀州照磨。巡撫疏其績。

徐　顯　典史。

徐　暉　利津主簿。

陳忠厚　巡檢。

應本泉　見政績。

徐文璽　福州府檢校。

陳良用　局官。

應惟德　典史。

朱　銓　鉛山主簿。

呂鳳翔　進賢縣丞。陞益王府工正。

王仕龍　巡檢。

章光宙　吉安府經歷。

葉良佐　巡檢。

呂德立　獄官。

童　淑　兩淮監運司經歷。

呂大成　南雄稅使。

周邦惠　典史。

趙　潤　古田主簿。

陳克明　永寧典史。

呂希明　巡檢。

呂思齊　南京萬壽巡檢。

章子榮　常熟知縣。
趙　淵　廣東按察司經歷。
黃伯隆　廣東巡檢。
徐文訓　徐州判常。教土人築河堤，有"徐堤"之稱。
呂考祥　巡檢。
王伯潤　婺源典史。
李　琛　福建按察司經歷。
陳思明　巡檢。
林邦彩　欽獎吏目。督濬有功陞主簿。
林邦文　巡檢。
章汝科　巡檢。
徐文安　漢陽府照磨。
童國敦　巡檢。
應用明　倉大使。
徐文亮　江西布政司理問。
林樹德　巡檢。
徐文學　倉副使。
曹文燦　南昌府經歷。
童國任　巡檢。
徐一本　沂州吏目。
葉元吉　文水縣丞。
徐文棣　驛丞。
徐應奇　巡檢。
徐　暎　延平府經歷。
徐一憲　南康柴棚巡檢。
王　榛　丹徒主簿。
章光宗　縣丞。

應聯芳　巡檢。

蔡廷寬　吏目。

周　俊　四川行都司經歷。

王　桁　成安主簿。

呂文欽　典史。

李　明　撫州府照磨。

葉惟新　庫官。

章福紹　主簿。

俞良德　主簿。

倪光輝　典史。

胡鳳城　番禺典史。陞江南壽州經歷。

胡鳳翔　主簿。

應　禧　倉大使。

陳　球　吳江主簿。

應懷德　兩淮批驗所大使。

徐師夔　貴州布政司經歷。先倅臨川判沔陽。以政聞,亦能詩,著有《仕學編》。

黃景賢

應　琦　淮府引禮。

王秉綱　布政司照磨。

童　勳　吏目。

葉文標

童　樸　主簿。

鄭顯之　縣丞。

徐德英　省祭。

黃仕鴻　主簿。

鄭文佐　倉大使。

應文寧　倉大使。

董惟滔　神武衛經歷。

徐文逵　樂平典史。

鄭充之　主簿。

章光采　縣丞。

趙文逵　巡檢。

張仲和　主簿。

朱　恩　淮王府紀善。

曹文瓊　巡檢。

章一清　岷府工政。

朱　誥　主簿。

章宏德　倉大使。

呂　忠　倉大使。

應元吉　湖口主簿。

童　滋　邵陽主簿。

程光祥　巡檢。

林　奇　西華主簿。

池　渟　巡檢。

池　瀿　巡檢。

童　桓　遂溪縣丞。

田文用　州吏目。

俞用光　主簿。

童　冲　州吏目。

應聯璋　西安衛經歷。

趙汝誠　巡檢。

呂　坦　按察司知事。陞桃源知縣。

林文第　大同衛經歷。

湯應龍　沛縣知縣。
趙　濂　懷甯主簿。
應志通　太醫院吏目。
朱文炤　永川主簿。
趙　滋　阜城縣丞。
王　師　章平巡檢。
樓文正　金壇主簿。
周應辰　京衛經歷。
王宗文　歙縣主簿。
應明用　開縣主簿。
徐文炤　句容主簿。陞黃岡丞。
孫世儀　沔池主簿。
周汝康　通州巡檢。
呂恆德　兵馬司。
陳廷玉　延平桃源巡檢。
周廷讓　典儀。
周　涓　順昌縣丞。
應舜宷　太醫院吏目。
徐文遠　四川大竹典史。
應志臣　見政績。
徐一鏗　嘉定典史。
徐一夔　吏目。
徐文議　光祿寺丞。廉幹著稱。
徐士姬　巡檢。
週一鳳　主簿。
李大韶　蘭州判官。
週一鸞　吏目。

徐世芳　北城兵馬司。陞西城正兵馬司。擒目盜有功，時廠衛羅織冤獄，多所平反，爲忌者所排，都人惜之。趙相國、李臨淮並有贈行文述其事。

徐文熊　兵馬司。
應惟德　宜黃典史。今照《撫州志》補。
應時習　興化巡檢。
章文煥　大倉衛經歷。
徐文薦　東昌通判。
章邦周　巴陵典史。
應承洙　韶州巡檢。
徐一桂　中城正兵馬司。
徐應元　隆灣巡檢。
樓時叙　漢口巡檢。
徐一蘭　江西都事。陞蜀府長史。
施應魁　淶水典史。
應重祥　丹陽巡檢。
徐啟成　歸州二守。
王師經　東莞吏目。
王師會　沔陽吏目。
王邦模　主簿。
徐守祚　監生。分宜縣丞。今照《袁州志》補。
徐應堂　懷集巡檢。
林國賓　草市巡檢。
王宗勳　鴻臚寺序班。
葉宗夏　福寧巡檢。
葉宗江　太源吏目。
徐一楷　長淮經歷。

盧應誥　桃樹巡檢。

盧仲奇　寧國知事。

徐學曾　潮州府經歷。

吳鳴雷　俄巔巡檢。

周啟霖　吏員。鄱陽石門巡檢。今補。

周士華　白椒巡檢。

李國贊　保定府照磨。

汪應龍　潞府典史。

徐一楠　陝西都司經歷。以清勤著，居家孝友。見封贈。

應昌煥　安寧州同。

徐啟芳　彭縣縣丞。

程明允　廣州同知。

呂師堯　甯羌經歷。

盧朝忠　惠州倉官。

林明理　貴池縣丞。

呂一榮　揭揚主簿。

呂文珍　龍門巡檢。

徐希正　開平衛經歷。

單必瑞　長沙府典儀。

呂文敦　益陽縣丞。

呂應龍　寧府照磨。

呂師岐　湘潭縣丞。

呂應兆　繞平縣丞。

呂文致　成都右衛經歷。

呂應遇　南陽主簿。

陳德新　字懷溪。福建都司經歷。

呂　盈　大田巡檢。

單希皋　吳江巡檢。

曾　念　玉山知縣。今據《廣信志》補。

呂宗仁　廣東監法提舉。

應志和　長沙典史。

應和中　南昌巡檢。

應民時　永豐教諭。今據《吉安府志》補。

應孝思　慶陽府經歷。

應鳴岐　興化巡檢。

應雲悌　永平司獄。

李　達　福建司獄。

周汝仁　銅梁典史。

呂應雷　清澗縣丞。

周懋良　山海經歷。

應忠思　沛縣主簿。

周應龍　金沙大使。

周　材　泗州巡司。

俞希恭　崇明主簿。

周聚精　鉛山典史。

呂應瑞　常州巡司。

周聚奎　韶州巡司。

呂應旭　徐州吏。

周思信　翼城典史。

周思敬　平涼經歷。

胡廷育　丹陽典史。

王文賢　沈邱典史。

胡國卿　桂林典史。

陳德霓　字雲龍。太醫院吏目。

曹一躍　梟尾巡檢。

朱應睿　瞿塘經歷。

牟惟中　淥口巡檢。

牟瑞奇　驗封令使。

朱應徵　南京西城兵馬司。

馬仲理　浦城巡司。

馬宗謙　馬兜巡司。

徐一龍　都事。

徐守緯　南海衛經歷。

朱尚質　濟河主簿。

朱　璋　安縣經歷。

徐一椿　泉州經歷。

朱廷澄　河泊所官。

朱大堯　河間府知事。

陳應曜　建昌府照磨。

朱守正　廣豐大使。

朱守遜　羅源典史。

陳應明　小孤巡檢。

曹夢麒　崇府典儀。

朱潤身　河泊所官。

徐衛時　山陽主簿。

陳日升　字噉寰。胡樂巡檢。

陳用中　字德明。漳州照磨。

徐一倫　鎮撫。

陳良修　字德家。孝感典史。

楊大恭

胡　維　宜興縣丞。總理五司稅務。

周德順　蕭縣典史。
王文贊　溧水主簿。
陳士選　字君銓。縣丞。
章大默　宜陽主簿。
周大益　高平丞。陞經歷。
朱世盛　博興主簿。
呂宣齡　東莞主簿。
章德安　烏潯巡檢。
應守謙　汝甯府經歷。
朱家英　盧陵巡司。
朱大校　閬中主簿。
朱廷瀾　谷水巡司。
邵仲升　滕縣典史。
朱家棟　三水巡檢。
王宗默　潞府工正。
陳國華　楚府典儀。
章廷桂　苑馬監正。
王宗煥　瀏陽主簿。
陳應懃　稅課大使。
陳天相　上猶典史。
吳一勳　上海縣丞。
應時聘　武進主簿。
應世永　南陵主簿。
徐九華　光州吏目。
應日元　重慶府經歷。
應明聘　臨清衛經歷。
韓德載　東陽主教。

王世紀　睢寧主簿。
王師旦　黟縣主簿。
胡友泉　建康教授。
陳瑞中　字仁齋。潞安贊政。
陳惟勤　字建業。吳縣巡司。
童　策　鷹陽衛經歷。
李應沛　平海經歷。
陳三材　平定倉大使。
黃一鷗　見忠節。
吳從周　永嘉大使。
李　星　淮安司獄。
胡　椿　光祿署丞。
程引孝　岳陽主簿。
徐一鳳　監利典史。
徐廷玉　嘉山巡檢。
徐鳳珪　河間知事。
姚天禄　唐邑典史。
童有容　曲靖江經歷。
呂應梅　龍潭巡檢。
樓文皋　左屯湖廣都司經歷。
童　淳　簡州吏目。
王大德　建寧照磨。
陳應祥　河南大使。
呂良時　湖廣景陵縣丞。禦寇有功陞本縣知縣。
徐一桂　武陽典史。
樓文通　廣東藥逕巡檢。
章文勝　長墩巡檢。

徐大經　泉州司獄。
陳應時　福清典史。
徐士成　大冶縣丞。
徐大有　平河巡司。
施守璽　安仁典史。
林茂春　刑部司獄。
徐一璋　廣東巡司。
徐大紳　新會主簿。
方　鋑　鰲山衛經歷。
王文祐　甯鄉巡檢。
徐師稷　惠州通判。今據《惠州志》補。
徐大綸　仙鄉巡司。
汪若海　陳墓巡檢。
章士奇　縣丞。
汪宏海　富州吏目。校梓縣志。
李允遷　牛肚巡檢。
應俞賢　漳縣典史。
汪宜孝　大倉嶺巡檢。
應明達　簡口巡檢。
呂應元　縣丞。
應明敬　岑縣巡檢。
應明修　石門巡檢。
汪守臣　南津巡檢。
樓文曙　主簿。
應　紹　海門典史。
黃一誥　仁化主簿。
應三選　主簿。

曹汝美　福建經歷。
顏文淳　三水巡檢。
陳應倫　廣東澄海縣丞。署縣事。
陳龍翔　定安典史。今據《定安志》補。
胡應化　主簿。
倪汝揚　開平經歷。陞濼州知州。
程國寶　清澗縣丞。
章明時　清溝巡檢。
鬍子傑　揚州經歷。
黃應春　池河驛丞。
童汝稑　廣德所吏目。
程大禮　石門巡檢。
童祖昂　臨湘縣丞
俞應綬　潭口司巡檢
周　銓　推官。仕終義寧訓導。
陳　榮　倉大使。
李可久　經歷。
胡鳴鶯　經歷。
呂從龍　樂平典史。今據《饒州志》補。
李汝元　楚府典儀。
陳應高　吳州巡檢。
黃應文　塔坪巡檢。
徐逢熙　主簿。
陳皋謨　濟陽典史。
徐應豪　應天衛經歷。
胡鳴鳳　經歷。

國　朝

胡承訓　衛經歷。

呂益清　監生。考授清軍州吏目。

呂如灝　涇江巡檢。

黃兆基　考授府經歷。署龍川知縣。補授和平知縣。

周永微　歷任直隸、肥鄉、元氏典史。

徐得寵　靖州州判。今據《靖州志》補。

徐士琦　雲南江川典史。

丁若光　山西岳陽典史。

徐　熙　字光化。遂寧典史。

盧兆麟　廣西新寧州吏目。

盧兆瑞　歷任福建浦城、江西南昌、進賢典史。

呂紹謐　山西静樂典史。

應　筠　字集鶯。河南湯陰典史。見封贈。

丁開攀　歷任廣東仁化、泗川南江典史（校注：泗應爲四）

陳應位　潮州府揭陽縣知縣。

朱永年　山東蒙陰典史。

陳應儀　廣州建寧典史。

丁星焕　漢中鳳縣典史。

金昌越　字仕超。石門司巡檢。

丁若浩　歷任河南偃師、林縣典史。

徐聚井　江蘇昭文典史。

周化龍　山東恩縣典史。陞歷城主簿。署陵縣知縣。

呂如灝　廣東沙琅巡檢。歷署電白、茂陵縣知縣。

倪會源　化州吏目。今據《化州志》補。

胡國文　彰德府涉縣巡檢。

陳嘉昺　分發順天典史。

應　華　南康府屬巡檢。

徐　炳　字虎文。鑄印局大使。

胡宗涵　字澤先。山西靈石縣驛丞。

杜　廣　黃平知州。

周永新　湖南武陵巡檢。

陳文學　儒士。閩縣縣丞。

李國纓　鎮安典史。

林士文　贛榆典史。

林芝翰　建寧教諭。

徐士行　由貢監龍巖丞。

杜子延　平定倉官。

周士貴　生員。福青典史。

徐大統　生員。三水縣訓導。

李正曉　長洲主簿。

楊光龍　海陽縣丞。

王同禧　高平驛丞。

徐　晟　漢中鳳縣巡檢。

葉日藍　廣東布政司經歷。

朱吉人　生員。松陽教諭。

徐觀垣　山東沂水典史。

趙循毅　廣東布政司照磨。

周啟商　邱縣典史。

王自昌　山東海豐典史。

王同玉　玉田典史。

王同詡　江南司獄。

李　昊　太和典史。

王起鴻　新喻典史。

金　元　綏德州吏目。
李鐘課　永定衛經歷。
金守起　新化典史。
林正台　興安州吏目。
林先春　大名府經歷。
周立志　安遠典史。
李邦樞　浮梁縣丞。
呂文超　進賢縣巡檢。
胡　琮　考授經歷。
李邦旐　如皋典史。
汪時沛　典史。
徐宗襜　經歷。
金　貴　台州水師僉事。
周若英　山西和順縣巡檢。
陳良椿　沁陽典史。
徐蕙昌　青浦縣巡檢。
翁遇榮　江西鉛山典史。
呂起化　縣丞。署泉州同安知縣。
李應儀　含山典史。
應　庚　江西新淦巡檢。
李　策　陽春巡檢。
李振升　湘潭縣丞。
李邦模　河西典史。
周立應　江寧府司獄。調陝西澄城典史。
周爾屏　廣東曲江典史。
胡宗銘　考授經歷。

此外前志又載三十餘人，祇載姓名，無職銜、任所，今已不能核實。姑仍其舊存之：

李初騰

張　元

俞秉謙

夏　霈

周永明

陳兆珂

周立恩

胡宗銓

陳鴻道

胡嘉謨

徐　恂

徐懋咸

潘呂賢

夏正中

方聖起

王文炎

李應疇

馬永錫

陳名世

俞士旂

徐　錦

鄧　珪

邵道齡

應毓蘭

徐　鼎

王文焯

丁　耀

牟聯璧

呂惟楠

陳　嶽

夏　蕙

馮啟忠

呂懋寬

陳有高

俞天全

呂文奎

應錫價　字繼藩。由經歷分發四川，歷署富順縣、分縣、鹽源縣知縣，廣安州知州。

程有壬　廣東西寧府典史。

潘燮元　廣東肇慶府古良驛巡檢。

李佩賢　署九江瑞昌縣典史。

胡鳳林　號竹溪。由監生授安徽候補巡檢，歷署含山縣運漕鎮巡檢、太湖縣典史。見政績。

應文蔚　字煥如。六品銜。署連江縣典史，補汀州武平縣永平寨巡檢。

林　巽　福建試用縣丞。

應萬青　字紹周。五品銜藍翎。分發江蘇署吳縣洞庭司巡檢。

張建成　字卓堂。試用從九。

徐望闉　字躋宮。試用從九。

應崇樸　字茂枝。試用從九。

應文瀾　字漪泉。江蘇試用從九。

應炳堃　候選布政司理問。

應德麟　字振趾。五品銜賞戴藍翎。江蘇候補典史。

應寶琮　字梧蓀。五品銜賞戴藍翎。江蘇候補巡檢。

胡宗廉　字子樵。同治末,由貢生歷保儘先補用知縣,升用直隸州知州、加同知銜,現江西候補知縣。

胡宗彥　字次樵。同治末,由貢生歷保同知補缺,後以知府用,現福建候補同知。

陳　鎔　江蘇試用縣丞。

應邦彥　字俊臣。儘先試用從九。

樓錫蕃　字紀屏。增生。湖北試用縣丞加三級。

胡瑞昌　字熙聞。候選分缺先巡檢,現分發湖北試用府經歷。

應寶鈞　字拱西。庠貢。候選府經歷。

武　科

國家設科以求勇略,非強有力,已也。聞鼓鼙之聲則思將師之臣,雖太平無事,武備可一日弛乎？祭弟孫雅歌投壺,羊叔子輕裘緩帶,儒將風流,折衝樽俎,於是取之,雖曰韜鈐安在,非詩書之澤哉！

進　士
宋

科分無考

周　登　太尉。

呂　渭　翰林幹辦。

呂鼎亨

國 朝

嘉慶十四年己巳　恩科

　　朱錫齡　貴州普安營守備。

道光三年癸未科

　　林瑞枝　字祥發。見武仕。

咸豐二年壬子　恩科

　　胡鳳鳴　字紫庭。癸丑補行，殿試欽點藍翎侍衛。見武仕。

同治十三年甲戌科

　　王國華　浙江衛用守備，補浙閩提塘。

光緒二年丁丑科

　　應濟川　字作楫。浙江營用守備。

光緒七年癸未科

　　應鳳儀　字韶九。浙江營用守備。

舉 人

宋

嘉熙四年庚子科

　　呂　櫄　字儀父。渭子。

明

崇正九年丙子科

　　單時敏　廣東中式。

國 朝

康熙二十三年甲子科

　　朱友善

康熙五十年辛卯科

　　　　陳啟心　　字晉卿。
康熙五十三年甲午科
　　　　金兆桂
康熙五十九年庚子科
　　　　應芝珣　　字友佩。山東濟寧衛千總。
雍正十年壬子科
　　　　盧文標　　字薦英。
乾隆元年丙辰　恩科
　　　　樓元關　　字次儀。
　　　　樓文略　　字彙升。
乾隆九年甲子科
　　　　周乾德　　字乾初。
　　　　金龍光　　字爾田。
乾隆十八年癸酉科
　　　　董大成　　提標。泉州左營守備。
乾隆二十七年壬午科
　　　　董大經　　安慶衛守備。
乾隆三十六年辛卯科
　　　　章崇邦　　字靜瀾。歷任江南徐州衛、山東臨清衛守備。
乾隆四十五年庚子科
　　　　林　嵩
乾隆五十一年丙午科
　　　　顏廷輝
乾隆五十三年戊申　恩科
　　　　程尚蛟　　字起鳳。浙江提標，右營水師。嘉慶辛未海寇蔡逆猖獗，隨浙江提督邱、福建提督玉（刻本如此）在漁山外洋，自八月十五歷三晝夜併力攻擊，身帶重傷，獲黨匪陳盼芍等三十九人，進兵勦之，巨寇遂平。以軍功恩賞搬指陞乍浦營參將，署瑞安協副將，補廣東龍門協副將，歷署黃巖鎮、定海鎮總兵。

乾隆五十九年甲寅　恩科

　　倪大魁　字占鰲。

嘉慶三年戊午科

　　朱錫齡　見進士。

嘉慶五年庚申　恩科

　　周師昕　字子明。

嘉慶六年辛酉科

　　周師潮　字信明。

　　池煥清　字景珠。任江南宿州衛千總。

嘉慶十三年戊辰　恩科

　　林一枝　字丹桂。見武仕。

　　陳守清　字以華。

嘉慶十五年庚午科

　　金望清

　　胡望勳　溫州府守營千總。

嘉慶二十一年丙子科

　　應世英　字國清。溫州大荊營把總。

　　程思忠　字合之。

　　應其昌　任壽昌把總。

　　池鳳林　字廷績。

嘉慶二十三年戊寅　恩科

　　林瑞枝　見進士。

　　吳斯高

　　程斯昌　任溫州左營把總，署右營千總。

　　胡殿揚

嘉慶二十四年已卯科

　　呂肇修

　　呂景坊

道光元年辛巳　恩科

　　林連枝

道光二年壬午科

　　林聚奎　衢州江山千總。

　　施殿名　字百泉。

道光五年乙酉科

　　胡秀林　字桂一。

　　胡望潮　字澄江。任安吉梅溪汛把總。

　　夏　霖

道光八年戊子科

　　胡蕙蘭　字公馥。

　　李鳳岐

道光十一年辛卯　恩科

　　厲點魁

　　應騰蛟

　　錢鳳鳴

道光十二年壬辰科

　　吳蔚文　號豹堂。歷署金協右營千總、東陽縣千總，陞任衢州鎮標右營千總

道光十四年甲午科

　　池鳳洲　字延翱。

　　馬步雲　字志梯。

　　王國興　任處州府右營千總。

道光十五年乙未　恩科

吳　湘　見武仕。

　　李雲飛

道光十七年丁酉科

　　王廷標　解元。

　　應　江　見武仕。

　　胡鳳儀　字聯飛。揀選衛千總加守禦所千總。

　　吳大邦　大挑二等，以千總用。見仕籍。

　　朱清標

　　周掌英　署上虞縣千總。

道光十九年己亥　恩科

　　施　膏

道光二十年庚子科

　　應　浩

道光二十三年癸卯科

　　胡鍾麟　見祠祀。

　　馬廷彪

　　徐廷榜　仕至本邑都司。

　　王文熊

道光二十四年甲辰　恩科

　　施步雲　解元。見忠節。

　　陳柏齡

　　厲國昌

　　林茂棠

　　池遇春

　　王殿魁　字奇偉。

道光二十六年丙午科

　　黃大容　見武仕。

胡鳳翱　號羽齋。揀選衛千總,授守禦所千總。　性端嚴剛決,見義勇爲。登科後,不干仕進,善承父母意,教督弟姪每以忠義相勗,一時掇巍科,登上將。鳳鳴、鳳離者後皆爲國捐軀,以忠節顯。亦翱有以獎成之。年七十七以壽終。

道光二十九年己酉科
　　胡鳳鳴　字岐西。見進士。
　　陳德心　見武仕。
　　應珪庭　字協璋。
　　施步鰲
　　陳萬清
　　林擷芳
　　林茂枝　任遂昌營把總。

咸豐元年辛亥　恩科
　　杜凰山　字梧岡。
　　朱鳴鏗　字爾點。
　　胡聚奎　號星甫。丙辰會試挑取二等,籤掣兵部差官。

咸豐二年壬子科
　　周鳳庭　字興邦。

咸豐九年己未　恩科
　　應觀濤　字仙舫。守備銜。
　　陳治平　字安邦。

同治四年乙丑補行辛酉正科並壬戌恩科
　　李宗周　字岐峯。
　　吳朝雄　字偉人。會試挑取二等,歸湖郡鎮標右營以千總用。
　　孫殿魁　字梅浦。
　　郎衛魁

同治六年丁卯補行甲子科

應濟川　見進士。

胡樹林　兵部差官。

黃顯元

陳其昌　字惟五。

施尊三

呂耀鷹　字佐姬。

杜馨蘭　字純香。

盧斯正　湖州籍兵部差官。

同治九年庚午科

應淩雲　字登之。

呂耀奎

吳逢榮　字春華。

呂鎮揚　字際飛。歸安籍。

姚　熊　字占飛。投標湖州効力，以把總用。

同治十二年癸酉科

王國華　見進士。

胡金和

應克猷　字偉元。

朱顯奎　字□山。

應鳳飛　歸安籍。

應裕桓　歸安籍。

光緒元年乙亥　恩科

應鳳儀　字韶九。見進士。

呂紹芳

光緒三年丙子科

應耀熊　字際飛。

應樹屏　字少藩。

盧紹箕　字升遠。投標金協効力，以把總用。

陳國楨　字佐平。

光緒五年己卯科

呂維城　字子宗。兵部差官。

光緒八年壬午科

胡國鈞　歸金華協標効力，以把總用。

周茂蘭　歸金協効力，以千總補用。

光緒十一年乙酉科

胡鎮崧　字景高。

應雄圖　字廷飛。

呂雄飛　字夢祥。

周鳴岡　字鳳梧。投標金華効力，以把總用。

光緒十四年戊子科

施繼常　湖州籍。

光緒十五年己丑　恩科

應熊飛　字興周。

應懋勳　字凱臣。

光緒十七年辛卯科

成永修　字懋德。

呂耀熊

賈鳴鏘

胡連昌　字岐山。

武仕籍（武仕）

姚守虞　廩貢。改杭衛指揮僉事轉正巡揮使。

胡之亮　福州水師營都司。

李懷唐　見忠節。

週一麟　南錦衣衛指揮。

王世愷　鎮撫。

牟士龍　見忠節。

黃　舉

王安邦　溫州都司。陞福建漳泉興總兵。

陳振邦　字君敏。南昌府左營遊擊。

俞文彬　參將。

國　朝

姚士懷　右營都司。

潘　杲　杭州撫標把總。

潘　潮　撫標把總。陞台州右營守備。

吳明裕　青田把總。

徐兆文　台州中營千總。

華正邦　處州鎮標。中營外委千總。

金朝陞　處州麗水外委。

金盛長　湖北龍山縣外委。

徐廷瑞　浙江撫標左營中軍守備。

程鶴齡　任乍浦左營把總。

程萬星　字大經。任乍浦水師協防廳。

林一枝　字丹崖。江南盧州衛千總。

林瑞枝　字雲葉。都司銜賞戴花翎。任閩浙提塘守備。

應　江　字望濤。千總，即補江西守備，打仗陣亡。入昭忠祠，見祠祀。

胡鳳鳴　見忠節。

胡鳳雛　見忠節。

黃大容　見忠節。

吳大邦　處州鎮標千總。丁酉舉人。署景寧汛千總，授松陽汛千總，升定海衛千總兼署城守營守備。

陳德心　舉人。歷署松陽、雲和把總，龍泉千總。

胡鳳標　字錦齋。由武生授杭協營千總。

胡天鳳　守備銜候補千總。

吳　湘　字克江。由舉人歷任遂昌、宣平把總。江南東流縣打仗陣亡。見①

姚雲彩　副將銜。賞戴花翎，補用參將。

徐騰蛟　本邑孝義汛外委。

徐永年　五品銜。任處標左營雲和協防廳。

杜林標　永康汛外委。

程樹愷　由貴州軍營歷保把總。

胡祖錫　襲蔭雲騎尉。歷署義烏汛及永仙巡防千總，現任金協右營候補守備。

黃雲標　五品銜。現任處標左營雲和縣協防廳。

樓尚巽　字德風。襲雲騎尉，金協右營候補守備，署理永康汛千總。

程殿金　乍浦營協防外委。

池同春　授淮安衛千總。

程鳳朝　授乍浦左營外委把總、右營外委千總。

胡鐘靈　由杭協水師營赴寧國防勦。賞戴藍翎加都司銜，題補太湖營守備。後以力戰陣亡，卹贈遊擊蔭一子。

謝鳳鳴　署武義汛把總、裏溪汛千總。

陳德剛　署永康汛外委。轉調東陽汛外委。

---

①　下缺。

吳柏枝　字長春。承襲雲騎尉，處州鎮標右營守備。

胡宗儔　字南山。承襲雲騎尉，金協右營候補守備，署理湯溪汛把總。

胡宗器　號國珍。光緒初由武生歷保千總儘先補用，加守備銜，賞戴藍翎。

王廷福　由軍功歷保六品把總，署東邑夾溪汛外委。

呂鑾庚　由軍功歷保五品藍翎候補把總，署武義汛把總。

周金玉　由軍功歷保五品藍翎儘先拔補把總。

金祖果　由軍功歷保千總儘先補用，賞戴藍翎。

周法林　五品藍翎儘先千總。

援　例

宋

陳良能　見辟薦。

呂　沂　見辟薦。

明

李　澡

金　銈　見舉人。

馬一龍

童　鏽

呂　欽

童如衍　見舉人。

應　臺

周　亮

應　珩
應景陽
應秋陽
呂瑞卿
童　汸
徐應賢
徐文璣　有文行，以子顯臣貴。贈文林郎。
徐文璿
曹文玠
呂應朝
呂應祥
呂　斌
徐一心
盧　周
應朝陽
王應潮
應　桂
王　彬
陳　彬
金應用
金應巽
俞　汎
程文謨
程文訓
曹　相
王　洪
王　洙

王　楷
徐文科
童如泌
王一鳳
呂應乾
程章冕
徐啟陽
朱天德
童汝耨
童汝耕
池　俊
章宗仁
呂　鶴
呂惟和
林　高
周應乾
周應朝
程章服
程章紳
程光祖
徐文述
徐文珠
徐文珪
徐文瑛
徐一陽
徐文耀
徐文炳

徐一謙

徐應寧

王宗燿　見封贈。

王宗華

朱尚醇

姚　湘

徐應熙

徐守綸

程明試　見文苑。

徐守經

徐廷相

陳應典　字汝思。

徐一鯉

徐萬遂

徐萬愛

徐一相

徐際時

陳士進　字君先。

陳士遠　字君毅。

周思敬

王宗炤

應守訥

王師召

徐宗禮

陳鴻典

王師賢

葉宗亮

徐宗銓
王世錫
王世悌
徐宗頤
徐宗順
胡士性
郎思仁
郎承恩　據府志補。
郎承德
黃兆麟
李國聘
朱爲綏
李長春
李正璨
倪光復

國　朝

徐懋韶　考授縣丞。
應雲從　考授州同。
徐　鐺　考授州同。見義行。
應居敬　考授州同。據府志補入。
王希曾
應康先　照府志，考授縣丞。
翁繼忭　考授州同。
應景皓
王同友
呂宣夔　考授州同。

徐之騄　廩貢。

胡克備

徐　銓

徐　珪

李惟選

陳元士　州同。

周君彝　州同。

呂　吉　考授州判。

李明峯　州同。見孝友。

胡宜疇

周之成

王所程

黃日隆

陳　旭　考授州同。

應鼎鰲

陳　疇　州同。康熙甲午武邑賑飢一月。

呂　旌　庠生。授州同。

呂啟升　庠生。授州判。

李　球

徐洪夏　考授州同。

應景儀

呂　熙　考授州同。

王端立

金　珉

潘文達　郡庠生。考授縣丞。

林昌熹

金兆位

徐大鰲
王　侯
陳應兆
高　仕
陳應光
楊光初　考授州同。
賈永銘
陳　昺
李兆元
施爾文　清軍廳。
陳伯彝　考授州同。
應　聞
施顯謨
徐　瑄
呂啟泰
徐　璞
陳秉義　考授州同。
陳希益　以上前志載例貢。
應鼎和　字介宜。附貢。見旌獎。
應鼎維　字新宜。例貢。見旌獎。
鮑祐錫　字旗章。庠生。授州同。
陳　璉　庠生。授州同。
陳　曇　府經歷。
翁仕珪　字如璧。州同。
胡啟岳　字南先。附貢。
林爾章　淮安通判。
胡克修　字憲教。例貢。

胡明徵　字獻如。州同。

施爾昌　字瑞宗，原名仁標。州同。

倪會龍　字位天。例貢。

盧　榔　州同。

胡宗岳　字大升。附貢。

周弈仲　州同。

俞　誠　字洪川。例貢。

陳　雄　庠生。授州同。

胡爾仁　字亦純。例貢。

徐錫璠　字煥章。州同。

林志誠　州同。

華守雲　字邦龍。例貢。

應　魁　例貢。

季肇基　例貢。

徐漢昭　字升衢。例貢。

林志孟　附貢。

陳騰蛟　字如廷。例貢。

胡光照　字戀容。州同。見旌獎。

應道先　字以登。例貢。

林昌惠　字迪彰。附貢。

陳泰宜　例貢。

應恒墀　字鳴玉。附貢。

呂永福　例貢。

金煥文　例貢。

金　鵬　字册儒。監生。江寧縣丞。

陳宗卿　州同。

方　際　例貢。

胡如殷　字商宅。附貢。
童士毅　字宏初。例貢。
胡元謹　字信先。例貢。
李紹鰲　例貢。
應友政　字正治。例貢。
徐　玨　字南渠。例貢。
胡承瑞　字祥章。例貢。見旌獎。
應芝琬　字友咸。例貢。
金載熊　例貢。
陳兆儀　字正夫。附貢。
倪會蛟　例貢。
應　珮　字玉侯。例貢。
應芳桂　字林一。例貢。
徐廷元　字獻朝。附貢。
胡承先　例貢。
倪會蚪　例貢。
董　儀　附貢。
朱廷枚　例貢。
倪廷標　字春臺。附貢。
施丙甲　例貢。
胡守功　例貢。
呂祖鑛　例貢。
金文疇　例貢。
徐　圭　字信侯。例貢。
陳　衡　附貢。
胡啟相　字相先。例貢。
陳　俠　字上升。附貢。見封贈。

金仕森　例貢。

徐　商　字商中。附貢。

應　梁　字克任。廩貢。篤學能文,兼工書法。

黃時三　字君乾。例貢。

徐友萃　字占聚。例貢。

朱思敬　例貢。

應清芬　字濟久。廩貢。鎮海訓導,陞山西澤州府經歷攝榆社縣事。

施寵梅　例貢。

吳明貴　例貢。

徐澍生　字聖疇。附貢。

程秉坤　例貢。

徐成一　字理先。州判。

徐　匡　字天允。例貢。

徐振瀟　字聖森。附貢。

程振運　例貢。

樓　敬　例貢。知縣陳薦孝廉方正。見封贈。

徐鴻英　例貢。

王永言　附貢。

程振潘　例貢。

胡廷偉　字魁臣。例貢。樂善好施,嘗捐田二十餘畝倡設族中崇文會。

呂涵喆　字再明。附貢。

駱光宗　例貢。

方昌泰　附貢。

呂涵兢　字載嚴。廩貢。

林兆鏗　例貢。

陳啟瑋　例貢。

胡日高　字公獻。例貢。

林兆沛　布政司理問。秉性孝友，好善樂施，撫養遺姪如子，修造學宮泮池。

陳韞德　字國珍。府經歷。

潘啟慎　例貢。

陳崇級　例貢。

金玉振　例貢。

潘啟榮　例貢。

章元圭　州同。

呂　儀　例貢。

徐聖元　例貢。

李兆志　例貢。

林兆勳　例貢。

李慶生　州同。

黃學拱　例貢。

呂　煒　例貢。見旌獎。

朱之亮　字聖彩。監生。遵江振例授都水司大使署四川漢州典史，補江西崇義縣巡檢。

呂盛朝　例貢。

李尚仁　例貢。

呂盛典　例貢。見旌獎。

吳翰祖　例貢。

王象賢　字敬承。例貢。

潘開第　附貢。

呂承鑑　例貢。

應　僑　字秀祥。附貢。授府經歷。

高　峻　例貢。

李若晏　附貢。

徐召棠　字美思。廩貢。

盧雲洛　字河之。例貢。

周召南　例貢。候選刑部司獄。

盧雲時　字汝芳。府經歷。

胡紹堂　字明章。附貢。

樓漸雲　字文科。例貢。

樓克明　字峻德。例貢。

胡紹堦　字華章。附貢。

胡文靖　字邦之。州同。嘉慶庚辰歲歉捐銀三百兩，又出廩米，以濟族人。捨棺數十年不倦。

施仁詩　例貢。

樓望仙　字滌凡。庠生。授州同，勅授儒林郎。嘗割腴田二十畝以崇祀，嘉慶辛未歲旱出金數百買穀賑飢。

章應魁　字連元。州同。

應世朝　字正夫。州同。嘉慶庚辰歲歉捐銀四百兩、壬辰輸穀二百石以濟族中貧乏者，又捐田二十餘畝倡立族中培文會。

王宗裕　州同，勅授儒林郎。

潘國祥　字亦發。州同。

應道種　字蘭畹。州同。急公尚義，倡捐千秋、康濟、望西等橋及荊山、芝英道路，所費共千餘金。

方茂傑　例貢。見封贈。

應錫价　庠生。分發四川經歷。

潘國賓　字亦嘉。廩貢。

金　鋥　州同。

馬宏箋　字鶯書。例貢。

吕茂泗　例貢。

應　釗　庠生。分發安徽典史。

徐獻廷　字聖恩。州同。

胡南枝　號酉山。附貢生。見孝友。

應　鴻　字克宗。附貢。

朱光道　字岸登。增貢。

胡　基　字文開。附貢。

應有典　例貢。

陳世謙　字德光。例貢。

胡繼新　字化之。附貢。

朱天士　例貢。

李雲灝　字貯源。附貢。

孔廣燃　按察司知事。

方國華　字豹文。附貢。授州同加二級。

李蔚文　字煇炳。附貢。授州同。

陳修法　例貢。嘉慶甲戌同里失火延燒數十家，出貲三百餘金以賙恤之。

謝星茂　例貢。

朱　璉　字爾商。例貢。嘉慶庚辰歲歉出粟賑鄉閭。

成光時　例貢。

潘國昌　字階平。附貢。廣西武宣縣典史。

盧恒山　字朝卿。布政司理問。

董元瑛　例貢。

周秉天　例貢。

應鍾全　州同。

任佳然　例貢。

程　蘭　遵豫東例候銓縣丞。

施戀德　例貢。

呂廷標　字珪璋。州同。

呂伯槃　例貢。

鄭　筠　字性逸。州同。見旌獎。

朱廷機　字君謨。州同。

呂士超　字慕賢。州同。

徐啟瓊　字開英。州同。

吳文武　字偃修。由例貢授州同。

馬宏簾　州同。敕授儒林郎。

金玉意　例貢。

李載章　例貢。

任成高　例貢。見旌獎。

黃雙鯉　例貢。

陳昌灝　例貢。

黃忠日　字永升。例貢。

厲期華　字協之。例貢。

施夢三　字筆枝。附貢。

俞洪貴　字廷先。例貢。

陸其祥　例貢。

李佩賢　署江西瑞昌縣典史。

李　梅　字占春。州同。

范立侯　例貢。

徐慕庚　字景良。附貢。

胡爾譜　字普之。例貢。

樓仕祥　字美意。例貢。

樓孟和　字靜一。例貢。

王維精　字心傳。州同加二級。見旌獎。

胡仁模　字良正。附貢。見封贈。

應壽椿　字邦達。大興廩膳生。遵籌備事宜例改本籍候選訓導。

章安哲　字旭成。布政司理問。

胡師望　字丹箴。附貢。

陳昌意　字誠謂。例貢。

胡兆駒　字仲昂。例貢。

以上照前志。

廩　貢

胡文棣　殉難,見祠祀。

胡鳳岡　見忠節。

王士華　字竺三。同治壬戌殉難,見祠祀。

胡瑞蘭　字國香。殉難,見祠祀。

徐紀堂　字樹元。以孝友爲本。事後母一如其生母,弟姪女妹亦盡篤愛。尊敬師傅,終始如一。性器最好善而不諧俗,處朋友以義,與人不藏怒、不宿怨,處事饒有才智,秉持公心,如庖丁屠牛,奏刀砉然,迎刃而解,若新發於硎。所習時藝最精,秋試凡十五科,膺薦者七,堂備者五,其命也夫！知者咸惋惜焉。

徐鶴廷　字兆芝。

徐廷颺　字載賡。

應惟寅　字秋畬。

李夢熊　字際飛。

池中馨　字惟德。

王葆真　字欽甫。署建德縣訓導。

盧鼎銓　字鑑甫。

徐景夔　字熙舞。

胡朝正　字平坡。

王韻鏗　字鳴巒。

呂曉青　字呈瑞。

夏惟叙　字功甫。

胡正佩　字德垂。

應榮祖　字迪光。性孝友，少失怙恃，撫恤幼弟寡妹咸自周備，外家亦俱盡恩誼，而體貌和婉。族中講呂新吾先生鄉約亦與立社。生平與人重然諾，取與廉而有制。學校推爲佳士，鄉縣目以端人，倡造倉頡等廟亦與有力焉。俄以旬日而卒，士論惜之。

王昌期　字蔭三。

應保民　字卓成。

酈師丹　字鏡銘。

章炳文　字省卿。

程炳勳　字德昭。

陳燦然　字羽儀。

陳觀瀾　字文波。

王振春　字載陽。

吳秀芝　字子祥。

程崇瀾　字秋帆。

王鍾銘　字維新。

胡思繼　字子承。

樓　榮　字少蘭。

程崇雙　字藍璧。

程敬鎔　字寶珊。

夏惟滋　字少華。

庠　貢

徐　輗　字履平。附貢。選授嚴州府建德訓導。

徐世謨　附貢。

吕佩薇　字紫對。增貢。

郎寶英　字巨川。附貢。

王壽昌　字朋三。附貢。

陳宗甫　字少川。附貢。

李國珍　附貢。

林　丹　字秋子。附貢。

金世恩

方位棠　附貢。

林三德　字疇六。附貢。

王大鏞　字際鳴。附貢。

王大錕　字赤鋙。附貢。

李維藩　附貢。

施中林　增貢。

施寶恩

胡重申

陳鳳書　字文瑞。壬戌殉難。見祠祀。

胡鳳丹　號月樵。見薦舉。

胡宗廉　號子樵。見仕籍。

黄　鼇　字秀山。增貢。

胡宗荆　號筱樵。附貢。江蘇試用通判。

應德孚　字信邦。

徐自新　字盟心。

周錫鈞　字德星。

胡師望

程化琴　字克升。

程文源　字載璇。

程崇春　字育萬。
應峻瞻　字尊光。
陸鴻儀　增貢。
褚步墀　字奏嘉。
朱　英　字振采。
吳鳴謙　字載謙。
吳誠一　字思精。
李邦亨　字建徵。

　　　　　　　監　貢

呂佩瑤　字耀西。
呂雲水　字濟霖。
姚炳朝
徐英鏗
應榮琪
沈桂林　字枝一。
陳繼韶
陳繼華　現年八十六。
舒　鑾
王育川　字西廬。
傅汝昌
陳樹猷　字升佐。
徐正開　字調元。
陳方震　字位東。
徐陳旺
傅紹甫　字端齋。
徐秉禮　字敬堂。

陳進銓
王妙加
裘兆梧
謝汝沂
陳其海　字鏡秋。
陳偉合　字佩蘭。
陳爾熊　字以永。
徐心坦　字履平。
胡瑞芝　字毓秀。
王大錦　字君美。
王永多　字益之。
王永洄　字日初。
王恩浹　字潤恩。
王逢辛　字牣靈。
王大成　字韶甫。見祠祀。
王護條　字建南。
王護橺　字獻青。
呂汝芳
呂起緒
胡月貢　殉難。見祠祀。
陳文標
張文寶
孫禮興
胡履祥
童定邦
徐志鈺
金立有　字德齊。

呂觀眸　字審齋。
施茂葉
施正選
施濟時
施明柳
施國鳳
施廷玉
吕价人
童忠達　字立亭。
童文光
成丙寅
胡承祥
王保恩
王景純　字介甫。
曹閏生　字麗泉。見耆壽。
童忠齊　字整齋。
李鳳周　字鳴岐。
徐國球
李景完　字如書。
李宏賢　字登選。
李順德
俞　芳　字蘭玉。
俞經章　字耀文。
盧源淵　字炳回。
盧源祠　字炳裔。
應秉甫　字端如。
胡名揚　字聲溢。

胡思海　字朝宗。
胡秀淼　字寶書。
呂洪袍　字繡文。
呂伯頭　字秀枝。
呂　滿
呂仲載　字允傳。
呂茂旺
朱廷幹
陳鳳翔　字聖瑞。
黃國祥
黃顯起
黃國珍
黃安山
黃鎮中　殉難。見忠節。
陳其祥
周　愚
黃儒喜
黃公湊
賈天一
周新賢
夏永疇
朱鳳鳴　字際唐。
朱文春
朱元勤　字儉章。
朱聚和　號順卿。
陳應敏　字衛賢。
任元謹

賈茂貢　字曉峯。
胡宗彥　字次樵。見仕籍。
應雲龍　字聲華。
應崇儒　字見心。
應崇意　字宜誠。
應文齊　字蔚卿。
厲天寶　字金鳳。
駱世元　字超亨。
陳兆謙
夏茂序
徐俊時
盧嗣紀
杜賢琨
杜德輝
胡修泉
黃際炎
胡廣有　字作肅。
黃延瑞
吳道蓬
吳崇怡　字達和。
程兆哲
程兆思　字邱九。
程志成　字集之。
程志榛　字懷西。
程志蒙　字式發。
程崇三　字華封。
程志雛

程時綿
程法富
胡彩恩
葉兆志
李文桂　字馨山。
任成高
章　連
章正成
章桂玉
葉達通
李新忠
吳雙虞　字際唐。
陳開軒　字昂如。
李贊襄
李永升　字達三。
李聚儉
陳開珍
胡戀調
陸其祥
胡錫鶴
王誠明　字性甫。
王承恩
黃光道　字惟一。
陳作霖　字韶稰。
陳舜韶　字紹唐。
陳汝樑　字國楨。
呂景培　字栽之。

陳錦明　字正遠。
陳茂雷　字獻琛。
鄭崇玗　字如玉。
陳啟瑞　辛酉壬戌，與黃鼇帶領民團堅防壬山，保守無恙。
陳守烏
孔昭明
孔昭絅
鄭國清
馬斯鴻
陳正遠

職　銜

徐泰亨　字彙占。州同。
王邦昌　增貢。考授州同。
呂尚文　字郁夫。州同。五品銜。
汪德龍　字周美。州同。
徐蔭棠　字學南。州同。
徐文華　字振聲。州同。
朱克仕　州同。
陳士洲　字步瀛。州同。
梅樓清　字潔夫。州同。
朱景清　布經歷。
程禧文　州同。
姚方正　州同。
金式威　州同。
田新貴　州同。
李佩璟　州同。

呂維鏞　州同。

胡良仕　州同。

王鍾閣　字石渠。州同。

樓卿雲　字舜賡。翰林院待詔。

樓　高　字集齋。州同。

項載和　布政理問。

王金星　州同。

呂福澤　字潤卿。同知。

施國璋　州同。

胡大璋　字聖達。州同。

胡斯彦　字爾俊。州同。

呂文鏞　州同。

陳連城　字瑞玉。州同。

陳洪有　字望荆。州同。

胡鎮綱　字炳文。翰林待詔。

曹濟時　字若霖。州同。

應德礽　大理寺評事。

應文杏　字春圃。布理問。

應德華　候選縣丞。

應德宣　光禄寺署正。

應毓廣　字壽齡。州同。

陳鳳山　字聖躋。布理問。

盧正心　字廷舒。州同。

杜占元　字文儒。州同。

胡文芝　州同。

程尚瑞　州同。

應開嬌　州同。

程崇首　字德始。州同。

程鳳蛟　州同。

程志選　州同。

應蔚文　州同。

程純一　州同。

任啟滿　州同。見議叙。

朱茂純　州同。

王文富　州同。

吳榮睦　字景修。州同。

黃玉山　字雨峯。布經歷。

黃　綬　字印若。州同加三級。見封贈。

黃光昌　字秀峯。州同。

黃光烈　字承武。州同。

黃光大　字充閭。州同。見封贈。

黃徵葵　字業成。布理問。見封贈。

樓啟謹　字慎思。州同加二級。見封贈。

范世芳　州同。

盧壽椿　字介祺。州同。同治癸亥出粟九十餘石以資賑濟。

陳齊伸　字君引。州同。

陳燦謨　字迪文。州同。

陳憲情　布理問。

周新樑　字樟菴。州同。咸豐壬子縣大旱，沐湯侯詳請奉準恩賜冬春二賑撥給漕米。時粵逆聲勢熾，邑人具有難色。新樑特馳到淮安，結領到杭，紳士夏燃青、王永洲、胡珍博等後得由杭結領到縣，散給飢户，全活者衆。

王慶愛　字克仁。州同。才幹寬綽，尚義急公。咸、同間若賑饑、團勇諸義舉，皆力襄助焉。

孫國香　州同。

武援例

周　鐀　字正成。衛千總。

倪廷相　字給章。武生。授衛千總。

倪廷楷　字鑑章。武生。授衛千總。

樓　楹　由監生授都司。

樓望江　字若瀾。由武生授衛守備。嘉慶辛未、庚辰歲歉，出粟賑鄉閭，又製棉衣百餘領以衣寒者。

方登第　武生。授衛千總。

徐慕謙　字景之。由監生授衛千總。見旌獎。

孫洪羅　授營千總。

林寶辰　營守備。

林熊飛　營千總。

應淩霄　字鵬沖。武生。授都司銜。

王一清　字翼之。由武生授千總。

黃光國　字用賓。授都司銜。

金步榮　授千總銜。

恩　蔭

宋

胡　湘

胡　淮

胡　淮　俱則子。都指揮使。

胡　穆　則孫。雍州推官。

樓　　垍　金紫光禄大夫。
樓　　城　俱炤子。湖南參議。
林　　籥　大中從子。迪功郎。
林　　楷　迪功郎。
林　　樅　江南運司主管文事。
林　　栻　歸安主簿。俱大中孫。
林子熙　將仕郎。
林子點　監鼓院。俱大中曾孫。
應巽之　機宜。
應服之　丹徒知縣。俱孟明孫。
應文鼎　純之子。從事郎。
章　　渙　服子。官通直郎，分宜宰。
應紹祖　松鑑子。江陰縣尉。
章大任　廣東提刑。
章大忠　沿海制置內機。俱服孫。
吳思齊　見忠節。
李文鎮　衛子。安撫僉事。
呂　　燾　澤父。節制軍馬。以外祖屬仲方蔭。
胡　　桌　之綱子。欽州司法參軍。
樓　　招　官運屬。炤弟。
樓　　塤　淳安令。

明

徐師皋　讚孫。太平知府。進階中憲大夫致仕。
王秉銓　崇子。上林苑監丞。
王秉鑑　崇子。金華所指揮使。
王秉鑰　崇子。淮府長史。

程光裕　文德孫。南京前府都事。
徐宗書　學顔子。由增廣生。見耆壽。
方　瑛　天順間累功封南和侯。謚忠襄。
盧　瓊　鎮撫。得子。襲安陸衛鎮撫調蘭州衛。
盧　本　得孫。陞甘州左指揮僉事調肅州衛。
盧　貴　本子。
盧　政　本孫。繼襲。

國　朝

吳柏枝　湘子。字長春。恩襲雲騎尉。處州鎮標右營候補守備。
應裕彪　江嗣子。以儒童襲雲騎尉候補守備。
李亨池　維楨繼子。承襲雲騎尉世職。
舒　羆　福慶子。承襲雲騎尉。
胡斯祐　浩子。蔭襲雲騎尉。分發金協右營候補守備。
陳祖貽　字繼謀。以祖鳳書蔭襲雲騎尉。後改光祿寺典簿。
胡逢慶　衢甫子。世襲雲騎尉。分發金協右營候補守備。
胡祖錫　坤子。襲雲騎尉。署義烏汛及八保汛千總。見武仕。
胡斯端　以父鍾靈蔭襲雲騎尉。杭協水師營効用，補太湖守備。
胡宗傳　鳳鳴繼子。字南山。承襲雲騎尉。金協右營候補守備。見武仕。
樓尚巽　庠生。式金繼子。承襲雲騎尉世職。見武仕。
胡體仁　瑞蘭子。庠生。兼襲雲騎尉世職。
胡敬將　鎮周子。附生。承蔭縣主簿。
程蔚然　雲從孫。承襲雲騎尉。
施繼忠　步雲子。承襲雲騎尉。金華協候補守備。
陳毓萬　字章甫。郡庠生。以父信熊兼襲雲騎尉。
陳進颺　字載賡。以父樹人蔭承襲鹽知事。

胡宗伊　字耕莘。鳳恩長子。承襲雲騎尉世職。
姚振琪　字玉珊。占薰子。襲雲騎尉世職。
應德明　寶時子。襲正三品蔭生。庚寅考授太常寺博士。
胡燦英　以父偉烈蔭襲鹽知事銜。以主簿用。
陳進環　以父樹瓊蔭承襲雲騎尉。
章金珠　起松孫。蔭襲雲騎尉。
呂正成　字晶三。耀丁子。承襲縣主簿。
呂金河　字禹九。周詳子。襲蔭縣主簿。
徐聯芳　邑庠生。以父世傑蔭承襲雲騎尉。

封　贈

宋

胡承師　則父。贈吏部郎中。
應　氏　則母。贈永寧郡太君。
陳　氏　則妻。封潁川郡君。
林　祿　大中曾祖。贈太子少保。
陳　氏　大中曾祖母。贈咸寧郡夫人。
林　邦　大中祖。贈太子少傅。
姚　氏　大中祖母。贈高平郡夫人。
林茂臣　大中父。贈太子少師。
李　氏　大中母。贈信安郡夫人。
趙　氏　大中妻。贈永嘉郡夫人。
樓　洙　炤父。贈太師。
姚　氏　炤母。贈越國太君。
章　氏　炤妻。贈安國夫人。

章　俁　　服父。贈朝散大夫。
陳、應氏　服母。並贈太宜人。
陳、鄭氏　服妻。並贈宜人。
應　立　　孟明祖。贈正奉大夫。
陸、邵氏　孟明祖母。並贈碩人。
應　濤　　孟明父。贈朝請大夫。
周　氏　　孟明母。贈令人。
林　氏　　孟明妻。贈衛國夫人。
胡　惇　　邦直父。贈中散大夫。

明

謝仲德　　忱父。贈御史。
應、方氏　忱母。一贈太孺人，一封太孺人。
王　氏　　忱妻。封孺人。
施孟善　　信父。贈評事。
王　氏　　信母。贈孺人。
邵　氏　　信妻。封孺人。
施永縉　　良父。贈署正。
呂　氏　　良母。贈孺人。
胡　氏　　良妻。封孺人。
童宗盛　　信父。封主事。
詹　氏　　信母。封太安人。
陳　氏　　信妻。封安人。
章　仁　　嵩父。封署正。
盧　氏　　嵩母。封太孺人。
徐　氏　　嵩妻。封孺人。
趙存祐　　艮父。贈給事中。

徐　氏　艮母。贈太孺人。

應　氏　艮妻。封孺人。

胡永明　鎮父。贈經歷。

趙　氏　鎮母。封太孺人。

趙　氏　鎮妻。贈孺人。

胡叔盛　瑛父。封評事。

應　氏　瑛母。封太孺人。

呂　氏　瑛妻。封孺人。

徐仕家　沂父。封給事中。

樓　氏　沂母。封太孺人。

應、蔣氏　沂妻。一贈孺人，一封孺人。

程　堅　銈父、文德祖。封評事贈吏部侍郎。

方　氏　銈母、文德祖母。贈太孺人加太淑人。

程　銈　見進士。以子文德貴加贈吏部侍郎。

趙　氏　銈妻、文德母。封孺人加贈太淑人。

潘　氏　文德妻。封淑人。

徐氏朗　讚祖。贈都察院右副都御史。

顏　氏　讚祖母。贈太淑人。

徐　憲　讚父。贈都察院右副都御史。

程　氏　讚母。封太淑人。

黃　氏　讚妻。封淑人。

俞文治　敬父。贈主事。

楊　氏　敬母。贈太安人。

楊　氏　敬妻。封安人。

周　儔　文光父。封御史。

陳　氏　文光母。封太孺人。

孫　氏　文光妻。封孺人。

朱　隆　方父。贈郎中。

胡　氏　方母。贈太宜人。

王　氏　方妻。封宜人。

應尚德　照父。贈文林郎。

呂、王氏　照母。並贈太孺人。

程、虞氏　照妻。一贈孺人，一封孺人。

應　曙　廷育父。贈主事。

樓　氏　廷育母。封太安人。

池　氏　廷育妻。封安人。

俞　洪　玘父。贈文林郎。

張　氏　玘母。贈太孺人。

周　氏　玘妻。封孺人。

曹　勝　贊父。贈文林郎。

樓　氏　贊母。贈太孺人。

董　氏　贊妻。封孺人。

王　福　崇祖。贈兵部左侍郎。

方　氏　崇祖母。贈太淑人。

王　科　崇父。封吏科給事中，贈兵部左侍郎。

李　氏　崇母。封太孺人贈太淑人。

謝　氏　崇妻。封孺人贈淑人。

程　氏　崇妻。封淑人。

趙　機　鑾父。封郎中。

孫　氏　鑾母。封太宜人。

朱、童氏　鑾妻。一贈宜人，一封宜人。

胡　機　大經父。贈文林郎。

張　氏　大經母。贈太孺人。

程　氏　大經妻。封孺人。

李　檸　鴻父。贈文林郎。

楊　氏　鴻母。贈太孺人。

朱　氏　鴻妻。封孺人。

吳　海　九經父。贈主事。

李　氏　九經母。贈太安人。

王　氏　九經妻。封安人。

徐　時　文通父。封參議。

孫　氏　文通母。封安人贈恭人。

趙　氏　文通妻。封安人晉封恭人。

呂　瓚　欽父。封員外郎。

周　氏　欽母。封太安人。

朱、朱氏　欽妻。並贈安人。

李　氏　欽妻。封安人。

周　鍾　聚星父。封郎中。

王　氏　聚星母。封太宜人。

王　氏　聚星妻。封宜人。

徐文璧　師皋、師稷、師夔父。有文行，嘗著師古訓言。以師皋貴贈太平知府。

應　氏　師皋母。贈恭人。

俞　氏　師稷母。贈孺人。

葉、盧氏　師皋妻。一贈恭人，一封恭人。

曹　氏　師皋妻。封孺人。

程　麟　正誼祖。贈四川左布政。

楊　氏　正誼祖母。贈太夫人。

程　梓　正誼父。贈四川左布政。

孫　氏　正誼母。贈太夫人。

吳　氏　正誼妻。封夫人。

徐文燦　師張父。封文林郎。
陳　氏　師張母。贈孺人。
吕　氏　師張妻。贈孺人。
黄　珪　卷父。封中書舍人。見耆壽。
胡　氏　卷母。封太孺人。
孫　氏　卷妻。封孺人。
郝　氏　卷妻。以子一鶚貴封太孺人。
徐　氏　一鶚妻。封孺人。撫庶子，克有容德。
徐文沛　世芳父。贈文林郎。多善行。
俞　氏　世芳母。贈太孺人。
潘　氏　世芳妻。贈孺人。
王　氏　世芳妻。封孺人。
李　氏　贈僉事徐學顏妻。贈宜人。
應尚端　典父。贈兵部主事。
李　氏　典母。封太安人。
朱　氏　典妻。封安人。
周　氏　王秉銓妻。贈孺人。
朱　氏　王秉鏗妻。封宜人。
黄　氏　王秉鑰妻。封安人。
程章袞　光裕父。封南京太常寺典簿。
徐　氏　光裕母。封太孺人。
趙、盧氏　光裕妻。並封孺人。
徐文郁　一本父。貤封南京石城門千户所吏目。
應　昱　本泉父。封南京兵部典牧所提領。
朱思道　仲智父。贈中憲大夫。
陳　氏　仲智母。贈太恭人。
胡　氏　仲智妻。贈恭人。

周　勳　鳳岐父。贈屯田司主事。
徐、孫氏　鳳岐母。並贈太安人。
徐、楊氏　鳳岐妻。並贈恭人。
徐一楠　可期父。贈徵仕郎行人司行人。
應　氏　可期母。贈太孺人。
施　氏　可期妻。封孺人晉宜人。
王宗燿　世德祖。贈湖廣右布政。
應　氏　世德祖母。贈太夫人。
王師周　世德父。贈湖廣右布政。
杜　氏　世德母。贈太夫人。
周、邵氏　世德妻。並贈夫人。
汪　氏　世德妻。贈夫人。
周　濼　九臯父。贈江西參政。
吳　氏　九臯母。封太安人。
孫　氏　九臯妻。封孺人。
邊　氏　光爕妻。封安人。
侯　氏　光夏妻。封安人。
徐文訓　一桂父。贈文林郎。
王　氏　一桂母。贈太孺人。
周　泩　懋良父。贈徵仕郎。
呂　氏　懋良母。贈太孺人。
應　氏　懋良妻。封孺人。
呂九疇　應兆父。贈將仕郎。
薛　氏　應兆母。贈孺人。
周廷奇　思敬父。贈徵仕郎。
應　氏　思敬母。贈太孺人。
應　氏　思敬妻。封孺人。

盧仲傳　元始父。贈文林郎。
王　氏　元始母。封太孺人。
周　氏　元始妻。封孺人。
徐懋學　明勳父。贈文林郎。
李　氏　明勳母。封太孺人。
朱　氏　明勳妻。封孺人。
周　氏　汪宏海妻。封孺人。
徐德泰　隆父。封文林郎。
胡　氏　隆母。封孺人。
馬　氏　隆妻。封孺人。

國　朝

俞應貫　有斐父。敕贈文林郎。照府志補入。
呂、徐氏　有斐母。並敕封太孺人。
程懋銓　開業祖。郡庠生。貤贈中憲大夫。
徐氏、王氏、呂氏　開業祖母。並貤贈恭人。
程衍初　開業父。增廣生。誥贈中憲大夫。
王　氏　開業母。誥封太恭人。
陳　氏　開業妻。誥封恭人。
王　氏　兆選妻，敕封孺人。尚濂母，敕贈太孺人。
應、鮑氏　尚濂妻。一贈孺人，一封孺人。
樓惟馴　秉詡父。貤贈修職郎。
陳　氏　秉詡母。貤贈孺人。
應　清　煒祖。貤贈文林郎。
朱　氏　煒祖母。貤贈孺人。
應　椿　煒父。敕贈文林郎。
徐　氏　煒母。敕贈太孺人。

施恩光　鳴九父。貤贈修職郎。
馬氏、江氏、陸氏　鳴九母。並貤贈孺人。
徐　位　蕘父。貤贈修職郎。
俞、張氏　蕘母。並貤贈孺人。
李　氏　蕘母。貤封孺人。
李若宜　雲耀父。貤贈修職郎。
呂、郎氏　雲耀母。並貤贈孺人。
盧　湛　槃父。增廣生。貤贈修職郎。
胡　氏　槃母。貤贈孺人。
李　雕　作瞻父。貤贈修職郎。
金　氏　作瞻母。貤贈孺人。
俞九晨　玉韜父。贈文林郎。
周、胡氏　玉韜母。並贈太孺人。
應鼎維　清芬父。貤贈修職郎。
呂　氏　清芬母。貤贈孺人。
徐士儀　璐父。貤贈登仕郎。
李、許氏　璐母。並貤贈孺人。
呂家祚　如灝父。貤贈登仕郎。
胡　氏　如灝母。貤贈孺人。
應紹恪　芝暉父。貤贈修職郎。
程　氏　芝暉母。貤贈孺人。
應六諭　正祿父。貤贈修職郎。
胡氏、黃氏、鄒氏　正祿母。並貤贈孺人。
周大年　咨詢父。貤贈修職郎。
徐　氏　咨詢母。貤封孺人。
黃尚燦　兆基父。貤贈修職郎。
胡　氏　兆基母。貤贈孺人。

應國良　曙霞祖。貤贈文林郎。

吕　氏　曙霞祖母。貤贈孺人。

應成秀　曙霞父。敕贈文林郎晉贈朝議大夫。

曹　氏　曙霞母。敕贈太孺人晉贈太恭人。

倪　氏　曙霞妻。誥封恭人。

潘景韶　國詔祖。庠生。貤贈文林郎晉贈奉直大夫。

樓、姚氏　國詔祖母。並貤贈孺人晉贈宜人。

潘開旺　國詔父。廩膳生。敕贈文林郎晉贈奉直大夫。

徐　氏　國詔母。敕封太孺人晉封太宜人。

李　氏　國詔妻。敕封孺人誥封宜人。

潘開甲　國徵父。郡庠生。貤贈修職郎。

樓　氏　國徵母。貤贈孺人。

陳　俠　應藩祖。貤贈奉直大夫。

吕、金氏　應藩祖母。並貤贈宜人。

陳士清　應藩胞叔父。貤贈文林郎。

徐、王氏　應藩胞叔母。貤贈孺人。

陳士穎　應藩父。庠生。敕封文林郎晉封奉直大夫。

王　氏　應藩母。敕贈太孺人晉贈太宜人。

王　氏　應藩妻。敕封孺人。

徐榮祖　炳父。貤贈登仕佐郎。

應　氏　炳母。貤封孺人。

樓　敬　望仙父。敕贈儒林郎。

黃　氏　望仙母。敕贈太安人。

應　氏　望仙妻。勅封安人。

王廷章　宗裕父。勅贈儒林郎。

吕　氏　宗裕母。敕贈太安人。

吕　氏　宗裕妻。敕封安人。

方爾雄　國華祖。貤贈奉直大夫。

唐　氏　國華祖母。貤贈宜人。

方茂傑　國華父。誥贈奉直大夫。

倪　氏　國華母。誥贈太宜人。

馬廷芳　宏簾父。敕贈儒林郎。

陳　氏　宏簾母。敕封太安人。

王、李氏　宏簾妻。一贈安人，一封安人。

盧鴻昌　鳳詔祖父。貤贈儒林郎。

朱　氏　鳳詔祖母。貤贈孺人。

盧雲時　鳳詔父。府經歷。敕贈儒林郎。

杜　氏　鳳詔母。貤贈孺人。

胡毓焕　錫土祖。貤贈儒林郎。

徐氏、陳氏、程氏　錫土祖母。貤贈安人。

胡正瑷　庠生。錫土父。敕贈儒林郎。

程　氏　錫土母。敕贈安人。

王鳳東　鍾佩父。敕贈儒林郎。

徐　氏　鍾佩母。敕贈安人。

周　氏　鍾佩妻。敕封安人。

徐正修　世傑祖父。貤贈奉政大夫。

吕　氏　世傑祖母。貤贈宜人。

徐啟順　世傑父。誥贈奉政大夫。

沈　氏　世傑母。誥贈宜人。

應志琮　寶時曾祖父。誥贈光禄大夫。

盧　氏　寶時曾祖母。誥贈一品夫人。

應　筠　寶時祖父。庠生。湯陰縣典史。誥贈光禄大夫。

倪　氏　寶時祖母。誥贈一品夫人。

應壽椿　寶時父。廩貢生。雲和縣教諭。誥贈光禄大夫。

朱　氏　寶時母。誥封一品夫人。

劉　氏　寶時庶母。貤封夫人。

夏、淩氏　寶時妻。誥贈一品夫人。

劉　氏　寶時三繼妻。誥封夫人。

胡友怡　鳳丹曾祖父。太學生。誥贈通奉大夫，晉贈光祿大夫。

王　氏　鳳丹曾祖母。誥贈夫人，晉贈一品夫人。

胡南枝　鳳丹祖父。附貢生。誥贈中議大夫，晉贈通奉大夫，累贈光祿大夫。

李　氏　鳳丹祖母。誥贈淑人，贈夫人，累贈一品夫人。

胡仁楷　鳳丹父。太學生。誥贈中議大夫，晉贈通奉大夫，累贈光祿大夫。

施　氏　鳳丹母。誥封淑人，晉贈夫人，累贈一品夫人。

鄭、宋氏　鳳丹妻。誥贈一品夫人，誥封一品夫人。

胡仁模　鳳丹、鳳岡胞伯父。附貢生。貤贈修職郎，晉贈通奉大夫。

李　氏　鳳丹、鳳岡胞伯母。貤封孺人，晉封夫人。

胡鳳林　鳳丹胞兄。安徽巡檢。貤封通奉大夫。

童　氏　鳳丹胞嫂。貤封夫人。

應崇阮　寶時叔父。貤贈通奉大夫。

楊、楊氏　寶時叔母。貤贈淑人。

應志榮　參申祖父。貤贈修職郎。

吳　氏　參申祖母。貤贈孺人。

應學煊　參申父。貤贈修職郎。

程　氏　參申母。貤贈孺人。

應志庠　振緒祖。庠生。貤贈中憲大夫。

程、阮氏　振緒祖母。貤贈恭人。

應思超　振緒父。誥封中憲大夫。

胡　氏　振緒母。誥封恭人。

陳　　氏　　振緒妻。誥封宜人。
應振麟　　振緒胞兄。貤贈中憲大夫。
胡　　氏　　振緒胞嫂。貤贈恭人。
施美輪　　胡鳳丹外祖父。貤贈通奉大夫。
楊　　氏　　胡鳳丹外祖母。貤贈夫人。
鄭咸林　　胡鳳丹妻父。貤贈資政大夫。
王　　氏　　胡鳳丹妻母。貤封夫人。
胡能渡　　摺中胞伯祖父。貤贈奉直大夫。
王　　氏　　摺中胞伯祖母。貤贈宜人。
胡煥潛　　摺中祖父。貤贈奉政大夫。
應　　氏　　摺中祖母。貤贈宜人。
胡瑞輝　　摺中父。誥贈奉政大夫。
應　　氏　　摺中母。誥贈宜人。
應、李氏　　摺中妻。一誥贈宜人，一誥封宜人。
徐國才　　汝銓祖父。貤贈徵仕郎。
周　　氏　　汝銓祖母。貤贈孺人。
徐嗣淹　　汝銓父。太學生。敕贈徵仕郎。
翁　　氏　　汝銓母。敕封孺人。
應志敬　　文瀾祖父。貤贈奉直大夫。
施　　氏　　文瀾祖母。貤贈宜人。
應學良　　文瀾父。誥贈奉直大夫。
葉、施氏　　文瀾母。並贈宜人。
胡文登　　應振緒外祖父。貤贈朝議大夫。
李、朱氏，章、林氏　　應振緒外祖母。並貤贈恭人。
盧同業　　壽椿祖父。誥贈奉直大夫。
邵　　氏　　壽椿祖母。誥贈宜人。
盧茂淹　　壽椿父。誥贈奉直大夫。

陳、吕氏　壽椿母。誥贈宜人。
黃耀南　鼇祖父。貤贈修職郎。
陳　氏　鼇祖母。貤封孺人。
應學秋　文杏祖。貤贈儒林郎。
何　氏　文杏祖母。貤贈安人。
應崇梓　文杏父。敕封儒林郎。
盧　氏　文杏母。敕封安人。
胡洪榜　斯彥本生祖。貤贈儒林郎。
徐、吕氏　斯彥本生祖母。貤贈安人。
胡洪模　斯彥祖父。貤贈儒林郎。
朱　氏　斯彥祖母。貤贈安人。
胡成謙　斯彥父。敕贈儒林郎。
程、黃氏　斯彥母。敕贈安人。
黃　鴻　綏父。歲貢生。誥授奉直大夫。
任　氏　綏母。誥贈宜人。
厲　氏　綏妻。誥封宜人。
黃克綏　徵葵祖父。監生。貤贈儒林郎。
樓　氏　徵葵祖母。貤贈安人。
黃　茂　徵葵父。敕贈儒林郎。
樓　氏　徵葵母。敕封安人。
黃翊甲　光大父。敕贈儒林郎。
樓　氏　光大母。敕贈安人。
任、陳氏　光大妻。敕贈安人，敕封安人。
樓　械　錫蕃祖。庠生。貤贈儒林郎。
徐、陳氏　錫蕃祖母。貤贈安人。
樓泰交　錫蕃父。庠生。敕贈儒林郎。
胡　氏　錫蕃母。敕封安人。

呂經理　福澤祖父。邑庠生。貤贈朝議大夫。

胡　氏　福澤祖母。貤贈太恭人。

呂　銧　福澤父。邑庠生。誥贈朝議大夫。

朱　氏　福澤母。誥贈太恭人。

吳國進　榮睦祖父。貤贈儒林郎。

李　氏　榮睦祖母。貤贈孺人。

吳曾瑞　榮睦父。敕贈儒林郎。

章　氏　榮睦母。敕贈孺人。

樓　栁　啟謹父。監生，八品議叙。誥贈奉直大夫。

李　氏　啟謹母。誥贈宜人。

王　氏　啟謹妻。誥封宜人。

程春元　禧文祖父。貤贈奉直大夫。

章、雷氏　禧文祖母。貤贈宜人。

程立庭　禧文父。誥贈奉直大夫。

鄭　氏　禧文母。誥贈宜人。

汪、鄭、韓氏　禧文妻。誥贈、封宜人。

程立銘　禧文伯父。貤贈奉直大夫。

王、方氏　禧文伯母。貤贈宜人。

應啟憑　崇樸父。貤贈登仕郎。

盧　氏　崇樸母。貤贈孺人。

胡廣昭　朝琛祖。貤贈登仕郎。

葉、王氏　朝琛祖母。貤贈孺人。

姚思尹　方政祖父。貤贈儒林郎。

方　氏　方政祖母。貤贈安人。

姚景珍　方政父。敕贈儒林郎。

應　氏　方政母。敕贈安人。

胡爾譜　文芝祖。例貢。貤贈儒林郎。

俞　氏　　文芝祖母。貤贈孺人。

胡雲軒　　文芝父。貤贈儒林郎。

周、吳氏　文芝母。貤贈孺人。

應雄文　　蔚文兄。貤贈儒林郎。

呂、李氏　蔚文嫂。貤贈孺人，貤封孺人。

朱瑞宦　　克仕祖。貤贈儒林郎。

李、羅、陳氏　克仕祖母。貤贈安人。

朱　瀾　　克仕父。敕贈儒林郎。

陳　氏　　克仕母。敕贈安人。

呂一登　　佩蔥父。貤贈修職郎。

李　氏　　佩蔥母。貤贈孺人。

曹德化　　濟時祖。貤封儒林郎。

陳、徐氏　並濟時祖母。貤封安人。

曹茂東　　濟時父。敕封儒林郎。

胡、章氏　並濟時母。敕封安人。

武封贈

董士羲　　大成父。誥封武德騎尉。

徐、金氏　大成母。並贈太宜人。

胡　氏　　大成母。誥封太宜人。

李　氏　　大成妻。誥封宜人。

程立就　　尚蛟祖。誥贈武義都尉。

黃　氏　　尚蛟祖母。誥贈太淑人。

程宜祥　　尚蛟父。誥贈武義都尉。

厲　氏　　尚蛟母。誥贈太淑人。

王、陸氏　尚蛟妻。一贈淑人，一封淑人。

徐明德　　廷瑞祖。貤贈武德騎尉。

胡　　氏　廷瑞祖母。貤贈宜人。

徐珽先　廷瑞父。誥贈武德騎尉。

胡　　氏　廷瑞母。誥贈太宜人。

朱、唐氏　廷瑞妻。一贈宜人，一封宜人。

朱文龍　錫齡祖。貤贈武德騎尉。

傅　　氏　錫齡祖母。貤贈宜人。

朱廷魁　錫齡父。武生。誥封武信騎尉。

應　　氏　錫齡母。誥贈太宜人。

胡茂榮　望勳祖。貤贈武略騎尉。

夏　　氏　望勳祖母。貤贈安人。

胡錫鸞　望勳父。敕贈武略騎尉。

林　　氏　望勳母。敕贈太安人。

華士德　正邦父。貤贈奮武校尉。

李　　氏　正邦母。貤贈孺人。

池彩文　煥清祖。貤贈武略佐騎尉。

應　　氏　煥清祖母。貤贈安人。

池正榮　煥清父。敕贈武略佐騎尉。

陳、魏氏　煥清母。敕贈太安人。

胡　　氏　煥清妻。勅封安人。

應銘先　世英祖。貤贈武信騎尉。

李　　氏　世英祖母。貤贈孺人。

應齊玉　世英父。敕封武信騎尉。

顏　　氏　世英母。敕贈太孺人。

胡兆志　望潮祖。貤贈武信騎尉。

王、應氏　望潮祖母。並貤贈孺人。

胡洪印　望潮父。敕贈武信騎尉。

王　　氏　望潮母。敕贈太孺人。

程尚虹　鶴齡父。貤封奮武校尉。
胡　氏　鶴齡母。貤封孺人。
林肇鏗　一枝祖。貤贈武略騎尉。
陳、夏氏　一枝祖母。並貤贈安人。
朱　氏　一枝妻　敕封安人。
林　崑　瑞枝父。誥贈武德騎尉。
裘　氏　瑞枝母。誥贈宜人。
裘　氏　瑞枝妻。誥封宜人。
盧春和　斯正祖。貤贈昭武都尉。
章　氏　斯正祖母。貤贈恭人。
盧嗣颺　斯正父。誥封宣武都尉。
陳　氏　斯正母。誥封恭人。
胡士林　斯祐祖。貤贈武德騎尉。
應　氏　斯祐祖母。貤贈宜人。
胡　浩　斯祐父。誥贈武德騎尉。
應　氏　斯祐母。誥贈宜人。
胡爾賢　祖錫祖。貤贈武德騎尉。
盧　氏　祖錫祖母。貤贈宜人。
胡　坤　祖錫父。誥贈武德騎尉。
呂　氏　祖錫母。誥贈宜人。
胡文徵　樹林祖。貤贈武德騎尉。
朱、陳、應、樓氏　樹林祖母。並貤贈宜人。
胡朝彝　樹林父。誥贈武德騎尉。
應　氏　樹林母。誥封宜人。
胡樹榕　樹林兄。貤封武德騎尉。
王　氏　樹林嫂。貤封宜人。
應志歲　凌霄祖。貤贈昭武都尉。

程、徐氏　凌霄祖母。並貤贈恭人。

應學聖　凌霄父。誥封昭武都尉。

錢　氏　凌霄母。誥封恭人。

吳有興　湘父。敕贈武信騎尉。

程、沈氏　湘母。並贈宜人。

吳學雍　湘兄。誥封武信騎尉。

周　氏　湘嫂。誥封宜人。

王永春　國華祖。貤贈宣武都尉。

應、李氏　國華祖母。貤贈恭人。

王樂漣　國華父。誥贈宣武都尉。

李　氏　國華母。誥贈恭人。

呂仲耳　維城生父。貤封武德騎尉。

朱　氏　維城生母。貤贈宜人。

呂仲講　維城父。誥贈武德騎尉。

朱　氏　維城母。誥贈宜人。

旌　獎

明

正統四年出粟一千石助賑者，敕旌爲義民，給帑建坊。凡六人

　　王孟俊　見義行。

　　陳公署　名職，以字行。

　　陳積安　見薦舉。

　　徐伯良

　　金盛宗　見義行。

　　施茂盛

以上乾隆間並祀忠義祠。

正統十四年處寇猖獗，兵部尚書孫原貞奉敕勸諭，出粟三百石者，賜冠帶。凡一十三人
　　樓永達　周養中　施坦然　方大成　施孟高　呂仲玉　陳　琦　黃季龍　黃養浩　胡伯中　朱仲南　朱叔文　陳孟昇

成化元年奉勅勸民出粟二百五十石者，授七品散官。凡七人
　　王良政　李希俊　朱以禮　朱孟積　徐孟達　施仲華　呂仲通

　　王思退　家裕，急於濟人，所周急不可勝紀。嘗輸粟於官。朝廷璽書褒焉。
　　徐德美　捐資築後清堰併郭坦塘壩，院司獎焉。乾隆二年崇祀忠義祠。
　　倪　禧　有尚義坊。
以上前志載義民。

國　朝

康熙四十年
　　王　沃　輸粟四百助賑，詔入監肄業。

康熙六十年饑，出粟助賑，布政司傅澤淵獎以"義可型方"額。凡七人
　　應鼎和　見孝友。
　　陳明懷　家故貧，行傭以供母，鄰里稱孝。晚以勤儉起家，好行其德。捐粟三百石助賑，又嘗建涼亭以息行旅。
　　應鼎維　見封贈。
　　應宗壽　乾隆丙寅又捐社穀五百石，丁丑歲，浸設廠宗祠，請示

平糶，族中德之。布政司表曰"施惠枌榆"。

  胡繼蘊　以上五人各捐粟三百石。

  徐養松　捐米二百八十石。

  徐於敏　捐粟二百石。

  夏安仲　捐粟三百石。巡撫獎曰"惠施鴻雁"。

  陳守默　庠生。雍正十一年，其鄉鄰有積逋者，代輸百餘兩。學使者表曰"德冠膠庠"。

乾隆十六年旱，知縣楊瑛捐賑巡撫覺羅雅題請分別議敘

  倪會龍　輸粟一千石，授化州吏目。

  胡光照　輸金千兩，由州同職議敘縣丞。

  王國本　輸金八百兩，以吏目銓選。

  呂盛典　輸金五百兩，由例貢議敘主簿。又捐數百金建方巖飛橋石欄，且置田儲粟，令子孫世修焉。

  華守佐　輸金二百兩，授八品銜。乾隆辛巳饑，又捐三百金買粟賑濟。郡守楊表曰"惠及桑梓"。

  胡廷桂　由邑庠恩授貢生。

  徐友栻　授九品銜。

  是年助賑，照戶部具題冊內尚有胡瑞倬、朱茂槱、鄭凌雲、施飛鴻、呂煒、應開璋六人，其捐數職銜無考，姑附錄其名。

乾隆十六年

  黃芳球

  陳啟時　各捐銀二百兩。司道給匾獎焉。

  鄧如度　設廠為粥以食餓者，凡三閱月。

  胡承瑞　設粥廠於家祠以濟飢民，歷四十日。

徐洪德　捐粟一百四十石。以上三人知縣楊瑛給匾獎勵。

乾隆十七年知縣楊瑛捐建社倉
　　鄧登雲　字昭龍。先捐倉基並建倉銀三百三十兩，倉成，捐穀一千餘石爲倡。當道題請議敘以吏目銓選。

乾隆二十三年
　　王載琦　輸粟三百石助賑，議敘吏目。是年並前康熙四十年助賑者，多不可考，今據採訪簿載之。

　　呂海壽　嘉慶十八年捐銀七百兩助修金華試院，郡守吳廷琛獎曰"義心拔俗"。

道光十二年，紳士捐資建復育嬰堂，撫院富奏請分別議敘：
　　王鍾佩　捐銀一千四百餘兩，授鹽知事職。

　　王儒璋　急公尚議，嘗倡修西津、康濟等橋並道路寺觀，捐資不下二千餘金；
　　周兆禮　性端方，不妄言語，道光庚寅出貲一百二十餘金製衣以衣寒者；
　　俞廷學　徐　行　呂尚選　馬宏箴　王逢春　華成謨　金倬雲　馬宏籌　翁佩環
　　以上十一人，捐銀七百餘兩至五百餘兩並授八品銜；王儒璋、周兆禮、俞廷學、徐行、呂尚選、馬宏籌六人並以董事加紀錄二次。
　　徐慕謙　捐銀五百餘兩紀錄二次，董事加紀錄二次。

　　張有星　任成高　徐振德　徐雙貴　徐正開　胡正科　林鎮藩

沈如鈺　徐望瀛　陳紹虞　李載林　王允修　鄭咸林

以上十三人，捐銀四百餘兩至三百餘兩並授八品銜；陳紹虞、王允修並以董事加紀錄二次。

鄭　筠　徐鍾英　王惟精　以上三人董事紀錄二次。

胡永載　周師賢　沈錫瑤　胡正登　徐振揚　倪爲鴻　盧炳彪　徐志錦　謝之恩　盧景施　以上十人董事並授九品銜。

州同王惟精母陳氏　捐助育嬰堂銀一千餘兩，道光十二年賜帑建"好善樂施"坊。

州同胡文靖妻王氏　捐助育嬰堂銀五百餘兩，巡撫富給"推慈保赤"。

道光十五年歲饑，邑侯廖勸捐賑濟：

吳文武　捐銀四百兩。撫憲給"濟困撫危"匾。

吳志嘉　捐銀四百兩。撫憲給"麥舟矢志"匾。

陳鳳儀　捐銀四百兩。撫憲給"協濟桑梓"匾。

盧鳳詔　捐銀四百兩。撫憲給"惠賙梓里"匾。見義行。

胡南枝　輸錢二百餘緡以賑鄰里。金衢嚴道德褒以"誼篤桑梓"匾。

咸豐二年旱大歉，知縣湯成烈捐賑巡撫題請分別議叙：

沈治源　鹽知事銜。

姚思尹　陳汝超　祝　疇　郎寶珍　郎寶善　郎文翰　郎寶三　周文定　徐　引　金　鍔　金　鑾　以上十一名助銀千兩及四五百兩以上者均給予八品頂戴。

方成典　黃維城　樓　梆　胡宗炤　吳尚櫺　任啟滿　王文德　陳安椿　王永芳　林茂達　盧嗣榿　盧贊襄　李福謙　田志榮　田

志明　呂永銘　呂際唐　王永昌　王華國　王定國　王葆霖　王晉昌　易汝章　范邦宗　胡建邦　胡佐邦　范世芬　林啟國　馬正和　徐汝鎔　金音　金秀三　方成銓　王恩海　應殿焜　樓登雲　胡洪樵　葉梅屏　李遇春　章起占　胡錫法　洪業芸　胡洪田　胡洪蘭　李騰飛　洪業藩　李文清　王廉泉　杜德華　應榮鑾　以上五十名捐銀二百兩以上者均給予九品頂戴。

　　二品命婦胡仁模妻李氏　助賑四百金。知縣湯襃以"慈善女師"匾。

　　胡仁楷、胡鳳丹　捐助考試卷資及義塾經費。於光緒八年六月奉旨敕建父子尚義坊。

　　一品命婦胡仁楷妻施氏　咸豐五年添助縣府院試卷資議田，於光緒八年巡撫陳奏獎給予"樂善好施"匾。又諸子鳳翱等光緒六年遵母遺命助直賑銀壹千兩。十月奉旨敕建樂善好施坊。

　　庠生胡鳳韶　同治三年遺產捐助鄉會試卷資議田，於光緒八年巡撫陳奏獎給予"樂善好施"匾。

　　胡鳳丹　光緒間獨力捐建邑試院。於十三年奉旨建急公好義坊。並奉撫憲給予在場監工出力之廩生胡宗衡、文童應德成、監生呂正拱、從九應成祖等"贊襄宣勞"匾。

助貲育嬰名氏

　　前志載育嬰膺獎名氏，自修志後業經兵燹，所有戊戌以來捐鉅貲者案卷等項一切無存，其獎敘今依育嬰堂簿記錄入之：

　　王耕心堂　捐錢壹千千文。

　　王允修　捐錢捌佰十六千文。

　　王惟精　捐錢伍佰零八千文。

　　王松培　王鍾傑　王士多　馬正良　洪寓　王鍾期　祝濤　呂尚興　王邦德　陳殿熊　以上捐錢三佰餘千文。

王鍾賢　王邦經　王邦玙　郎占盛　徐思親　胡鳳梧　徐澤順　張文積　應惟瑾　陳文欽　樓　椿　以上捐錢三佰千文。

胡鳳麟　陳憲璜　陳大經　翁希贊　胡迪彝堂　樓仕賀　徐雙貴　周永春　以上捐錢壹佰餘千文。

選　尚

宋

翁應龍　尚理宗景陽公主。贈金紫光祿大夫、正治卿。葬邑南黃霧山。

翁應麒　尚理宗永嘉郡王郡主。贈樞密都督。墓在三都大夫山。

邵　賜　宋駙馬。崇寧元年勅贈吏部尚書，立廟下邵。墓在土名石馬山。

陳　瑾　金紫光祿大夫、上柱國。尚滕王第二女金堂郡主。

明

徐共學　儀賓尚遼王府泉陵郡主。

唐宋元永康縣職官新考補正

徐立斌

據《宋書》卷三十五《州郡志一》載："永康令,赤烏八年,分烏傷上浦立",這應該是現存最古老的官方準確記述。① 至今已有1779年之久。

有縣,便有了縣令和其他縣官。

康熙三十七年《永康縣志》卷之九宦表中寫到"自有此邑,即有邑令,然自赤烏至今,令此者,多湮没不彰。即有傳者,名焉而已,然亦什伯中之一二也"。② 以竭力"網羅散失"的(光緒)《永康縣志》計,歷代《永康縣志》三國吴至隋朝中有記録的縣令僅6人。唐代有記載的只有10人。按照《唐六典》,唐朝官員"凡居官,以年爲考","四考爲限",也就是說四年的任期一滿,將從新選任崗位。歷代縣志的記載與此相比是顯然欠缺的。"是何缺軼之多而流傳者若是其少矣?""此無他,志傳不存,文獻無徵故也"③,主要的原因就是因爲歷代文獻的湮没。

這兩年來,筆者發現了幾篇墓誌銘、譜牒等歷史文獻,對永康唐宋元三代的縣令、縣丞、縣尉等職官資訊有了一些新的發現,對於永康在唐宋元三代當中的社會發展和歷史進程,也能從這些歷史文獻中,窺見一斑。當然最重要的是對今後的修志,將是一個重要的補充。

---

① 盧敦基:(正德)《永康縣志》前言,《永康文獻叢書》上海古籍出版社2022年版第3頁。
② 盧敦基:(康熙三十七年)《永康縣志》卷九,《永康文獻叢書》上海古籍出版社2022年版第148頁。
③ 同前(康熙三十七年)《永康縣志》,第148頁。

唐代：

一、縣令高善安。《大唐故永康令高府君墓誌銘》："君諱善安，字元殖，渤海蓨人也。……貞觀三年授益州倉曹，除婺州永康宰。粵以顯慶元年五月八日，奄終里第，時年六十二"。據此高善安貞觀三年（629）授任永康縣令。

二、縣令何武。《唐故鄧州司戶參軍何府君墓誌銘并序》："府君諱浩，字□□，廬江灊人也。曾王父武，婺州永康縣令。……以永泰二年薨，春秋五十二。"據此墓主何浩的曾祖父何武，曾任永康縣令，何武於永泰二年（766）去世，出生於開元二年（714），據此推算何武任永康知縣的時間應該更早。

三、縣令盧元臣。《大唐故同州司士參軍先府君墓誌銘並序》："先府君諱混之，姓崔氏……，開元十六年（728）二月十九日，告終官舍，時年卅。……先夫人范陽盧氏，永康縣令諱元臣長女。"開元間無其他永康縣重名，所以擬定盧元臣爲婺州永康縣令。

四、縣令張澹。《唐故朝議郎行婺州永康縣令上柱國張公墓志銘并序》："公諱澹，字景輝，隴西敦煌郡人也，……父邕，溫州刺史。……四考上考，遷永康縣令，……三年在位，一邑稱賢。"張澹於大中八年（854）四月三十日卒，時年六十九歲。

（唐永康縣令張澹墓誌蓋拓片，偃師出土）

五、縣丞薛偉。《大唐故河東薛府君墓誌銘并序》,"公諱偉,字虛受,河東汾陽人。……貞元十九年以明經及第,解褐授睦州桐廬縣尉,二命婺州永康丞,……以大中十年(856)三月十四日疫歿於昭應縣私第,享年七十四。"據此,薛偉於貞元十九年(803)後任永康縣丞。

宋代:

(現行張氏宗譜卷首:張著公像)

一、縣令張著。歷代縣志均有記載,但生平較略,今發現清代清河堂重修現行張氏宗譜載《宋七世筠州知州鄉賢著公像》及《行略》抄錄部分如下:"七世祖諱著,字少微,行廿四,繼鴻公長子,府君自幼穎異,既冠,進上庠,習詞學,湛經術,登宋徽宗崇寧三年癸未霍友榜進士,及強而仕。授從事郎改宣教郎,知婺州永康縣,又遷開封府少尹,擢江東運判。永康縣有白馬廟,世俗奔走嚴事,而不在祀典,府君毀之。取其材以營官舍,山洞日百蠻寇盜所聚,剪除之,俾無遺類,民得以安。"

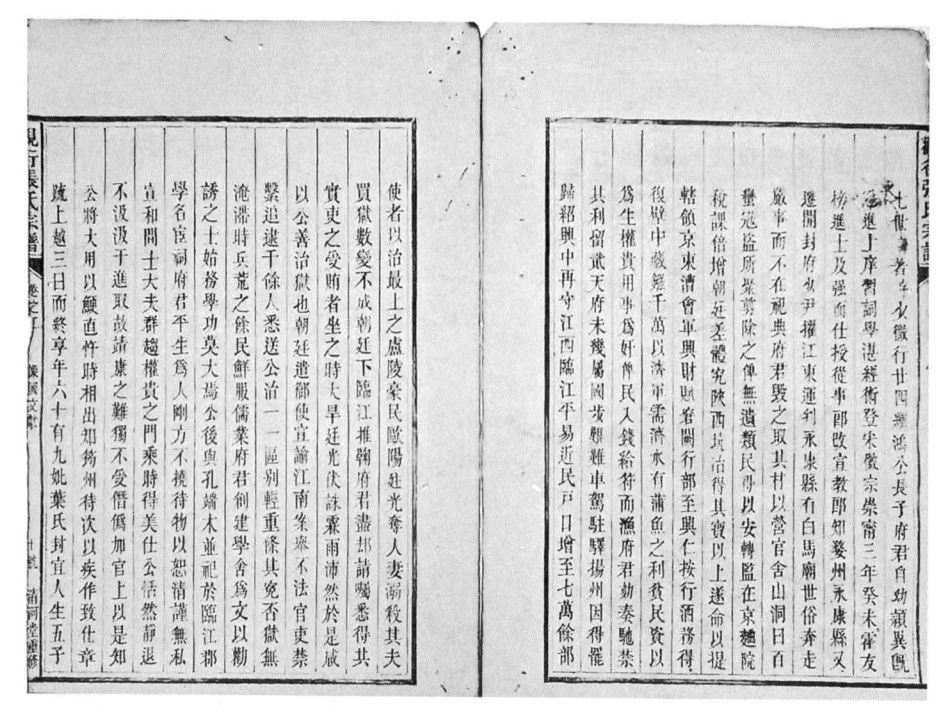

（現行張氏宗譜卷之一：張著公行狀）

二、縣令何處信。據《何處信妻留氏壙誌》："故孺人留氏,名妙清,世居處之青田。紹熙癸丑三月二十日生孺人於紹興……。及筓,歸於我。紹定三月己未寅時終於臨安旅舍,年三十有七。……余治邑永康,事夥日不給,孺人凡委瑣靡密,以身任之,故余得悉意盡職……。"壙誌1960年左右出土於麗水大港頭鎮,作者何處信爲墓主夫君,據此可知,何處信在紹定二年（1229）前任永康知縣。

三、縣令周因。據《邵陽郡丞周府君因墓誌銘》（周必大《平園續稿》卷二三）："高宗皇帝紹興二十一年放進士榜矣,里中同升四人,曰孟覺、彥瞻、辰告及予也。……孟覺諱因,姓周氏,吉州安福縣翔鸞鄉應福里人……。孝宗覃恩,循文林郎。……改宣教郎、知婺州永康縣,轉奉議郎,未至,丁母憂。"據此周因與墓誌作者周必大爲同鄉同榜進士,宋孝宗間,任永康知縣。

四、縣丞高子津。據《有宋楚國太夫人周氏墓誌銘》(《東甌金石志》卷六):"夫人姓周氏,開封人,故少傅、感德軍節度使、充萬壽觀使、贈太師、諡忠節高公諱世則之夫人也……。孫男七人,長子津,承事郎;……子津知婺州永康縣丞……"據此,高子津爲永康縣丞。

五、縣尉吳頓。據《朝請郎湖南轉運判官吳君墓誌銘》(黃庭堅《山谷全書》正集卷三十):"公諱革,字孚道,魏夏津人。……父諱頓,婺州永康尉,嘗有陰德,永康紀之……"吳革於元祐三年(1088)四月歿於官,享年五十有三。據此其父吳頓爲永康縣尉。

六、縣尉王回。據《提刑徽猷檢正王公墓誌銘》(楊萬里《誠齋集》卷一二五):"公初入太學,名聲彰徹。登紹興甲戌第,曆婺州永康縣尉,……。以疾請老,再得祠祿,積官至朝議大夫。享年七十有二,卒於正寢,實紹熙三年十二月二十有九日也。在永康以明稱,太守汪尚書聖錫尤器之,每事委公,邑人稱平。又爲之修學校,教生徒,老則教以慈,少則教以悌,有感慨流涕者。"據此王回應在紹興甲戌年(1154)中進士後不久便到永康擔任縣尉,並有德政。

元代:

呂懋。據《水西翁呂公墓誌銘》:"府君諱汲,字仲修,姓呂氏。呂氏於婺爲著姓,而非一族,人因以其所居地望爲別。居永康縣之太平鄉者,號太平呂氏。……父諱懋,咸淳間嘗與計偕試禮部。入皇朝,版授知永康縣,至元十五年也。"據此呂懋於至元十五年(1278)任永康縣尹(達魯花赤由蒙古人擔任),而歷代縣志均載爲呂鑰,今據《黃文獻集》、《全元文》修正。

這上述十二位職官新考和補正,是我在這些年重點關注的一個課題,當然對他們的研究僅限於任職的經歷,而内容的來源也主要是相關的墓誌銘的發掘考證。對此研究的成果,一方面可以在今後修志時予以及時的補充,另外一方面也抛磚引玉,讓更多的專家學者可以作爲研究永康歷史發展掌握一手資料,畢竟這些職官,在永康建縣(市)近 1 800 年的歷史長河當中,都爲這片土地留下了耕耘的痕迹。

徐立斌

2023 年 7 月 2 日完稿於學古齋

録以備考
（摘録志中宜專題參閲、有待深究或需糾正之文字）

沿革。永邑曾置縉州、麗州？

　　永康爲金華屬縣，去府城東南一百一十里，在禹貢揚州之域，蓋荒服地也。天文爲女宿分野。春秋時爲越西界，越七世爲楚所併。秦滅楚爲會稽郡。漢以來名烏傷縣。吴赤烏八年，分烏傷之上浦鄉爲永康，寶鼎元年分會稽置東陽郡，而縣隸焉。晉、宋、齊、梁、陳因之。隋開皇九年，入革吴寧縣。即今金華縣。隋末復爲永康縣。唐武德四年，即縣地置麗州，徙縣治於城之北。八年，州革，縣復舊治，隸婺州。天授二年，分縣之西境立武義縣。大曆十二年，升爲望縣。《九域志》爲繁縣。元爲中縣，屬婺州路。國朝改婺州路爲金華府，縣仍屬焉。沿革之大略如此云。（見正德志第21頁）

　　永康縣，《禹貢》爲揚州之域。春秋爲於越之西南鄙。戰國併於楚。秦罷封建，置郡縣，爲會稽郡之烏傷縣地。漢因之，分屬會稽西部都尉。三國吴赤烏八年，分烏傷之上浦鄉置永康縣，其有縣始此。寶鼎元年，即會稽之西郡置東陽郡，而縣屬焉。晉、宋因之。梁、陳屬金華郡。金華即東陽改名也。隋開皇九年，縣省入吴寧縣，尋復置。唐武德四年，即縣置麗州，以縣及縉雲縣屬之。八年，州革，縣屬婺州金華郡，隸江南東道。天授二年，析縣之西境，置武義縣。五代吴越屬武勝軍節度府。宋屬婺州保寧軍，隸兩浙東路。元屬婺州路總管府,隸江浙行中書省。戊戌年,明克婺城,縣歸附,屬寧越府。後定,屬金華府,隸浙江布政司。國朝仍明舊制。(見康熙徐志第1—2頁)

永康縣爲金華府屬邑,屬《禹貢》揚州之域。《周禮》:揚州之山鎮曰會稽,在紹興府城東南,禹會諸侯計功於此,命曰會稽。夏少康封庶子無餘於會稽,號於越。越句踐六世後爲楚威王所併。秦滅楚,分吳越地,始置會稽郡,屬吳,領縣二十四,而烏傷隸焉。漢興,封劉濞王吳地,在封内。濞誅,仍隸會稽郡。順帝永建四年,以吳越地廣,分浙江以西爲吳郡,以東爲會稽郡。三國吳赤烏八年,分烏傷之上浦鄉置永康縣,其有縣始此。吳寶鼎元年,始分會稽郡之西部,置東陽郡,領縣九:長山、太末、烏傷、永康、信安、吳寧、豐安、定陽、遂昌。晉、宋、齊因之。梁武帝改置金華郡,改會稽郡爲越州,置總管府,改東陽郡爲婺州,隸越州。隋開皇九年,縣省入吳寧縣,尋復置。唐武德四年,割永康爲麗州,以縣及縉雲縣屬之。八年,州革,縣屬婺州。天寶元年,復曰東陽郡,領金華、義烏、永康、東陽、蘭谿、武成①六縣。肅宗乾元元年,復改東陽郡爲婺州。唐末爲吳越王錢鏐所據。石晉天福四年,升武勝軍節度,錢氏又升武勝府及大都督府。宋太祖興國三年,錢俶納土,吳越國除,仍爲婺州武勝軍,隸兩浙東路。淳化元年,改武勝爲保寧軍。元至元十四年,改爲婺州路。明洪武初,改爲寧越府。壬寅,仍改寧越爲金華府,領縣七:金華、蘭谿、東陽、義烏、永康、武義、浦江。成化七年,增置湯溪縣,隸浙江布政司。國朝因之。《唐會要》云:大曆十一年升爲望縣。《九域志》爲緊縣。元爲中縣。(見康熙沈志第1—2頁)

永康縣爲金華府屬邑。吳赤烏八年,分烏傷縣上浦鄉置永康縣,

---

① 編注:後稱武義。

隸會稽郡。寶鼎元年，分會稽之西部，置東陽郡，縣屬焉。晉、宋、齊因之。梁改東陽郡爲婺州，陳因之，又爲金華郡。隋又改置婺州，縣仍屬焉。開皇九年，縣省，入吳寧，尋復置。唐武德中，即縣置麗州，以縣及縉雲縣屬之。八年，州廢，縣仍屬婺州金華郡，隸江南東道。天授二年，析縣之西境置武義縣。五代吳越屬武勝軍節度府。宋屬婺州保寧軍，隸兩浙東路。元屬婺州路。明洪武初改爲寧越府。壬寅，仍改寧越爲金華府，領金華、蘭谿、東陽、義烏、永康、武義、浦江七縣。成化七年，增置湯溪縣，隸浙江布政司。國朝因之。（見道光志第2頁）

永康縣爲金華府所屬邑。吳赤烏八年，分烏傷縣上浦鄉，置永康縣，隸會稽郡。寶鼎元年，分會稽之西部，置東陽郡，縣屬焉。晉、宋、齊因之。梁升縣爲縉州，領東陽郡。陳永定三年，即郡置縉州，縣仍舊名，如故屬。隋又改置婺州，縣仍屬焉。開皇九年，縣省入吳寧，尋復置。唐武德中，即縣置麗州。八年，州廢，縣仍屬婺州金華郡，隸江南東道。天授二年，析縣之西境置武義縣。萬歲登封元年，又析縣東南地置縉雲縣。五代吳越屬武勝軍節度。宋屬婺州保寧軍，隸兩浙東路。元屬婺州路。明洪武初，改爲寧越府。壬寅，仍改寧越爲金華府，領金華、蘭谿、東陽、義烏、永康、武義、浦江七縣。成化七年，增置湯溪縣，隸浙江布政司。國朝因之。（見光緒志第2—3頁）

附載

永康舊爲金華屬邑，在禹貢揚州之域。春秋戰國爲越地。吳赤烏間分烏傷之上浦鄉置永康縣，隸會稽郡。寶鼎初，分會稽之西部置東陽郡，縣屬焉。至蕭梁，升縣爲縉州。領東陽郡。陳永定初，即郡置縉州，縣仍舊名。隋又改置婺州，縣仍屬焉。唐武德中，即縣置麗州，旋廢，縣仍屬婺州金華郡。天授中，析縣之西境置武義縣。萬歲登封元年，又析縣東南置縉雲縣。五代吳越屬武勝軍節度使。趙宋屬婺州保寧軍,隸浙東路。明洪武初,改婺州,爲寧越府,後仍改爲金華府,縣屬焉,隸浙江布政司。清因之。民國廢府,以縣隸省。(見[民國]永康鄉土志卷一建制沿革,上海古籍出版社2023年1月出版第259頁)

縣治。除唐武德曾徙城北,舊治舊址歷代貫之

　　在華溪之陽,北枕塏壤,南抱白雲峰,東帶花溪,繞出其前,西襟華裹山,風氣攸鍾,盤礴不凡。縣治本在萬山中,至此衍爲平原,而郡山四面環之,其形勝軒豁偉特,真一都會也。(見康熙徐志第22頁。道光志第30頁、光緒志第35頁同)

　　吳赤烏八年始置縣,其治署亦當建於此時,然世遠無考矣。唐武德四年,即縣治爲麗州,縣徙治於城北。八年,州革,仍復舊治。前後更幾廢興,皆不可考。至宋,乃班班焉,由知縣事陳昌年始爲志也。宣和庚子毀於寇。紹興十一年知縣事強友諒復建,首爲樓以奉敕書。十九年,知縣事宋授續建後堂,扁曰"道愛"。嘉泰元年,陳昌年加完葺焉。至元丁丑,又毀於寇。達魯花赤孟伯牙歹再建。延祐八年,達魯花赤沙班、縣尹範儀又拓其址而重新之。至正末,又毀於寇,明知縣呂兼明創建。正統己巳,又毀於寇,知縣何宗海重建。成化十三年,知縣高鑑續建譙樓。正德十六年,樓災。嘉靖五年,知縣李伯潤砌石爲臺,洞其中以通出入。既而圮,知縣毛衢重砌。十年,知縣邵新始樓其上,遷興聖寺鐘懸焉。十三年,知縣洪垣重建廳事,次第有作,而規模遂翼然矣。其制:前爲正廳三間,後爲堂三間,貫其中爲川堂,廳前露臺。又前中道爲戒石亭,又前爲儀門二門,又爲譙樓三間,達於通衢。廳之東爲贊政廳,夾道東西翼之,以廊爲諸吏曹。川堂之東爲儀仗庫,西爲際留倉,廊中下爲架閣庫,西下爲土地祠,其後爲獄。堂之後中爲知縣廨,東爲縣丞廨,西爲主簿廨。直隸丞廨之前爲典史廨,譙樓之東爲吏舍。(見康熙徐志第22—23頁)

縣治毀於兵火記載：

宋宣和庚子毀於睦寇。

元至元丁丑又爲寇毀。

至正間，處寇侵境，悉爲灰燼。

（明）正統己巳又盡毀於處寇。

（吏舍）弘治十一年毀於火。

（弘治）十一年（布政分司）門毀於火。

府公館（弘治）十一年毀於火。

（譙樓）正德十六年二月毀於火。（見正德志第29、31頁）

（清）嘉慶二十五年，署內不戒於火，大堂、川堂、書房、架閣房皆燼。是年魚鱗冊皆燬於火，一邑田地山塘皆無所稽考，刁民滑吏更易於舞弊矣。（見道光志第31頁，其餘各志記載重複者略）

疆域與區劃。天授二年（691）析縣之西境置武義縣，萬歲登封元年（696）析縣東南置縉雲縣，民國28年（1939）析縣東北置磐安縣。

正德志較略，疆域（第21—22頁）與光緒志略同，鄉里（第26—28頁）爲10鄉54都117圖；康熙徐志封域（第2頁）較略，鄉區（第11—13頁）爲10鄉47都，明初編戶123里，後定爲118里；康熙沈志（第2—3頁、第6—9頁）、道光志（第2—3頁、第13—15頁）與光緒志大略同。

光緒志：

永康縣在金華府東南上游之地。縣境東西廣二百六十五里，南北袤一百里。自縣至府，陸路一百一十里，水程一百八十里。至本省，陸路五百三十里，水程六百二十里。至京師，陸路四千一百八十里，水程四千七百八十里。東至仙居縣治二百八十里，抵馬鬃嶺交界二百四十里,抵洪茂嶺縉雲縣界六十里。西至武義縣治五十里,抵楊公橋交界三十里。南至縉雲縣治八十里,抵黃碧封堠交界四十五里。北至義烏縣治一百五十二里,抵杳嶺及長塢坑交界五十里有奇。東南至縉雲縣界四十里,地名南崗嶺。西南至武義縣界二十五里,地名桐琴。西北至武義縣界三十里,地名馱塘。東北至東陽縣界六十里,地名四路口。

康熙三十有六年,知縣沈藻奉督憲郭勘准縣境,界址:正東邊四十二都護臘橋,與處州府縉雲城關桃交界。東邊帶北二十二都伍斗山,與東陽五十都交界。東邊帶北四十七都下連坑,與台州府仙居縣二十七都黃山頭寨門交界。東邊帶南二十三都包坑口,與處州府縉雲縣二十七都交界。正南三都永祥馬嶺,與縉雲縣交界。南邊帶東四十五都莊基,與縉雲二十九都交界。南邊帶西八都桐琴,與武義趙村交界。正西八都楊公橋,與武義倪村交界。西邊帶北十都董村,與武義茭道交界。正北二十都祉嶺尖分水,與義烏交界。北邊帶東長塢坑,與東陽交界。北邊帶東四十六都三石,與東陽安文交界。北邊帶西十一都楓坑嶺尖分水,與義烏交界。

以上共十三處,皆會勘立石爲界。(見光緒志第3—4頁)

縣分十鄉,鄉轄四十七都。明初編戶一百二十三里,其後定爲一百一十七里,每里設里長一人。其稅糧之分隸,則又參錯分爲十區,設糧長三十人分督之,以參合衆戶,蘇里甲之困。每里各爲一圖,即《周禮》版圖之謂,今之格眼紙仿佛其意爲之。限其地則曰里,按其籍則曰圖,圖之數如其里之數。以其徵稅之數分之,則爲區。蓋自洪武間議各都管催之法,有老人獻計,以紙摺之分爲區,遂用之。每區轄都圖若干,臂指相使,其法不可廢也。國朝編里如舊,復設立鄉約長,宣講上諭十六條。鄉區之間不惟知供賦稅,而禮教行焉。康熙間,知縣沈藻謹刻十六條敷言,使深山窮谷無不家諭戶曉。王道之易易,於斯見之矣。(見光緒志第16頁)

民國續纂《浙江通志》:永康地,位東經一二〇度到一二一度,北緯二八度至二九度之間。康熙《浙江通志》：東西廣二百六十五里，南北袤一百里。《永康縣志》：東至馬鬃嶺，界仙居；洪茂嶺，界縉雲。西至楊公橋，界武義。南至黃碧封堠，界縉雲。北至杳嶺及長塢坑，界義烏。東南至南崗嶺，界縉雲。西南至桐琴，界武義。西北至馱塘，界武義。東北至四路口，界東陽。據二十四年六月《浙江省情》載，全縣分七區、一百四十五鄉、七鎮、二千三百零三閭、一萬一千五百五十七鄰。（見民國新志稿第204頁）

附載一

縣分十鄉。鄉轄四十七都。定爲一百七十里。每里各爲一圖。限其地則曰里，按其籍則曰圖。圖之數如其里之數。以其徵稅之數分之，則爲區。又複參錯分隸定爲十區。（見［民國］永康鄉土志卷一鄉區，上海古籍出版社2023年1月出版，第265—266頁）

附載二

本境民多土著，各鄉村聚族而居，類皆傳衍已二三十世，惟孝義鄉四十七都之八保，多山少田，茅屋零星，不成村落，以其地近仙居，中多仙居喬寓之民，蠻梗難馴，易致生事。邑城內商業中有徽、閩、紹三幫商人，各造有會館，從無旗人與異國別種人雜居者。自海禁大開、傳教載入約章，吾永始有耶穌堂，美國教士雷德購地造屋于叢桂坊之左近，攜妻若子而居之。雷德死於衢州，返葬於永，其墓在黃塘莊之村邊。繼雷德而來者，爲蓋思明，皆美人也。（見［民國］永康鄉土志卷一人類，上海古籍出版社2023年1月出版，第269頁）

城池與築城利害之辨。永邑可不可以、應不應該築城？

元《志》云：縣城周一里十九步，高一丈八尺，厚一丈五尺。吳赤烏八年築，宋嘉泰（刻本誤爲定）壬戌拓之，周三里三十步，門七：東曰華溪,曰迎春,曰東城,曰迎曦;西曰西津,曰由義,曰望京。嘉泰間,東曰迎恩,南曰觀風,北曰永安。後漸湮没。元至元十三年,環築以牆,今則無復故迹矣。然設險守國,亦爲治之急務,繼而築之,不無望於將來云。(見正德志第23頁)

城 按舊志,城周一里一十九步,高一丈八尺,厚一丈五尺,吴赤烏八年築。宋嘉泰(刻本誤爲定)壬戌拓之,周三里三十步,門七:東曰華溪、迎恩、迎曦,西曰西京、由義、望京,北曰永安。後漸湮廢。元至元十三年,環築以牆。今皆爲平壤,錯於民居,無復有故迹矣。明萬曆三十三年,知縣方鶴齡於學宫前建延薰門。天啓五年毁。崇禎十二年,知縣朱露創建東、西二門,疊石爲樓,東曰在德,西曰多助。

附《答知縣楊公詢訪築城利害書》:伏承詢訪築城事宜,尊諭所云地利、民力兩端,已舉其大凡矣。請得而詳陳之。夫築城爲民,捍外而衛内,朝廷憂民之深慮也。然自有縣以來,歷今已千有餘年矣,中間屢更變亂,雖稱舊有城牆而不能完固以傳於後者,非不知城之爲重也,想亦經營量度而審知其地形之必不可城也。縣之地形,縱長而衡縮,大略如龍舟之狀。東迫大溪,西臨深田,其南面並列縣治、城隍廟、儒學三公宇,僅及一里,别無餘地矣。孟子曰"三里之城,七里之郭",蓋極其至小而言也。今乃僅及一里,將何以爲城乎?雖縣治後至北鎮廟長及五里,然因其衡之縮也。若欲築城,兩傍須拆去民居十分之四以爲城址馬路,而所存居民僅有六分。此如龍舟,而去其兩舷,則不成其爲舟矣。彼民居四分之被拆者,何不幸?而專爲六分僅存之居民築城以衛之,獨何幸也?愚意自昔蓋亦慮及此矣。夫防捍外患,其憂遠在數百年之後,而蕩析民居,其患近在旦夕之間,是以寧略遠憂而急近患也。或謂欲跨大溪而築者,此大愚也。南以仁政橋爲城址,則橋下空洞高廣,雖數百人可以駢擁長驅而入,是有城猶無城也。其北適當北溪入華溪之衝,當時水激沙走,遷徙無恒,將何所據以爲城址乎？或謂欲西跨山脊而築者，此大癡也。城長五里，衡略亦計五里，其山坡塗峻，深田沮洳，不可居民之處且踰其半，是徒爲空城也，將使何人守乎？矧北近北鎮廟，乃縣之來龍，若築城窟濠，未免傷損龍脈，此又久遠無窮之患也。及覆思維，無一可者。至於民力不堪，姑未暇論，唯高明詳之。（見康熙徐志第33—34頁）

永康城池，湮廢已久。然有明以前，未嘗無城。設者其常，毀者其變也。今則以變爲常矣。然設險守國，先王之經制，爲政之急務也。衆志成城，不無望於將來之曠舉。今遵舊志，仍載城池，庶饁羊之遺意乎！

永康縣舊城：吳赤烏八年築，周一里一十九步，高一丈八尺，厚一丈五尺。宋嘉泰（刻本誤爲定）壬戌拓之，周三里三十步，門七：東曰華溪、迎恩、迎曦，西曰西津、由義、望京，北曰永安。後漸廢。元初墮。至元十三年，環以墻。後圮。今爲平壤，民居錯列，無復有故迹矣。明萬曆三十三年，知縣方鶴齡於學宮前建延薰門，天啓五年燬。崇禎十二年，知縣朱露創建東西二門，疊石爲樓，東曰在德，西曰多助。

（下據應志附載《答知縣楊公詢訪築城利害書》，前已引，略。見康熙沈志第4—5頁）

沈藻《築城辨》：永康城起於孫吳，拓於宋，墮於元末。有明以來，不復建。嘉靖間，應僉憲廷育修邑志，有云：城以設險，兵以徼巡，場以閱武，均之不可廢也，而廢焉者多矣。備書其故，用訊於識微慮遠之君子。僉憲此説，亦既昌言城之不可廢矣。顧其志成於嘉靖間，而未刊佈。至萬曆辛巳，邑令吳安國始授之梓。中有附錄僉憲築城利害一書，其言曰：縣舊有城，而卒不復者，以地形之必不可城也。夫城之不復，人事之缺。若云地形不可，則自赤烏以來非即此地形乎？邑之有城，如人身之有裳服。今有人焉，以布帛之不充，裸露其體，輒曰非無服也，以我之形體必不宜於服也。他人聞之，豈不囅然失笑乎！又云：若欲築城，必先拆去兩傍民居以爲城址、馬路。防禦外患，其憂遠在數百年之內；而蕩拆民居，其患近在旦夕之間。是以寧略遠憂而忘近患也。信斯言也，則凡古之君臣深謀遠慮，爲國家慮長久，如盤庚之遷殷、召公之營洛，舉凡建功立業之爲，皆是舍近圖遠者也。其他舛謬之説甚多，不足辨也。予初閲之大疑，以爲僉憲永之僑盼也，豈宜有是説！既而察之，始知永人憚於大役，故僞爲是書，以竄入應志。初不審僉憲正論炳炳於前，而乃綴此矛盾之説，以相欺誣。觀者不察，尤信以爲不刊之語，故不得已而辨之。（見康熙沈志第391—392頁。道光志第543—544頁、光緒志第729—730頁同）

縣城，按舊志，周一里一十九步，高一丈八尺，厚一丈五尺，吳赤烏八年築。宋嘉泰（刻本誤爲定）壬戌拓之，周三里三十步，門七：東曰華溪、迎恩、迎曦，西曰西津、由義、望京，北曰永安。後漸湮廢。元至元十三年，環築以墻，又皆夷爲平壤，錯於民居，無復故迹矣。崇禎十二年，知縣朱露創建東、西二門，疊石爲樓，東曰迎曦，原名在德。西曰承恩，原名多助。其迎曦門右，爲望春門，道光二十二年捐建。國朝道光十一年，東街居民創建一門，知縣裘榮甲題其上，曰望升。（見光緒志第35—36頁；道光志第30—31頁略同）

石城山。按郭璞注《山海經》：黃帝曾遊之石城山在新安歙縣東

石城山，距縣一十四里。高二百丈，周二十里。群峰巑岏，駢列如城堞。舊志引張氏《土地記》云：昔黃帝嘗遊此山。按郭璞注《山海經》：石城山在新安歙縣東。則黃帝所遊，或未必其爲此石城也。《一統志》云：縉雲縣仙都巖，其上有鼎湖，人指爲黃帝上仙處。審爾，則

其龍馭，固當歷此矣。又按《史記·封禪書》云：黃帝采首山之銅，鑄鼎於荆山下。鼎成，有龍垂胡髯下迎黃帝升天。後世因名其處爲鼎湖。《正義》曰：《括地志》云：湖水源出虢州湖城縣南夸父山，北流入河，即鼎湖。則《一統志》所云，又未之敢質也。今堪輿家因其群峰羅列於學宮之前，配以佳名，中曰展誥，左曰天禄，右曰天馬，乃鄉俗俱稱爲天馬山，而石城之名蓋莫有知之者。又東傅南溪而止，爲水崢巖。逾溪而東，爲牛金嶺，驛道經焉。巖嶺之間，山勢犬牙相錯，中開一罅，僅通溪流，類人工鑿成者。（見光緒志第 6—7 頁。正德志、康熙沈志、民國新志稿較略，康熙徐志、道光志大體同光緒志）

曆山。按《一統志》：舜耕曆山，在今山西蒲州

歷山，距縣二十五里。高二百丈，周四十里。其上員峰屹立，狀如覆釜，名神龜拜鼎，即此。山頂有潭，廣三畝許，深可二丈餘，俗名龍皇塘。山半下有巖，生成石池三，其水澄澈，亢旱不涸，今名三浙江。歲旱於此迎龍禱雨多驗。又有田，人謂舜田。有井，人謂舜井。因而立祠，曰舜祠，乃陳氏始居祖於周廣順二年與延福寺同建者。按《一統志》：舜耕歷山，在今山西蒲州。兹因其名之偶同與其形之適肖也，遂若指其人以實之，蓋深發於盛德難忘之感，而因以寄夫循流溯源之思，固非謬爲牽合附會云耳。其左右有筆架峰、馬蹄嶂、石棋坪。其東爲紫鳳嶺。其西爲交嶺。其北爲岡鼓嶺、白雲峰。《方輿勝覽》：餘姚縣東，亦有歷山。（見光緒志第 7 頁）

歷山，《金華府志》：在縣南三十五里。一曰釜瀝山，高峰負聳，狀如伏釜。光緒《永康縣志》：山頂有潭，廣三畝許，深可二丈餘，俗名龍皇塘。山半下有巖，生成石池三，其水澄澈，亢旱不涸。又有田，人謂舜田。有井，人謂舜井。因而立祠，曰舜祠。（見民國新志稿第 211 頁。正德志、康熙徐志、康熙沈志、道光志稍略）

金勝山，金豚山？

金勝山，一名金豚山。横列於縣治前，若几案然。舊志引《太平寰宇記》云：昔有人得金豚於此，故名。又云：金勝，舊名。按《禮》有犧尊、象尊，故或有以金鑄之者。若鑄豚，將何以用？蓋傳錄者偶訛勝爲豚，久乃相沿弗察，而好異者並訛著其事以實之也。三豕渡河，自非得意於言表者，孰省其爲己亥之訛乎？山少竹木，惟產天門冬。其東麓曰白勘。（見康熙徐志第3頁）

金勝山，一名金豚山，距縣五里。横列於縣治前，若幾案然。舊志引《太平寰宇記》云：昔有人得金豚於此，故名。山少竹木，而多產天門冬。其東麓曰白勘，工部侍郎徐復齋墓在焉。（見光緒志第7頁。正德志、康熙沈志、道光志略）

仁政橋。屢經兵火

仁政橋，縣東南三十步，舊名大花橋。元至元五年改建，以石爲三虹，仍覆以屋，易今名之。國初，屋毀於火。洪武三十五年[①]，知縣張聰重蓋之。景泰乙亥，橋盡傾圮，復建於知縣劉珂。侍郎縉雲李棠《記》略云：永康縣東南三十步，有水彙而爲淵，涵浸汪濊，名曰華溪。溪當處、婺之交，行旅輻輳。舊以木爲橋，起而隨廢，往來病涉焉。勝國至元間，改石橋，覆之以屋，揭名仁政。國朝洪武中，屋毀於火，知縣張聰重建之。景泰乙亥，橋圮於水，僉憲馮公誠行部過之，視橋之廢，惻然興嗟，遂以贖刑之金，庀材命工。悉將就緒，而馮弭節他郡，厥功未就。明年春，安城劉君珂以進士來宰是邑，治民事神，動必師古。屬橋未就，乃毅然曰："此有司責也，賢使者作之於前，我可不成

---

① 編注：即建文四年。

之於後哉！"遂殫力竭思，窮日夜經營之，不數月而落成。其長若干，廣若干，石以方計若干，工以日計若干，屋凡若干楹。完美壯固，有加於舊。費出自公，不取於下。衆德之，請予記其事。嗚呼！有位者心乎愛人，而無其政，是爲徒善而已。故以乘輿濟人者，而君子譏之。今橋之費，不啻數百金，而民不知，其濟人也博，其垂後也遠。由一念之發，而利澤無窮。仁政名橋，豈虛語哉！予嘗以巡撫爲職，每思安民之術，無他，在賢守令而已。永康得劉君，興廢舉墜，幾復承平之舊，可謂賢宰也。善始而善終，君其勉之。正德十六年，橋屋火毀者半，縣丞李景軒復建之。（見正德志第49頁）

仁政橋，附郭東南，距縣三十步。舊建木梁，名大花橋。至元中，改建以石，仍屋覆之。明初屋災。洪武三十五年（編注：應爲建文四年），知縣張公聰葺焉。正統末，橋圮。景泰七年，知縣劉公珂重建。正德十六年，屋災，縣丞李景軒葺。後屋圮。萬曆二十捌年，知縣戴公啓鳳檄施孟安、呂斌重修。（見康熙徐志第35頁）

李棠（侍郎，縉雲人）《仁政橋記》：永康縣東南三十步，有水彙而爲淵，涵浸汪濊，名曰華溪。溪當處、婺之交，行旅輻輳。舊以木爲橋，隨廢。勝國至元間，改石橋，覆之以屋，揭名"仁政"。國朝洪武中，屋燬於火，知縣張聰新之。永樂戊戌，樗菴葉先生講《易》於華溪之上，予摳衣侍席者期年。講誦之隙，與二三同志散步於溪之南，睹長橋垂虹，萬室鱗次，環溪之傍，列肆張市，珍貨山積。黃童白叟，歌舞戲遊。予以承平之久，民被休息，故樂業豐裕如此。堪輿家云：仁政橋跨長流，通四遠，爲邑咽喉。邑之盛衰，於橋之興廢卜之。予既成進士去，官轍東西殆數十年。景泰乙亥春，歸自南嶺，由瀫水捨舟即路，薄暮宿茭道，晨望華溪，見滄波浩渺，空闊無際，昔之橋若從而去者，諦視之，則傾覆盡矣。遂刺船而渡。顧市肆，鞠爲瓦礫。訪故老，僅一二在，皆欷歔而言曰：橋壞于水，市井焚蕩於寇，民奔迸未復，故四望寥落如此。予爲之默然，低徊不能去。豈堪輿家之言，果有可徵？抑盛衰相尋，理勢然耶？其年秋，浙江按察僉事馮公誠行部過之，視橋之廢，惻然興嗟。遂以贖刑之金，庀材命工。悉將就緒，而馮彌節他郡，厥功未究。明年春，安成劉君珂以進士來宰是邑，治民事神，動必思古。屬橋未就，乃毅然曰："此有司責也。賢使者作之于前，我可不成之於後哉！"遂殫力竭思，窮日夜經營之，不數月而橋成。其長若干，廣若干，石以方計若干，工以日計若干，屋瓦若干楹。完美壯固，有加於舊。費出自公，不取於下。衆德之，請記其事。嗚呼！有位者心乎愛人而無其政，是爲徒善。故乘輿濟人，君子譏之。今橋之費，不啻數百金，而民不知，其濟人也博，其垂後也遠。一念之發，利澤無窮。"仁政"名橋，豈虛語哉！予嘗以巡撫爲職，每思安民之術無他，在賢守令而已。今永康得劉君，興廢舉墜，幾復承平之舊。他日予重過仁政橋，見溪山改觀，民物阜繁，既以信夫堪輿家之言，而又得賢宰爲邑民慶也！善始而善終，君其勉之！景泰七年，歲在丙子冬十一月望吉。（見康熙沈志第380—381頁。道光志第509—510頁、光緒志第677—678頁同）

東南曰仁政橋。距縣三十步。舊建木梁，名大花橋。至元中，改建以石，爲屋覆之，始易今名。明初，屋災。建文四年，知縣張聰葺焉。正統末，橋圮于水。景泰七年，知縣劉珂重建，李侍郎棠有記。正德十六年，屋災，縣丞李景軒重葺。其後屋圮。萬曆二十八年，知縣戴啟鳳檄施孟安裔孫及呂斌重修。國朝道光丙申，唐先施大常及茂祿常與河東呂大常及呂冬常合修。（見道光志第43頁。光緒志第56頁同）

城隍廟。敕曰：城隍之神宜封曰鑒察司民城隍顯祐伯

城隍廟，縣西百步。其制：正殿三間，兩廊各五間，三門三間，二

門一間，前門三間。宋建，元因之。

　　國朝洪武三年知縣吳弘道建。正統十四年火於寇。景泰三年知縣何宗海復新之。弘治十一年，前門毀於火。十七年建。兩廊傾圮，正德十四年重建。洪武二年敕封，制曰："帝王受天明命，行政教於天下，必有生聖之瑞，受命之符，此天示不言之妙，而人見聞所及者也。神司淑慝，爲天降祥，亦必受天之命，所謂明有禮樂，幽有鬼神。天理人心，其致一也。朕君四方，雖明智弗類，代天理物之道，實馨於衷，思應天命，此神所鑒而簡在帝心者。君道之大，推典神天，有其舉之，承事惟謹。永康縣城隍，正直聰明，聖不可知，固有超於高城深池之表者，世之崇於神者則然，神受於天者，蓋不可知也。茲以臨御之初，與天下更始，凡城隍之神，皆新其命。睠此縣邑，靈祇所司，宜封曰監察司民城隍顯祐伯。顯則威靈丕著，祐則福澤溥施，此固神之德，而亦天之命也。司於我民，鑒於邑政，享茲典祀，悠久無疆。主者施行。"（見正德志第38—39頁）

　　城隍廟，古不經見，自後世乃有之。宋、元皆因而置焉。夫城，盛也，所以盛民也。隍，城下濠也，所以限城也，其利於民大矣。《周禮》山林川澤兵陵墳衍原隰皆有祀，豈以城隍而獨可缺祀乎？此固禮之義起而可因者也。城隍，地類也，而神像之何居？蓋配食於城隍，若社之有勾龍，稷之有棄然。洪武二十年，改正天下神號，凡前代加封帝王侯伯之類皆去之，惟城隍特封爲監察司民城隍顯祐伯，且令置公案筆硯，與縣官視事同。新官到任，則令與神誓焉。此又神道設教之意，有出於慶賞刑威之外者。其廟在縣治西三十許步。明洪武三年，知縣吳弘道建。正統十四年毀於寇。景泰三年，知縣何宗海重建。其制：爲廟三間，翼以廊各五間。又前爲外門，以達於大街。嘉靖三十一年，知縣杜廉又於廟前建亭三間，而廟益宏遠矣。大廳、中廳，順治十六年知縣吳元襄捐俸倡率重建，並葺大殿。（見康熙徐志第30頁）

（城隍廟）明洪武二年，敕封鑒察司民城隍顯祐伯。三年，詔封各處郡邑城隍，一體改正，止稱某府城隍之神，與風雲雷雨並壇而祀，惟廟別立。又祈禱水旱，必先牒告而後禱於壇。蓋明初祭城隍於祭山川後一日，其祭器儀物與社稷同。後以城隍合祭于風雲雷雨山川壇，厲祭則告於廟而迎之以爲主，於是廟中除守土官新到時不復專祭，惟配享社稷壇及合祭于風雲雷雨山川壇而已。廟在縣西百步。宋建，元因之。明洪武二年①，知縣何弘道②重建。正統十四年，燬於寇。景泰三年，知縣何宗海重建。（見康熙沈志第139—140頁）

城隍廟，在縣治西三十許步。明洪武三年，知縣何宏道③建。二十年，封爲監察司民城隍顯祐伯，且令置公案筆硯，與縣官視事同，此神道設教之意也。正統十四年，燬於寇。景泰三年知縣何宗海、嘉靖三十一年知縣杜廉相繼建修，國朝康熙間修葺。道光三年，邑紳士以歲久將圮，捐資重建。其制：中爲正殿，殿前左右翼以廊，東西向前爲臺門，廳北向，南有門樓，又南爲二門。閩商修。又南爲廟門，臨大街。正殿後爲後殿。殿東偏爲前後房。（見道光志第39—40頁。光緒志第56頁同）

風雲雷雨山川壇。其遺址疑後之山川壇尖關老爺殿？

風雲雷雨山川壇，縣東二百步許。洪武十六年④知縣李均建。其制：東西相距二十八步，南北相距二十五步。（見正德志38頁）

風雲雷雨山川壇，元以前所在無考。今在縣東二百步華溪門外。明洪武十一年，知縣李均建。按，《周禮》：以槱燎祀風雨，以沉薶祀山

---

① 編注：應爲三年。
② 編注：應爲吳弘道。
③ 編注：應爲吳弘道。
④ 編注：應爲十一年。

川。歷代因之,各爲壇以望焉。至唐加雷師,明加雲師,合諸山川,附以城隍。其壇制與社稷同,不立主。其域東西相距三十六步,南北相距二十五步。嘉靖三十一年,知縣杜廉於壇南、東、西各建一亭,以爲蒞牲及更衣之所。按禮,因高祀天,因下祭地。今風雲雷雨,天神也,而兆於地。社稷,地祇也,而兆於山。其於高下之間,若有可更議者。(見康熙徐志30頁)

(風雲雷雨山川壇)在縣東三百步。洪武十一年知縣李均建。周制:以槱燎祀風雨,以沉霾祭山川。唐加雷師。明加雲師。合祀一壇。中爲風雲雷雨之神,左爲境内山川之神,右爲城隍之神。其壇制與社稷同,不立主。其域:東西相距二十八步,南北二十五步。嘉靖三十一年,知縣杜濂于壇南、東、西各建一亭,以爲涖牲更衣之所。(見康熙沈志139頁)

神祇壇,即雲雨風雷山川壇。在縣東二百步迎曦門外。《周禮》:以槱燎祀風雨,以沈霾祀山川。歷代因之,各爲壇以望焉。至唐,加雷。明,又加雲,合諸山川,附以城隍。其壇制與社稷同,不立主。其域:東西相距三十六步,沈志二十八步。南北相距二十五步。明洪武十一年,知縣李均建。嘉靖三十一年,知縣杜廉於壇之南、東、西各建一亭,以爲涖牲及更衣之所。後門垣及亭皆圮。國朝仍舊址建神祇壇,道光十六年,知縣陳希俊於壇北建殿三間,壇西建廳二間,爲涖牲及更衣之所。外建大門,繚以周垣,規制一新焉。(見道光志第39頁。光緒志第55頁同)

火災及寇亂記載

(宋)宣和三年(1121),寇火,縣治、學宫、民居皆燼。

(元)至元十三年(1276),火。

(明)正統十四年(1449)夏五月,雨霜。處寇焚公署、民舍殆盡。

(弘治)十一年(1498),下市火,延及布政司門、城隍廟門。

(正德)八年(1513)三月,城東火,燬民居幾盡。十六年(1521)二月,仁政橋火,延及譙樓。

嘉靖八年(1529)夏,中市火。

萬曆七年(1579)春正月,縣吏舍火,文卷燬盡,民居多火。三十九年(1611),中市火。

天啓三年(1623),上市火,延燒北鎮廟、五聖殿,兩街燬盡。七年(1627)夏五月戊子,大火。

崇禎五年(1632)春正月,永寧坊火。

(清)順治十一年(1654)八月,東、義寇從八仙坑入境,火民居殆盡。十八年(1661),東、義寇又從八仙坑入境,東北居民悉遭焚劫。

康熙四年(1665),大澤民坊火。六年(1667),冬十一月,永寧坊火。十年(1671)七月,大澤民坊火。是日鄉間火者五處。

嘉慶二十五年(1820)七月己未,縣治火。

咸豐八年(1858)四月十二日,粵逆由處縉寇永康,六月初八遁去。十一年(1861)粵逆復由金、武寇永康,佔踞邑城,民始困。

同治元年(1862)四月,攻剿城賊不勝,殺掠無算。二年(1863)正月,寇聞官軍即遁。

(以上見光緒志卷十一"祥異",第533—538頁)

(明崇禎)十六年(1643)冬,東陽寇亂,連陷東、義、浦三邑,初至永康十三都,民拒之。後從東路入邑城,署縣事教官趙公崇訓誘而殲焉,其大隊敗於金華,悉伏誅。十七年(1644)長生教煽亂,縣主單公世德密請捕殺之。

(清順治)乙酉年(1645),方兵肆掠金華,將入永康,縣主朱公名世築城筊道禦之。丙戌年(1646)夏,田兵過邑,城中男婦悉走,兵屯城中一日，掠捲財帛而去。(順治)五年(1648)，土寇亂，城中作木柵固守。五月，入仁政橋。協鎮陳公武力戰寇，敗走之。離城十里外悉寇蟠踞，凡六閱月。後上司檄官兵督保甲挨都廓清，投誠者隨給免死牌，然後東、義、永數萬之寇一朝解散，其渠魁皆伏誅。

康熙四年(1665)，諸暨劇盜嘯聚十二都柘坑。連都四十里內保甲共起逐之。衆駐十三都，縣主李公灝給牛酒勞焉。

(以上見康熙徐志卷十"祥異"，第262、263頁)

(清康熙)十三年(1674)，耿逆①叛，六月十九日，城破。十二月，康親王率師駐婺進剿，逆兵敗走。十四年(1675)正月初四日，邑令徐公單騎回縣，招集殘黎，迎請王師恢復，安堵如故。(見康熙沈志卷十五"祥異"，第349頁)

(咸、同間太平軍在永康情形，詳見光緒志卷十一"咸同間寇亂紀略"，第538頁。正德志、康熙徐志、康熙沈志、道光志、光緒志在"祥異"中火災、寇亂記載均已摘錄如上，民國新志稿無"祥異"條目。歷代其他水災、旱災、蟲災、霜災、雪災、雹災、地震、異教、盜賊、饑荒、瘟疫等，詳見各志"祥異")

壽山與五峰書院

壽山，縣東五十里。中有石洞高六丈許，廣五丈餘，因建爲寺。前有臺，名曰兜率巖，上有兜率二字，俗傳宋朱子所書。臺之右，又有小石洞，爲羅漢堂。旁有瀑布泉，一派從後峰及覆釜峰相交，中流而下；一派從桃花峰下注巖石間，濺沫如霧，可望而不可近，亦奇觀也。義烏黃溍詩："鑿開混沌是何年，一石垂空一髮懸。飛瀑化爲天下雨，老僧長伴白雲眠。舊遊不改桃源路，化境能同杞國天。回視人間秦

---

① 編注：即耿精忠。

壞相，無端劫數正茫然。"東陽胡翰次："一峰橫闢五峰連，巖屋層臺勢絕懸。日月只從空外擲，雲煙渾似洞中眠。泉飛玉雪常清暑，木落軒窗始見天。四十餘年黃太史，足音兩度走跫然。"義烏朱廉次："講筵陳說記當年，須念蒼生急倒懸。曾奪鴻儒重席坐，却分老衲半床眠。玉堂雲霧真成夢，石室煙霞別有天。明日紛紛塵土裏，可憐回首一淒然。"邑人李曄詩："雙澗橋邊五老峰，分明朵朵翠芙蓉。半空絕壁開金像，石道飛泉噴玉龍。怪石倚來斜聽鳥，曲欄凭處倒看松。平生自倚凌雲筆，不愧山僧飯後鍾。"（見正德志第 42 頁）

壽山，方巖北不三里。山有五峰，皆石壁平地拔起，周圍如城郭，曰固厚，曰瀑布，曰桃花，曰覆釜，曰雞鳴。固厚之下有大石洞，高廠軒豁，可容千人，其中爲佛刹，曰壽山寺。前爲重樓，樓上爲平臺，周以欄楯，皆即洞支木爲之，不施椽瓦，而雨雪霜露，自然莫及，最爲一方登覽之勝。巖上有朱書"兜率臺"三大字，人傳爲晦翁筆。寺今廢，臺亦就圮矣。西近瀑布，有石洞，視固厚稍屬，舊爲羅漢堂，尚寶丞應石門典周視壁有陳龍川書識，東萊、晦翁行迹，謂先賢過化之地，宜有表章，乃即堂東偏之隙建祠，以祀朱、呂，又連及于張南軒、陸象山，而龍川配焉，曰麗澤祠。太守姚公文焰爲之記。既而姚公來遊，又檄縣尹洪公垣撤去阿羅漢像，直洞之正中建五峰書院，處來學者。洪公陞任，而嗣尹甘公翔鵬繼成之。闢外教以崇正學，人莫不偉三公之功，與兹山相爲悠久也。程松谿待次祭酒家食時，與其友周峴峰桐、應晉庵廷育會聚講學，僉議以祠隘弗稱揭處，且張、陸初未嘗至山，遂定祀朱、呂、陳三先生，即書院爲祠以妥焉。瀑布之上，有龍湫水，四時不竭，直下數十丈如練。及霽久水弱，飄風颺之，濺灑四出，若霧雨然，可望而不可即，亦奇觀也。（見康熙徐志第 5—6 頁。道光志第 7—8 頁、光緒志第 9—10 頁同）

五峰書院，宋淳熙間，朱紫陽、呂東萊、陳龍川、呂子陽讀書講學處。明正德間，先達應石門、程松溪、李東溪、周峴峰、程方峰、盧一松，共暢王陽明良知之學於此地，石門應子創麗澤祠祀朱、張、呂、陸、陳、呂，以程松谿附。郡守受泉陳公命呂瑗創正樓三楹，額曰"五峰書院"，祀王陽明，以應石門、程方峰、盧一松配。明季，後學周祐德復築學易齋於樓西，祀郡賢何、王、金、許、章，以後學李璜、杜子光、周瑩附。每歲季秋，四方學者講學其中，先是應、程、盧創置會田，以資歲會。近陳、程、王、呂之後，亦稍捐以佐不給，周祐德子祖承復修學易齋於兵火之餘，亦道脈風化之一助也。（見康熙徐志27頁。康熙沈志第132頁、道光志第38頁、光緒志第47頁同）

（壽山）由方岩而北，不三里為壽山。距縣五十里。山有五峰，皆石壁，平地拔起，周圍如城郭，曰固厚，曰瀑布，曰桃花，曰覆釜，曰雞鳴。固厚之下，有大石洞，高六丈許，廣五丈餘，因建為寺。後廢。宋淳熙四年秋，子朱子提舉浙東常平茶鹽，舉行荒政，過婺訪呂東萊、陳龍川于永康，因會於此。龍川請晦翁主講席，從遊者數百人。岩上有朱書"兜率臺"三大字，人傳為晦翁筆云。又有小石洞，為羅漢堂，旁有瀑布，泉一派，從後峰及覆釜峰相夾中流而下。尚寶丞應石門典周視壁上，有陳龍川書志東萊、晦翁行迹，乃即堂東偏之隙，建祠以祀朱、呂及張南軒、陸象山，而龍川配焉，曰麗澤祠。太守姚公文焰為之記。已而姚公來遊，又檄縣尹洪公垣撤去羅漢像，直洞之正中建五峰書院，處來學者。洪公陞任，嗣尹甘公翔鵬繼成之。程松谿待次祭酒，家食時，與其友周峴峰桐、應晉菴廷育會聚講學，以祠隘弗稱，且張、陸未嘗至山，遂定祀朱、呂、陳三先生，即書院為祠以妥焉，每歲重陽日，祀朱、呂、陳三子，次日祀陽明王子，三日祀何、王、金、許諸儒。遠近來者雲集。先是應、程、盧三姓創置會田，以資歲會。近程、陳、王、呂之後，亦稍捐以供。司其事者，應、程、盧後裔，至今不廢。瀑布之上，有龍湫水，從桃花峰下，注岩石間，濺沫如霧，可望而不可即，亦

奇觀也。義烏黃溍、朱濂,東陽胡翰,邑人李曄有詩。(見康熙沈志第25—26頁)

壽山,萬曆《永康縣志》:在縣東五十里。山有五峰,皆石壁平地拔起,周圍如城郭。有大石洞,高敞軒豁,可容千人,其中爲佛刹,曰壽山寺。前爲重樓,樓上爲平臺,周以蘭楯,皆即洞支木爲之,不施椽瓦,而雨雪霜露自然莫及,最爲一方登覽之勝。光緒《永康縣志》:壽山在方巖北三里,有五峰,曰固厚,曰瀑布,曰桃花,曰覆釜,曰雞鳴。固厚峰之下有大石洞,其中爲佛刹,曰壽山寺。巖上有丹書"兜率臺"三大字,人傳爲朱晦翁筆。西近瀑布,有石洞,舊爲羅漢堂,昔壁題有陳龍川書識東萊、晦翁行迹,應石門先生乃就堂東之隙地建麗澤祠,祀朱、吕、陳三賢。祠左爲五峰書院,祠右爲學易齋。瀑布峰之上,有龍湫,水直下數十丈如練。及霽久水絀,飄風颺之濺灑四出,若霧雨然,可望而不可即,亦奇觀也。(見民國新志稿第208頁)

附載

五峰書院

嘉靖丙申,太守姚公命耆老吕瑗建,原名"桃巖麗澤精舍",邑侯洪公垣記,嗣守陳公京書今額。康熙二十二年,邑侯姬公肇燕,又顏曰"闡明理學"。乾隆庚子,太平吕大宗祠修,兵部右侍郎、兩浙學政彭西元瑞又給額"麗澤如新"四字。

崇祀

陽明王文成公

配祀

石門應先生

方峰程先生

一松盧先生

聯

學則數言,矩矱遙承鹿洞;

心傳一脈,淵源近溯姚江。(程兆選)

學術啟良知,恍示鳶飛魚躍;

講堂開勝地,何殊鹿洞鵝湖。(附載)

祝文

於維夫子,姚江挺哲。瑞雲降真,聖胎凝結。道體圓明,博文約禮。明德新民,龍場見性。天泉澄心,功封新建。學諡文成,教延古麗。覃及吳寧,親炙私淑。溯源同根,茲因歲會。共舉明禋,神其鑒此。祐啟後人,石門應子。二任一考,好學躬行。方峰程子,蒙難任道。祿養清純,一松盧子。望洋日錄,契妙傳薪。惟茲三哲,沐化更深。謹請配食,侍坐如生。嗚呼!洞天廟廡,師弟豆登。一堂志合,萬古脈存。

迎神歌

聖人間世,斯道大明。我陽明子,間世之英。

侑食歌

間世之英,鍾我陽明。大明斯道,良知良能。

送神歌

良知良能,夫子性德。堯舜孔孟,相傳則一。(以上見五峰書院志卷八,第244—245頁)

龍窟山與龍川書院

龍川書院,縣東六十里龍窟橋下,宋狀元陳亮築。(見正德志143頁)

龍窟山,距縣五十里,普明寺在焉。宋狀元陳龍川未第時初進《中興》五篇,又上恢復三書,皆不報,退而藏修其中,與學者講論皇帝王霸之略,棲遲凡十餘年。其陽有小崆峒洞,亦其遊息所嘗及也。成化間,里人朱彥宗立龍川書院表之。寺與書院今俱廢,然龍川之學自以文傳,是區區者皆幻迹也。(見康熙徐志第7—8頁。道光志第10頁、光緒志第12—13頁同)

小崆峒,四山如削,中匯爲澄潭。東側一山,虛其下如箕口,大可半畝,相傳陳同甫欄其外,與朱元晦爲遊息之所,未必然也。惟兩傍石底,各有凹處盈尺,以石撞之有聲,若兩人撞之似爲宫商。崆峒之名,或本乎此。今潭淤,叢棘一區,不免爲樵夫牧竪所有矣。(見康熙徐志第8頁)

(龍窟山)距縣五十里。有普明寺。宋陳亮讀書於其中凡十餘年,其墓亦在焉。(見康熙沈志第22頁)

(小崆峒洞)去縣四十里。在龍窟山之陽。四面如削,中有澄潭,東空,可半畝,兩傍石底,擊之有聲,分擊之,似叶宫商。宋狀元陳亮未第時讀書於此。成化間,里人朱彥宗立龍川書院。今廢。(見康熙沈志第24頁)

(龍川書院)縣東六十里,龍窟橋下。宋狀元陳亮築。(見康熙沈志第132頁)

龍川書院,在龍窟山小崆峒。明成化間里人朱彥宗建。今廢。(見道光志第38頁。光緒志第47頁同)

小崆洞,在龍窟山之陽,四面如削,中有澄潭,其東有石洞,可半畝許。宋陳龍川未第時遊息地也。(見道光志第42頁。光緒志第33頁同)

龍窟山,萬曆《金華府志》:在縣東五十里。山陽有小空洞,宋陳亮讀書於中,其墓存焉。光緒《永康縣志》:宋陳龍川未第時,初進《中興》五篇，又上《恢復》五書，皆不報。退而藏修其中，與學者講論皇帝王霸之略，棲遲凡十餘年。其陽有腔峒，亦其遊息所嘗及也。成化間里人朱彥宗立龍川書院表之。（見民國新志稿第 207 頁）

龍川書院，在縣東六十里，宋朱文公、呂成公、陳龍川舊遊之地。嘉靖初，邑人應典爲祠，以祀三賢。知縣洪垣更書院。（《永康記》）（見民國新志稿第 251 頁）

廣慈寺。昔有僧衆五百餘人

（方巖山）關上有亭曰透關。自亭而入，地皆平衍，有井曰硯井，有池，廣畝餘，池傍有祠曰祐順侯祠，右有佛廬曰廣慈寺。（見正德志第 41 頁）

廣慈寺，方巖山，唐大中四年建。（見正德志第 155 頁）

並廟有寺，曰廣慈。廟久而圮，侯像遷寺中，位於大雄氏之前，寺僧因攝廟祝，以資衣食，廟遂無議葺之者。（見光緒志第 9 頁）

方巖廣慈寺，昔有僧衆五百餘人，分八房：曰天房，曰裏地房，曰外地房，曰人房，曰乾房，曰財房，曰寶房，曰致房。戒律森嚴，有條不紊，實爲邑中名刹。先時香客皆寄寓巖頂，後僧房侵衰，洎清光緒間，寺僧相率而去，自是香客皆寄寓巖下街，不復宿僧房矣（見民國新志稿第 293 頁）

（康熙徐志、康熙沈志、道光志略）

敬奉胡公迎案上岩日期列表

永俗：每當八九月間，各村鄉民擇少壯者，聚集成會，技擊揭旗，衣綵吹唱以奉胡公，曰迎案。約期會齋，上巖進香，頗極一時之盛。茲列表如下：

村　名	上巖日期	村　名	上巖日期	村　名	上巖日期
在城六堡	八月九日	橋頭周	八月十三日	橫陽三堡	九月初九日
裏溪謝	八月九日	西山	八月十三日	搭兒頭	九月初九日
大武平	八月十日	石江	八月十三日	十八堡	九月初九日
金坑	八月十日	青山口	八月十三日	三堡	九月初九日
溪田	八月十日	黃溪攤	八月十三日	洪塘	九月初九日
前流	八月十日	白巖	八月十三日	上下桐塘	九月初九日
桐坑	八月十日	芝英	八月十三日	古山	九月初九日
大園	八月十日	寺後	八月十三日	金畈	九月初九日
四十都沿口	八月十一日	溪干	八月十三日	橋下	八月十三日
大井頭	八月十一日	呂南宅	八月十三日	張嶺口	八月十三日
仙林	八月十一日	後塘衖	八月十三日	後宅	八月十三日
後酈	八月十二日	俞溪頭	八月十三日	後錦巖	八月十三日
溪邊巖	八月十二日	獨松	八月十四日	下宅口	八月十三日
太平四十三都	八月十二日	石鼓塘	八月十四日	靈塘	八月十三日
馬溪	八月十二日	東南湖	八月十四日	裏麻車	八月十三日
靈山	八月十二日	街頭馬方	八月十五日	胡塘下	八月十三日
魚父里	八月十三日	馬上橋	九月初一日	寺口	八月十三日
後莊胡	八月十三日	白竹	九月初四日	家塘下	九月初十日
青塘下	八月十三日	在城八堡	九月初八日	石鼓嶺下	九月十四日
下朱	八月十三日	小武平	九月初八日		

（見民國新志稿第 295 頁）

胡則奏免衢、婺身丁錢，傳與墓誌均無載之釋疑

黃晉卿《胡侍郎廟碑陰記》：郡志言，公嘗奏免衢、婺身丁錢，民被其賜，爲之立廟。傳與墓誌，皆無登載，姑俟博雅君子而考質焉。按，公四世從孫廷直《方巖廟記》云：始公被天子知遇，奏免衢、婺民身丁錢，至今皆受其賜。自公之薨，謀報無從，即弦誦之所，廟而食之。據此，則郡志所云奏免衢、婺民身丁錢者，固有所本矣。夫廷直以公之從孫，去公不遠，不至自誣其祖。至傳與墓誌不登載者，傳與誌言公之惠在天下，故略之。廟記言公之惠在鄉國，故詳之。立言各有體也。（見光緒志第 183—184 頁）

陳龍川學術作文之法及策論

南豐劉壎起潛先生論：龍川，功名之士。宋乾淳間，浙學興，推東萊呂氏爲宗。然前是已有周恭叔、鄭景望、薛士龍出矣，繼是又有陳止齋出，有徐子宜、葉水心出，而龍川陳同父亮，則出於其間者也。當是性命之説盛，鼓動一世，皆爲微言高論，而以事功爲不足道，獨龍川俊豪開擴，務建實績。其告孝宗有曰："今世儒士自以爲得正心誠意之學，皆風痺而不知痛癢之人也。舉一世安於君父之讎，而方低頭拱手以談性命，不知何者謂之性命！"孝宗極喜其説，然亦以是不得自附於道學之流，而人惟稱其爲功名之士。至其雄材壯志，横鶩絶出，健論縱横，氣蓋一世，與文公往復辯論，每書輒傾竭浩蕩，河奔海聚，而文公亦娓娓焉與之商論，蓋一代人物也。惜中年後始中科舉爲狀元，不及仕而死矣。予閲其文集，宏偉博辨，足以立懦，惜其於道不純，故後之品藻人物者不以厠之鄭、薛、吕、葉之列云。見《隱居通議》理學卷二。

又論龍川學術：龍川之學，尤深於《春秋》。其於理學，則以程氏爲本，嘗採集其遺言爲一書，以備日覽，目曰《伊洛正原》；又集二程、横渠所論禮樂法度爲一書，目曰《三先生論事録》。其辨析《西銘》，平

易朗徹，見者蘇醒。其於《論語》，則曰："《論語》一書，非下學之事也。學者求其上達之説而不得，則取其言之若微妙者玩索之，意生見長，又從而爲之辭曰：此精也，彼特其粗耳。此所以終身讀之，卒墮榛莽之中，而猶自謂其有得也。夫道之在天下，無本末，無内外。聖人之言，烏有舉其一而遺其一者乎！舉其一而遺其一，是聖人猶與道爲二也。然則《論語》之書，若之何而讀之？曰：用明於内，汲汲於下學，而求其心之所同然者。功深力到，則他日之上達，無非今日之下學。於是而讀《論語》之書，必知通體而好之矣。"其説如此，則其於理固用心矣，豈徒曰功名之士！見同上。錄此，則理學與功名不判兩途，而挾策梯榮不可謂之功名無理學也，寬袍大袖不可謂之理學無功名也。去此，方可有真功名、真理學。

盛如梓云：陳同甫作文之法曰：經句不全兩，史句不全三。不用古人句，只用古人意。若用古人語，不用古人句。能造古人所不到處。至於使事而不爲事使，或似使事而不使事，或似不使事而使事，皆是使他事來影帶出題意，非直使本事也。若夫佈置開闔，首尾該貫，曲折關鍵，自有成模，不可隨他規矩尺寸走也。見《庶齋老學叢談》。按：文藝，末也。既而思作文之法，亦足以訓示後來，故錄此爲讀龍川文者知其要領。

元白廷玉先生斑云：陳同甫，名亮，婺女人。淳熙紹熙，誤作淳（校對説明：此爲原書注，用小號字列後）癸丑大魁。作家報云：我第一，滕强恕第二，朱質第三，喬行簡第五。其時三魁與第五名皆婺人，盛矣哉！謝朝士啓云：衆人之所不樂，置在二三。主上以爲無他，擢在第一。答策論恢復，頗不合朝論云。（見光緒志第735—737頁）

朱熹來永康至少三次？

朱熹，字元晦。婺源人。以金華爲文獻之區，屢遊永康，與陳同甫上下其議論，晚又與吕東萊、陳同甫三人講學於壽山之内洞，外洞爲僧舍，石上有朱書"兜率臺"三字，大可方丈，乃元晦手迹也。内洞後建麗澤祠，祀朱、吕、陳三先生，至今勿替。每歲重九日，東、永之士

礼拜毕，必聚首数日，歌诗习礼，演其绪论焉。（见康熙徐志第267页）

宋淳熙四年秋，子朱子提举浙东常平茶盐，举行荒政，过婺访吕东莱、陈龙川于永康，因会於此①。龙川请晦翁主讲席，从遊者数百人。（见康熙沈志第26页）

朱熹，字仲晦，婺源人。淳熙八年，以提举浙东常平茶盐举行荒政，按台，过婺州，题孝友二申君墓。至永康，与陈同甫上下其议论。晚又与吕东莱、陈同甫三人讲学於寿山石洞，石上有朱书"兜率台"三字，可丈许，乃先生手迹也。先生于乾道间，再至东阳，访吕敬夫，有《留别》诗，中有云："泥行复几程？今夕宿丽州。"又於淳熙十一年访陈同甫于永康。庆元四年，又以时禁避居石洞，改定《大学章句》草本，存歌山郭家。按《东阳志》详载之如此，则先生之往来于永康非一次，亦非一时，诚溪山之幸也。（见康熙沈志第304—305页。道光志第376页、光绪志第500页同）

由方岩西三里，别有小石洞，曰石鼓寮，朱晦庵常遊而乐之，吕东莱欲屋之而未果。（见民国新志稿第206页）

附载

《淳熙四年辩》：按吾邑《县志》《学志》俱载："宋淳熙四年秋，子朱子提举浙东常平茶盐，举行荒政至婺。"迩者予编斯志，得陈春洲先生遗书，有称"八年"者，有称"淳熙间"者。缘考朱子《年谱》及《宋史》本传，淳熙四年，胡茂良疏荐朱子除秘书郎，辞不赴。次年，差知南康军，其提举浙东系八年辛丑八月。若"四年"，则不得称"提举"，此一

---

① 即寿山。

誤也。又載："訪呂東萊、陳龍川於永康，因會於五峰洞天。"今按時天彝先生記，只言朱晦菴訪同甫，並不牽連東萊。又詳《宋史》本傳，東萊先生卒於八年七月，而朱子除官在八月，賑荒始於十二月，故文公《年譜》云："十二月，視事於西興。"至九年正月十一日，方按歷婺州諸邑，詳見《巡歷奏疏》。（略云：臣昨按視紹興府嵊縣、諸暨縣，已具事目奏聞。乞續於正月十一日入婺州云云。）其題呂伯恭所抹荊公目錄末云："淳熙九年壬寅正月十七日，來哭伯恭之墓。叔度出此編示予，爲書其左。"《金華縣志》亦言："隆興元年二月，東萊先生與朱子會于臨安，踰月乃偕至婺。淳熙二年五月，東萊訪朱子於寒泉精舍。八年，朱子以提舉浙東賑荒至婺，因遊永康方巖。時東萊已卒矣。"又壬寅夏，朱子《與龍川先生書》有云："向說方巖之下，伯恭所樂遊處，其名爲何？其地屬誰氏？幸批示。"歷覽諸說，固知朱子九年之春先遊方巖，至秋乃遊五峰，維時東萊已卒，何得云訪呂東萊、陳龍川於此地？此再誤也。故是編俱稱九年訪字下單稱龍川友人，有詰曰："子言朱子先方巖而後五峰，亦有據乎？"予曰："此朱子書中，向說方巖之下一問，最爲分明。"又曰："是固然矣，但必謂'秋間'者，恐無所據。"予曰："予亦以時記'朱晦菴訪同甫，欲立精舍於此。未幾，按劾唐與政事，遂中止。'參之文公《年譜》'七月，劾知台州唐仲友不法'數語得之。仲友，與政名也，七月寧非秋乎？"又曰："朱子行蹤，予既知之。至東萊之遊歷，果係何年？"予曰："淳熙初，講道明招山時也。時先生記班班可考。"友乃怳然曰："詳核如此，吾乃今而知彼稱'四年'者，誤之顯焉者也；稱'八年'者，就除官之始而言也；稱'淳熙間'者，未暇詳叙，渾以'間'字括之也。他日邑乘之修，當據此以正其訛焉。乾隆辛丑九月漪園識。"

《晦庵欲屋石鼓寮辯》：集中所錄黃久菴先生《遊永康山水記》，本之家藏傳稿，其文與陳志所載相同。觀邑志所錄黃記，與本稿頗有異。其大謬者，在"朱子欲屋東萊讀書處"數語。考朱子欲屋之處，原係壽山石洞。故久庵云："石門子欲結屋爲吾黨卒業，標其洞爲'朝陽'，即晦翁欲屋東萊讀書處也。"乃邑志删此數句，而遷"晦翁欲屋"之語於"再至石鼓寮"之下者，此蓋緣時天彝題記有"集材置田石鼓"之語而誤也。按時記所云，"集材因吕子暘置田石鼓"者，言集材於壽山，而復置田於石鼓，非集材置田，合一處而言也。且"石鼓"二字，只貼置田言，非爲晦翁欲屋言也。蓋東萊當日本有置田石鼓之事，其欲屋亦未可知。故邑志山川條，又有"石鼓寮，朱晦庵遊而樂之。東萊欲屋之而未果"之語。然時記所云："朱晦庵訪同甫，欲立精舍於此"，"此"字實指壽山，非指石鼓也。修志者鹵莽讀過，以此字爲頂上"石鼓"來，反疑久菴之説爲誤，特删易而變置之。殊不思壽山爲東萊素所樂遊，已曾集材，故朱子欲屋之。若謂屋於石鼓寮，姚公所云"吕子遊而樂止，朱子欲創書院而未果"者，亦指石鼓耶？洪公言晦庵、東萊、同甫講道於兹，留題字迹儼然可見，"朱子欲屋之而未及成"云云者，亦指石鼓而言耶？謂必指石鼓言，則二記何以不係之石鼓寮，而必稱麗澤祠、桃巖麗澤精舍耶？久庵之記，最詳核明顯，與姚洪二公一轍。而邑志必背諸説而删易之，且與山川條兩歧其説，謬可知矣。邇者郡侯鄭公、董公遊五峰、方巖、靈巖時，亦皆訪及石鼓寮。而必欲一至者，職是故也。然則愚於此非好爲煩瑣也，以鉅儒芳迹，不容傳疑，故并辨之。（以上兩"辯"摘録於《五峰書院志》卷六《辨》，上海古籍出版社 2023 年 1 月出版《永康文獻叢書》第 12 册，第 225—227 頁）

林大中別墅（龜潭莊）故址。桃源竟在何處？

石龜潭縣南十三里。有大石如龜伏潭側，故名。（見正德志第 48 頁。康熙沈志第 39 頁同）

（南溪）逆而西流，匯爲石龜潭，其涯爲林樞密別墅故址。（見康熙徐志第 10 頁。康熙沈志第 36 頁、道光志第 11 頁、光緒志第 14 頁同）

葉通《龜潭莊記》：龜潭莊者，致政侍郎林公之別墅也。古麗近治之山水，皆土岡小阜。龜潭山特橫亘一里許，石壁峭出，一石蜿蜒入潭，浮水面而上如龜，因以名其潭。潭源出酥溪，自北東而西南，滙爲潭。又西而小花溪。圖志：溪旁有碧桃洞，時浮出花瓣者，此溪也。東面酥溪，西背山，右枕潭，爲莊娛老堂。正東面，群峰環列，而可名者華釜、翁媼、方山、黄崗、東岩、馬鞯、石馬、巾山、白氎、白雲尖凡十，而不可名者大抵簇簇如芙蓉。四方相距三十里，皆平地。大溪盤貫其間。天水相照，衍迤明秀，景物歷歷可數。古麗絕勝之觀，蓋在是矣！娛老堂左，爲海棠之亭，曰數紅。右爲雜花之亭，曰秀野。堂陰相比，有軒。軒前有荷池，軒曰龜巢。秀野少南有桃，曰霞隱。少西有橘，曰霜餘。霜餘少北而西，有月池。循月池而北，有竹，曰細香。南爲藏書精舍。循月池而西北，夾徑惟松毿毿。行百餘步，爲射圃，曰吾不爲。鞦韆滑臺，是足爲戲耳。西爲望邑，屋數千家，朝暮煙靄葱蒨，樓觀翬翼，江山城郭之勝，實兼有之。此山間之大凡也。自霞隱而下石壁，倚壁瞰流，爲鷗渚，可以俯石龜。有古桃、石竹，懸崖而橫出簷間。亭去水不數尺，夏潦蕩突，亭不爲動。客至則偃卧其下，仰玩桃竹，睥觀波流之浩渺，竟日忘去。自秀野而下，連壁木芙蓉百數株，爲芙蓉城。過芙蓉城，而登舟泛潭。潭衺可二里，深綠多魚，時與客把釣，課得魚多少爲酒罰相笑樂。自數紅而下，爲安坻，壁跟有小池。安坻之左，伊渠經焉。舟行自潭北小浦入渠，過安坻，抵伊渠橋，望見湖石灘而止，則泊舟柳下，飲詠徜徉，無不得所欲。此又山麓溪幹之勝也。莊占山百畝，其可著亭榭處甚夥，公獨曰："吾得退而享是，亦過矣，又何以多爲？"凡所名亭之花，往往散漫無倫次，菜甲草花，叢出其旁。公方有誇色，而富人貴公子來觀之，輒掩議竊笑。要之龜潭之勝，不以人力。天地之所劃、仙靈之所繪，與公之胸次犁然而當、超然而相得者，豈待土木花卉而後爲工哉！遊龜潭者，水陸有三道：其一從邑之泉井巷逾澗北上，步至東南三里，至龜潭莊之門；其一自澗東南沿溪而上，至霞隱後重門而入；其一自公所居第步至下小花溪，而上至龜潭。凡三道，皆三里云。（見康熙沈志第388—389頁。道光志第519—520頁、光緒志第687—688頁同）

龜潭莊，縣東三里。宋林樞密大中爲韓侂胄黨許及之所劾，罷官歸，作園龜潭之上，客至，擷杞菊，取溪魚，觴酒賦詩，不談時事。五雲葉通有記，載藝文。（見道光志第42頁。光緒志第34頁同）

王環《龜潭莊》：誰占此中五畝園，石龜潭裏訝桃源。問津不假漁郎引，入境惟聞雞犬喧。萬笏青山環柳郭，一灣春水漾花村。賦詩觴酒人安在，且向林間聽鳥言。（見道光志第457頁。光緒志602頁同）

櫸溪孔氏冒認聖裔？

南宗主鬯孔慶儀《明倫堂聖裔碑記》：惟我子姓，系出湯孫。周興，世封於宋。春秋時，孔父公由宋之魯，遂家焉，是爲遷魯之祖。及叔梁公食采於鄹，篤生我聖祖尼父，世居曲阜昌平鄉之闕里，迄今七十餘世，歷受褒封，宗支繁衍，從未有假冒者，以家乘所載班班可考，不容紊也。然自趙宋建炎間，扈蹕南遷，寓衢始祖，則有宋封衍聖公端友。寓婺始祖，則仕宋爲大理寺評事公端躬。緣端躬公隱居婺永之櫸川，去城窵遠，子孫相安，耕鑿於山隅，以致前明邑人應希聖及俞柏等不知底蘊，誣指端躬後裔冒認聖裔，事載邑乘、學志，並勒石焉。幸今重修志乘，族人生員孔憲成得與採訪，始知其事，率同族人，隨帶譜志，奔衢禀請，乞一灑之。稽其譜牒，與我衢世系相符，乃爲轉移邑侯郭明府，請爲更正。嗣準移覆，以儒學明倫堂立有碑石，未便刪除，並行查有無存案等因。到衢後，查前明舊案，並無是項卷宗，碑誌之説，已難憑信。況本朝乾隆年間，高宗純皇帝東巡，臨幸闕里釋奠，先大夫傳錦公奉命選舉，族人陪祀觀禮一案，内有金華府項移文，保送櫸川及大小盤等處孔姓幾人，同赴闕里陪祀觀禮。禮成，均沐恩施。是櫸川一派之爲孔氏子孫更有可據。嗟夫！一本之親，被人誣冒，復鑿空而書之碑，則端躬一脈所傳，將如陸沉之羽，不可復振。忍乎哉！因不憚冒暑，跋涉而來。至之日，趨謁邑侯郭明府暨儒學戴、施兩師尊及邑中諸先達，約於六月二十六日齊集明倫堂，將帶來案牘並南北合修宗譜與櫸川族譜互相查閱，核對明白。所有志書誣載之處，當經公允更正。於是邑人之疑盡釋，而櫸川孔氏三百餘年被誣冤屈亦明。惟此堂側舊碑，有不篆不隸冒認聖裔字迹，不識仿何款式。揆厥碑詞，大率因科派差徭而設。今櫸川子孫，散居鄉曲，不下二千餘丁。現未邀恩優免，實與平民無異。且此碑非關明季朝廷頒發，而出於私意書空，應請僕而去之。旋經邑侯學師與閤邑紳士，咸以刊立新碑辨明前碑誣冒，則舊碑可無庸毀，並命爲文識之。爰不揣譾陋，直陳顛末，俾信而有徵，永垂不朽云。爾時光緒十八年閏六月朔日記。

　　附合肥郭文翹本縣知縣《新立永康孔氏聖裔碑文跋》：恭惟泰山巖巖，魯邦所詹，降神於曲阜之昌平鄉闕里，以明德後，篤生至聖，世爲天下師表。自漢以來，歷受褒封。子姓系冑，星粲以繁，未敢有冒黷者。兹奉博士敬謹合稽繫世，衢州祖宋封衍聖公端友、永康櫸溪祖大理評事公端躬，由宋南渡，兄弟偕來，世世相承，與祖爲體，傳至於兹，未涉混淆。是舉也，博士以永康重纂志乘，櫸溪茂才孔憲成始與採訪，得見志書中人物門義行條有應希聖以鬼溪冒認聖裔字樣，乃率宗人奔訴衢州，乞一判白，以洗汙穢。博士殊爲詫異，即移文到縣。文翹時知縣事，以信有徵，移會志局，删除希聖本傳及俞柏傳"闕冒認聖裔"五字。越月，見《學志》及明倫堂載有碑石，乃粘抄碑文，復移於博士。博士敦篤宗盟，每自念承襲以來，恪守宫墻，未嘗越境，而乃以一本之親，被人誣陷鑿空冒認二字，加以石焉，屈抑三百餘年，不憚數百里，而遥躬冒暑熱兼程而行。見之日，約與戴、施兩師臺訂期六月二十有六日，招邀城鄉人士，將所攜衢譜與櫸溪譜齊集明倫堂，互相校對，同出一源，咸無異議。博士復觀覽碑首"冒認聖裔"字，且其下詞語非出自朝廷，議仆之，防微杜漸，以除根株。文翹與兩師臺慾恳博士自爲文，新泐一碑，與爲對峙，則舊碑不足憑信矣。博士允諾，親製碑版鴻文，併約文翹與兩師爲言以傳信。乃會同志局彙纂潘樹棠、陳憲超、陳汝平及永康城鄉闔屬耆紳採訪都人士，並奉博士，綴數言於碑尾，以詒後之來者。爰敬謹盥手公同拜跋。
（見光緒志第705—707頁。上引"應希聖及俞柏等不知底蘊"云云，參見康熙沈志第220頁"應希聖"條目。蓋其毅然受推舉奉命而爲，然百密一疏，未去衢州南孔查核之失也，參見道光志第286頁、光緒志第341頁"應希聖"條目。）

義行世家應仕濂

（儒學）元至元二十九年修建於縣令苗廷瑞。四十三年寇毀。

延祐五年花赤沙班又大其規焉。國朝景泰間知縣孫禮重建。正統十四年毀於處寇故也。堂之造，邑人應仕濂與有力焉。

廟之重建，則知縣張鳴鳳、縣丞程温。時弘治十四年也。督造則邑人應尚端、王良敬，而尚端之力居多。本府同知鄺蕃《記》略云：永康舊有文廟弗稱。弘治庚申，憲副新安洪公遠按節至縣，展謁廟貌，慨然更新，屬縣令松江張君鳴鳳圖之。張君義激經費，付之耆民應尚端，薦工聚材，百需孔良，拓舊比二丈許，衡半之，棟增一尋，重簷疏櫺，彰施貌像以及諸哲。始事於歲辛酉秋七月，訖工於丙寅秋八月。尚端之子天成，又資以覆之。訓導盧潭率諸生請記。

堂之重建，則邑人應天澤焉。時正德八年也。兄天祥、弟天文助而成之。侍郎永嘉王瓚《記》略云：永康於婺居上游，故有儒學在邑治西。正統己巳焚於寇，邑人應仕廉建之。成化中，其孫尚道重加修葺。既久，傾圮，僅遺敗礎，幾至十年莫有復之者。尚道子天澤請獨任其役，爰出白金二百餘兩，其兄天祥、弟天文繼輸翼之。總爲堂五間，中三間高三十餘尺，旁高微殺之。經始癸酉之冬，越明年春訖工。庠生陳泗輩謂不可無述，屬舉人周正、趙懋德、徐昭赴春闈，請予記其事。……此堂之建與堂扁之揭，庶幾非虛設者。然皆承流宣化之首責，而天澤兄弟能仗義成之，其秉彝好德之心出於其性者懿矣。於戲！是豈可不備書以爲勸哉！正德十四年侍御吳華、同知張齊重新饌堂。即舊址爲之，中爲饌堂三間，相向爲講堂三間，東西爲號房十八間。董其事者，應天澤、天成也。（見正德志第36—37頁《學校》）

正德八年，知縣黎鐸重建明倫堂，耆民應天澤暨其兄祥、弟天文捐私貲成之。（見康熙徐志第26頁）

應杰，字尚道。雅志好古，著《家範》，立祠堂，製深衣幅巾，行古冠婚喪祭之禮。事祖及父母，克盡孝敬，與諸弟析産，輒自取其薄者。他如葺明倫堂、造梁風橋、代完鄉民逋税諸義事，如此類者甚多。其歿也，縣令李公躬臨其喪。至今鄉黨聞其流風，猶稱"善人善人"云。（見康熙徐志第208頁《民德列傳》）

應尚端，與子天成捐貲修學宮。（見康熙徐志第272頁《附義民》）

（布政分司）在縣治西三十步，城隍廟堂之東偏。正統二年，知縣葉應誠始創於儒學門左。弘治四年，知縣王秩病其淺陋，改建今所，蓋即故府館址拓而爲之者。邑人應尚德董其事，有本司右參政東吳陸容記，別載。圮於順治初年。今寄治於行察院。（見康熙沈志第124頁）

（儒學）景泰間，知縣孫禮重建，邑人應仕濂與有力焉。天順初，知縣劉珂擬市明倫堂後地建尊經閣，未果，以憂去。成化七年，以監察御史按縣，乃市民胡處實地拓其址。弘治四年，知縣王秩撤齋廡而新之。十四年，知縣張鳴鳳、縣丞程溫重建大成殿，督造者邑人應尚端、王良敬，而尚端之力居多。本府同知酈蕃記。正德八年，知縣黎鐸重建明倫堂，邑人應天澤、天祥、天文捐資成之，侍郎永嘉王讚記。（見康熙沈志第 127 頁）

應曇，字仕濂。孝友傳家，輕財好義，建文廟明倫堂，架橋梁，捨義田，施穀濟饑，還金甦命。普利寺圮，曇為新之。寺產侵失，曇為贖之。僧構祠以報德。禦史黄公立碑記焉。（見康熙沈志第 219—220 頁《人物》）

應枌，字尚端。早失父母，每遇忌日，哀痛如初喪時。其於弟枋，友愛曲至。文廟圮，□□□□□然捐修。以季子典貴，贈兵部主事。（見康熙沈志第 220 頁《人物》）

陳見智《報功祠碑記》：永康，山邑也。去縣東六十里，曰銅山，舊產銅。宋元祐、紹興中置場輸課，後以地力微薄，所產不及所輸而止。山之麓為普利寺，又曰銅山寺，屢興屢廢。明初，邑博士應子仕濂精形家術，捐私橐，徙大雄殿于翠微環繞之中，而又捐贖其寺產，由是緇流彙集。浮屠氏德其力，於正剎後建專祠，屍而祝之，額曰"報功"，志勿忘也。鄉大夫黄公惺吾備記其事，勒諸石。國朝戊子、乙未年間，兩為土寇所摧殘，蘭若鞠為茂草，祠亦頹敗。應氏後裔不忍先德泯沒，謀所以復之。舉族議出祠帑，建殿修祠，焕然一新。昌黎云："莫為之前，雖美勿彰；莫為之後，雖盛勿傳。"應氏可謂善作善述矣！其重修後裔及寺山墓兆，詳勒祠碑。（見康熙沈志第 390 頁。道光志第 521 頁、光緒志第 689 頁同）

朱謹《應仕濂傳》：君諱曇，字仕濂。永康芝英里人也。應氏自有宋時居芝英，以敦本尚義世其家。君生於洪武辛未，少補弟子員，以舉子業無與實學，遂棄去，與四方賢士討論實義。其所學綽有餘裕，郡邑事每從之諮詢以行，輒有實效。父歿，喪葬盡禮。兄仕清，與之析產，君悉以沃產讓兄。亡何，仕清卒，君乃專志撫孤，代理婚嫁云。君性好義，所在輒有恩，及激人心腑。常於溫州市上見一少年，倚棗筐而泣，泣甚悲。君詢之，則曰："予自東陽來者，父喪，母子苦守。貸於人貿易，於此日久，貨不行，母望於家而身不得歸，是以悲耳。"君惻然，就其值償之，其人大悅，悉君姓氏而去。又嘗徵租莊上，忽聞旅店中哭聲甚厲，往視之，則一襤縷婦人也。有兇徒怒杖之，君亟勸而止。杖之者曰："我以重價得此婦。兩售於人，兩不肯就而反。今安所得值乎？彼實累我。是以恨而擊之。"君愴然曰："擊之奚忍！我償而值。"其人大喜。遂以金贖之，挈至家。忽洗容易服，姍姍而前。詢之，則宮人也，發遣而出，落於販奴之手。具以告君，復從絮裏中出一囊授君。君以此益廣利濟。僕人有拾遺金百兩於杭州廄舍者，歸而入舟，始白於君。君大駴，亟返于杭，訪失金者，還之。歸途，遇一羽士，相之曰："君陰德溢面，福未可量也。"先是君所遇東陽少年，不復省憶矣。後數年，君以事過東陽，聞人言，某所胡姓者家供一牌位，書君姓氏於其上。君迹至其地，訪之，牌固在，亟命撤去之。胡姓者母子感泣不已，其後兩家子姓結婚媾成世戚云。君於邑中義舉，罔不勇赴，捐金以葺學校，置田以助里役，築橋賑饑，修復佛寺。計其生平，所費不貲，而卒莫之竭也。迄今芝英一區丁胤數千人，其賢裔猶能守禮好義，宛如仕濂公存日云。（見康熙沈志第 395—396 頁。道光志第 528—529 頁、光緒志第 709—710 頁同）

田二千八百四十把，計五十九畝零，嘉慶五年，被水沖坍田三畝五分八厘，實存田五十五畝四分二厘。坐三十二都銅山。乾隆三十年，明鄉賢應仕濂普利寺寺產撥助入從公書院。（見道光志第 37 頁。光緒志第 46—47 頁同）

應曇,字仕濂。諸生。性孝友。親殁,殯葬盡禮。或問其兄曰:"是非若利,他日費不足,將罄若產矣。"兄以語曇。泣不應。既襄事,遂火其藉。既而兄與析產,悉以沃產讓兄而自取其瘠者。正統己巳,文廟燬於寇,知縣孫禮議重建。曇請獨任其事,薦工聚材,方閱歲而大成殿、明倫堂次第落成。生平勇於赴義,所在輒有恩及人。在永嘉分金以急人之難而不問其名,在武林還金以甦人之命而不告以姓氏,在家則出廩粟以賑飢荒,置公田以助里役。他如架梁風橋,建普利寺,贖寺產以贍僧,僧搆祠報焉,御史黃卷撰有碑記。雍正二年,崇祀鄉賢。(見道光志第285頁"義行"。光緒志第339頁同)

應杰,字尚道。生有美質,重倫紀,崇禮教,行事不惑流俗,悉與道冥合。幼孤,諸叔父又相繼早世,祖耄,遺孤皆髫亂,杰事祖及母,曲盡孝敬,諸孤視如一體,皆挾之成。諸弟與析產,輒自取其薄者。季叔母於所分產意弗厭,即以己所得易之,人尤以爲難。生平雅志好古,著《家範》,立祠堂,置祀田,備祭器,制深衣,幅巾方履,行古冠昏喪祭禮。家故有土木像,盡撤而毀之。巫覡僧道之類,一切屏絕。他如重建明倫堂,修梁風橋,代輸鄉民户口逋稅諸義事類此者甚多。雍正二年,崇祀鄉賢。(見道光志第285—286頁"義行"。光緒志第340頁同)

姬肇燕《重修明倫堂碑記》:餘蒞永七載,每朔望叩謁先聖禮畢,偕學師佐貳,集邑內縉紳士庶耆老子弟於明倫堂,宣講聖諭十六條暨御製訓飭士子文。盛暑嚴寒,歷久不輟。辛卯夏,堂爲蠹朽,棟折榱崩,磚瓦皆裂。餘顧而愀然曰:"斯堂也,綱常是賴,風俗攸關,不可不亟整之。雖工費浩繁,簿書旁午,念慮勿置也。"謀於司教徐公瀾、司訓張公文燿。僉曰:"邑人應姓之有功於此堂,由來舊矣。盍召而謀之?"迨與語,舉欣然以繼述自任,踴躍趨事,鳩工庀材,易棟梁,增磚瓦,築垣墉,朽者新之,頹者起之,缺者補之,兩越月而煥然告成功焉。朔望集講,餘又不禁顧而欣然曰:"微應氏之力不及此!"因考諸志,知此堂創自有明正統間應公諱曇字仕濂者尚義捐建。成化中,其孫尚道重加修葺。越四十年,又復傾圮,尚道之子天啟、天祥、天澤、天文,丕承先志,重創造焉。邑紳宦遊京師者請於太史王公作記勒石,班班可考。至萬曆間,天澤之孫志臣捐貲重修不墜。本朝壬戌,尚道裔孫輸銀捌拾兩更理新之。今三十年來,公裔復大加修葺,統計前後創建者二、修理者五,更七世而無倦焉。餘因之有所感矣:世之齷齪者,株積寸累,田宅是計,既不足以語此。一二慷慨好施之流,亦不過創修梵宮道宇、平治橋梁塗路、祈福田利益而已,求如仕濂與尚道諸公之為人倫計,捐建此堂,後先繼美,而其後人追念祖德,克紹前徽,殆弗可及也已。爰記其本末,俾後之登斯堂者覽觀而勸興焉,是亦維風易俗之一助云。(見道光志第524—525頁。光緒志第693頁同)

永康縣學,自明正統己巳燬於寇,邑士應仕濂捐貲重建,至弘治庚申,大成殿災,仕濂孫尚端拓基重建,尚端子天成繼成之。而明倫堂則自成化間仕濂孫尚道重葺,至正德癸酉尚道子天澤等復修崇之。嗣是後裔分掌一牆之圮、一木之蠹,不以煩有司,子孫繩繩,視若世業焉。嘗立學宮會備歲修之費。我皇上御極三十有二年,尚端裔孫秉璋,以文廟建置歲久,銳意大修,功宏費鉅。會貯殫盡,復議捐貲立會。族人踴躍爭先,重貯修用。比年歲修,有贏無絀。予按試,經由學側,教諭方卓然具道其事,請為之記,而予未暇也。後三年,予復使浙。又三年,試竣,麗水學教諭應正祿錄其志乘碑記可稽者以呈予。予惟自古設學,以明人倫,《中庸》所謂天下之達道也。聖人修道為教,而夫子集其成,故殿曰大成,堂曰明倫,所以正教也。道之不明,教術分歧。佛剎道觀,無慮貴賤,不惜厚施營構,以資禱媚,而郡邑學宮之繕修,率由有司督糾眾力然後成事。其故何也?

蓋生人理義之心，與欲利之心同禀生初。顧理義微而難見，而利之爲欲易溺，異端詭説導以所欲，浸淫肺腑，貪生幸福之私，雖賢智不免，而使之適於理義，非彊勉不能服從，習漸然也。應氏之族，獨能力建文廟，祖作孫述，傳數百年，承修不息，可謂知所擇矣！（見道光志第525頁寳光鼐"永康縣學宫建修碑記"摘録。光緒志第693—694頁同）

　　大成殿，明景泰間，鄉賢應仕濂建。爲殿五間，懸棟飛梁，規模最爲宏敞。弘治間，仕濂孫尚端以廟貌高大，基小弗稱，更拓基重建，其子天成繼成之。後嗣尚端、後裔以時修葺。國朝康熙壬寅重修，知縣韓中煌記。雍正甲寅欽奉諭旨修整，知縣劉廷記。乾隆戊子大修，知縣清泰記。乙巳、庚戌，疊次重修，學使寳東皋光鼐記。乙丑，復修。嘉慶庚午，尚端裔孫以歲時修飾，難以經久也，遂鋭意改造，柱易以石，棟梁榱桷簷楹悉易以堅木，上自椽瓦，下及礎磉墻階，悉易以新而堅固者。聖座、神龕、几筵、祭器、樂之屬無一不更新焉，計費金三千有奇，知縣劉垂緒有記。同治二年，應仕濂後裔參申獨建，巡撫黄宗漢、馬新貽有記。（見光緒志第41頁。道光志第34頁略同）

　　明倫堂，明鄉賢應仕濂建。爲堂五間，中三間，高三十尺，傍兩間微殺之。成化中，仕濂孫尚道重加修葺。正德癸酉，堂圮，尚道子天澤重建，其兄天祥、弟天文佐之，禮部侍郎永嘉王讚記。萬曆間，尚道曾孫重修。嗣後尚道裔孫以時修葺。國朝順治間，尚道裔孫梧州府知府明修之。至康熙十二年歲癸丑，尚道後裔重葺，太學生徐鐺助修梁柱。次年，遭寇幾毀。康熙壬戌，尚道後裔復新之。辛卯，梁柱朽蠹，尚道後裔輸金大修，知縣姬肇燕記。雍正甲寅，欽奉諭旨，崇新學宫，應尚道後裔遵例修葺，徐鐺嗣孫商彩畫壹次，教諭劉顒記。乾隆戊子，尚道後裔重修。辛丑，尚道後裔鋭意大修，徐鐺嗣孫仍修大梁貳根、東邊扛梁柱貳根，此外柱若干、梁若干、棟桁若干，榱、桷、簷、楹、門、壁、椽、瓦、礎、磉、墻、階一切木石磚甓並朱碧丹黃，俱係尚道後裔重修。乙卯，奉藩憲汪檄，尚道後裔復加修整。嘉慶己巳，尚道後裔重新，徐鐗孫因大樑朽壞，仍自行修理。道光己丑，除徐姓大梁壹對、東邊扛柱貳根外，其餘損壞尚道後裔重修，並添置欄幹，以障內外，知縣裘榮甲記。同治二年，仍應仕濂後裔寶時等重建，其徐姓大樑整柱四根，兵燹後徐姓具稟在案，縣主王、學師葉始諭統歸應氏獨建。（見光緒志第42—43頁。道光志第34—35頁略同）

黃宗漢《學宮碑記》：教莫大於宗聖，孝莫重於守先，崇祀事而愛及棟榱，慎貽謀而訓承堂構。此薄俗之所難期，而守土者所嘉尚也。洪惟皇上御極之元年，首頒欽定四言韻文，振勵中外，所以崇正學，黜異端，敦本化俗，爲天下先，豈不以經正民興、邪慝不作，則風俗蒸蒸、日進於古哉！嗟乎！自漢以來，言六藝者折衷於夫子，厥後郡國立廟，歷年久而典遞隆，庶幾人心知所嚮往矣。然而愚民易惑難曉，其有奉佛、老二氏之學以祈福者，是猶拔本塞源而欲末之榮流之長也，其傎不已甚乎！夫晚近之世，樂善好施者既不數數覯，而一二有力之士復相與創浮屠、立道觀，殫膏竭脂，乞靈土木，而於昔聖昔賢之功德被於古今者，祠廟之役，則相率而諉之曰："此有司之責也。"夫有司繕修之費，非請於度支，即糾諸衆力。舉焉未能速成，成焉不能無弊，往往然也。夫以營媚禱者如彼，舍正路也如此，試與揆厥由來，輔翼之、衣被之、生成之，伊誰之賜？顧作無益害有益，其謂之何！應氏爲永康著姓，邑之學宮爲其遠祖仕濂所創造，而以大成殿、明倫堂分屬尚端、尚道兩支，爲世承之業，圮者修，廢者舉，不詢於衆，不請於官，繼繼承承，歷數百祀無敢替，可謂知所本矣。甲寅仲春，有國子監學正應寶時等，環叩具呈，懇撰碑文，以垂永久。余覈諸《永康縣志》，其事無一虛飾，已爲前人所嘉許，且可爲世之建修寺觀以禱福營私而不知崇正務本者愧，意頗韙之。雖然，善始者期於善述。彼夫見理之明，守道之正，赴義之勇，一或不備，鮮克有終。應氏自明迄今，其繼志不可謂不久且遠。方今正學昌明，異端屏斥，後之人聰聰祖考之彝訓，率由高曾之規矩，矢慎矢勤，毋俾隕越，將見人才蔚起，以之食舊德而答皇仁，則善量且無既也，豈僅爲一家事一邑風哉！爰從其請，而爲之記。（見光緒志第696頁）

宋仁宗命郡邑皆得立學，即學以祀孔子，而其事遂迄於今，典莫鉅焉，意莫隆焉。金華在浙江，爲東南山郡。永康又爲山邑，地瘠而民醇。明正統間，邑人應仕濂嘗以私財獨建縣學。弘治間，其孫尚端重建之。成化、正德間，尚道、天澤相繼重葺之，而益儲經費爲歲修計，俾子孫兩支分掌其事，蓋四百餘年矣。咸豐、辛酉之歲，粵賊擾浙江，破金華，永康亦被寇，學燬於火。至同治癸亥，城始復。今尚端裔孫參申獨力承造大成殿，尚道裔孫寶時等質常産、輸私橐，重建明倫堂。族人併力籌辦，閱兩載而告成。永康始脫兵火，邑人士即喁喁向學，可謂知本，而應氏子孫，又能成先人之志，以無廢數百年之盛舉，則其尤賢者矣！（見光緒志第697頁，馬新貽"永康縣學碑記"摘錄）

附　錄

仕濂府君傳

曾孫典撰　尚寶司丞

府君諱曇，字仕濂，行禎三八吾曾祖也。生而恢廓多大略，蚤選儁入邑庠爲博士。弟子既見句讀帖括之習作，而歎曰："學止是哉！惟克孝友，施于有政可也。寧能屑屑事此爲！"遂棄去，奮然以孝友光範。

其家睦於宗族，婣于戚黨，輕財樂施，信義重於一鄉。視鄉之事惟己，周急排難若響應然。四方賢達有道予里者，不計有無，開門延款，論道陳義。聽者往往願納交焉。郡邑有大政事、大建置，多從訪逮，罔不稱任。親歿，殯葬盡禮，弔者合遝邐殆幾千人，裂帛悉以綾綺。蓋重吾親而厚其報也。人或間其兄仕清翁曰："是非若利，他日罄，若產費不足矣。"兄以語府君，泣不應。行之如初，既襄事，遂火其籍。宗人聞之莫不嘉歎。間者始服。

初，暨兄析產，輒自取其遠惡者。既析，已所增拓，不啻什八。及兄卒，慨然欲合其孤與同爨。須長，以已拓產均給之。或又間諸其寡嫂曰："爾產近且腴，足自利也。彼所增拓，豈信爾均耶？"因堅持不可。府君歎曰："吾唯愛兄以及孤，迺爾而不可奈何？"日厚撫之，嫁其孤女之不能嫁者二人。晚而三子璧、瑜、㮮皆先府君卒，遺孤七人。惟家孫杰差長，日委之事試之，而制其成。見可屬後事，因命之曰："諸幼由吾視之，皆爾一體也。撫訓成立，惟爾長之責。"又命籍其田若干畝爲公田。曰："吾生遭時不靖，爾父叔繼亡，志所欲爲未之逮也。資爾以此尊賢友善，修倫紀，明教範，以亢宗裕後。惟孝友睦婣三物，正家之彝，惟時懋哉！爾其公稽明允，率行之無忝，吾志其慮後，垂遠務爲久計類此。"

嘗貨于杭，或誤授之金，從者持歸甚喜。府君亟訪實還之。其人泣謝曰："微厚德，吾妻暨僕不保矣！"因圖府君像，歸社而稷之。還。至中途遇羽客，相曰："公陰德甚厚，福蓋無量哉！"先是都官田率大家所據，府君有其強半，迺遍從都人贖其餘，計甲均之，以資役費。及今里雖貧，必不願易役，蓋他都無是也。爲本縣創建明倫堂，費至千金，衆勒諸瑉碣。又獨建梁風橋、洞靈橋，遠近利之聞之。先母太安人曰："府君性好施，日費甚廣。初年家常不給，則稱貸以足之。後號素封，而施益不可量，食德者蓋所在而是矣。"予先兄勳嘗過越，無所於宿一家，詢知爲府君後，遂肅而進曰："往吾祖父每言受仕濂公恩，今爲公孫者過此，一飯亦少效也。"予三兄燾過新昌一家亦然。長兄歎曰："去今百餘年,吾子孫猶食公之報,蓋其所施溥矣!"嗚呼!昔裴晉公以還帶之德,身都將相,勳名蓋世,爲唐名臣;江夏之黃、琅琊之王,以香祥孝友,子孫累世貴盛。若我曾祖好禮樂施,還金之事視晉公無忝,而孝友絕人,可以勵俗,敦薄爲百世師,迺不沾一命以逝,留有餘不盡之澤,以爲子孫德善之規,宜爾後之克昌且遠也。肆我尚道伯父,靈承先訓,立祠嚴祀,建塾宏教,范我諸父于成以文公家禮,齊其子姓,屏絕浮屠,斥遠聲妓,一門雍肅,視若一體。予冠猶及見之,迄今美田宅、稱智能者殆百數,登科躋仕者幾人,衿佩黌監抱藝待用者繩繩未艾。然未有如黃王之裔以德業顯著於世者,是我子孫莫能對,揚光訓報未滿德也。我祖之貽謀宏遠,宜未止此時。因從兄教授奎重修宗譜,敬撫睹聞爲府君傳,用爲家範云。

(原載《芝英應氏宗譜》掃描線裝本,同治戊辰年重修,民國丁亥年續修,公元二〇一二年重刊,特傳卷一)

仕濂公後傳

暨陽趙凝錫天屬撰　知縣

從來世澤之長且遠者,大抵敦義禮、崇學校根之茂者。其枝繁膏之沃者,其光焰非偶然也。永邑望族不下什伯,而芝山應家非翹翹者歟。應氏多孝秀,從余遊者往往聲喧藝苑。文章道義之交,匪一日矣。余因得諦覽應氏譜乘,如厥祖諱曇字仕濂者,恢廓有大略。初爲博士弟子,已而弗屑屑句讀帖括之習也。遂退以孝友範其家。嘗捐多金建文廟、明倫堂。其大節卓卓如此,而其他濟人利物難盡悉。已然稽郡邑二志,獨未列其姓氏,未詳其事迹,非史之闕文也,蓋以尚道尚端二君乃公之嫡孫,意者表其繼述之善,而貽謀之良無煩贅一辭耶!雖然,其漸有因,其本有根,若仕濂公之有功於學校也，非尋常尺寸之施所可倫已。如尚道之子天澤、天祥、天文，尚端之子天成，累世建修文廟，克嗣前徽，非公之流澤乎？如崇正崇學之辨明聖裔之冒認①，清絕嘉湖糧米之駕累，非公之慷慨仗義有以先之乎？以故爲公後者，相繼取科第登仕籍，時則有諱奎者、諱恩者、諱典、諱照者，或分校兩廣而號得人，或從討逆藩而樹偉績，或倡道學而崇祀鄉賢，或撫蠻苗而廉能奏最，迄今猶嘖嘖齧人口間。近有諱志臣者列侍從於鴻臚，諱明者膺特簡於百粵。奕葉雲來遊黌序，叩廩餼懷抱利器。以俟時者振繩，方興未之有艾，又何一非公之垂裕無疆者乎？

余故特表而出之，以爲後之樂善者勸。若曰：揚前修之芳烈，發潛德之幽光。餘則謝不敏焉。

（原載于同上譜）

應仕濂公五代世系

（據2014年7月第1版《芝英應氏宗譜》印刷本整理）

應仕濂五代世系表之一

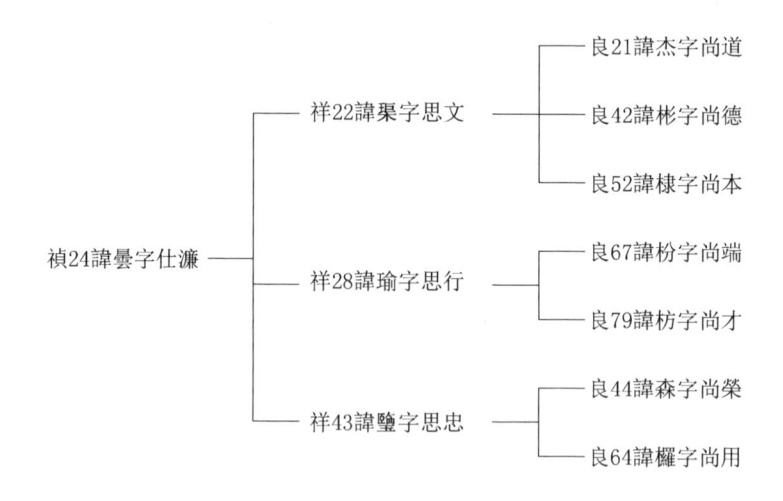

```
                                    ┌─ 良21諱杰字尚道
                   ┌─ 祥22諱槩字思文 ├─ 良42諱彬字尚德
                   │                └─ 良52諱棣字尚本
                   │
禎24諱曇字仕濂 ─────┤                ┌─ 良67諱枌字尚端
                   ├─ 祥28諱瑜字思行 └─ 良79諱枋字尚才
                   │
                   │                ┌─ 良44諱森字尚榮
                   └─ 祥43諱鹽字思忠 └─ 良64諱櫂字尚用
```

---

① 編注：詳見上節"櫸溪孔氏冒認聖裔？"附注。

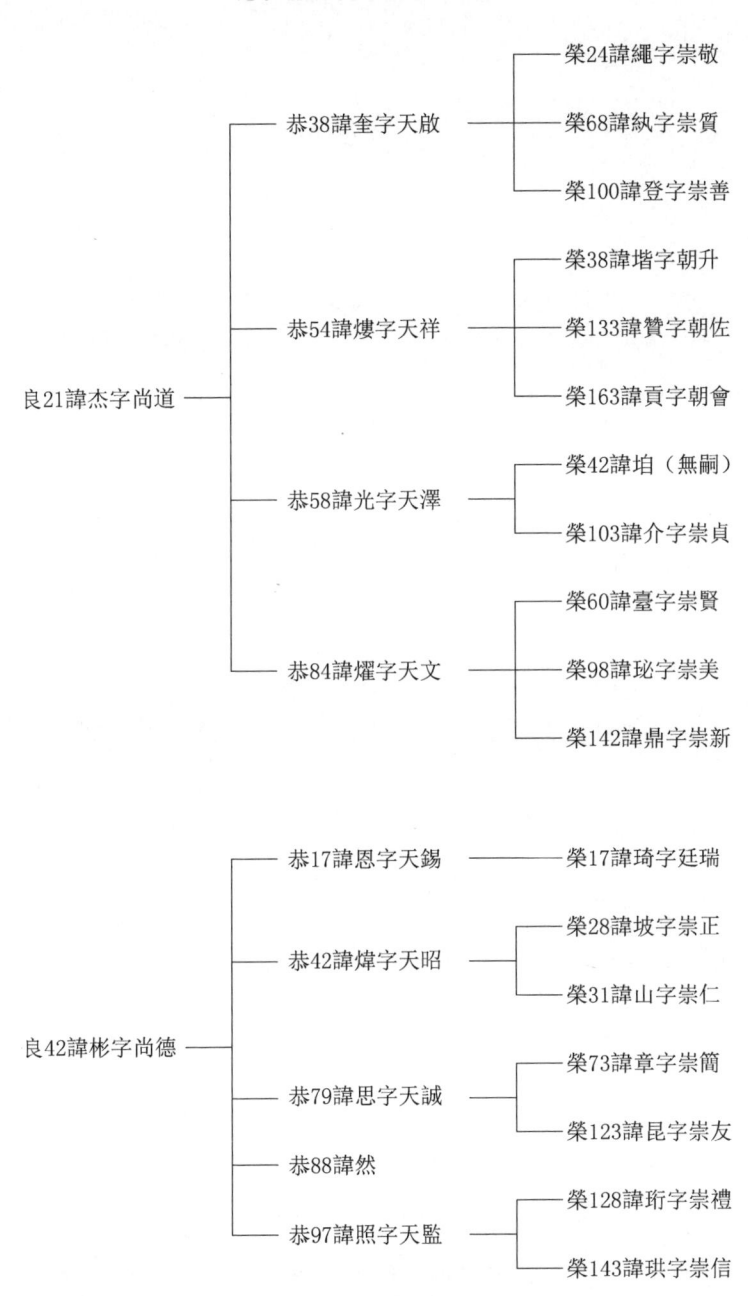

應仕濂五代世系表之二(1)

```
                          ┌─ 恭38諱奎字天啟 ─┬─ 榮24諱繩字崇敬
                          │                  ├─ 榮68諱紞字崇質
                          │                  └─ 榮100諱登字崇善
                          │
                          ├─ 恭54諱嶁字天祥 ─┬─ 榮38諱堵字朝升
                          │                  ├─ 榮133諱贇字朝佐
良21諱杰字尚道 ───────────┤                  └─ 榮163諱貢字朝會
                          │
                          ├─ 恭58諱光字天澤 ─┬─ 榮42諱垍（無嗣）
                          │                  └─ 榮103諱介字崇貞
                          │
                          └─ 恭84諱燿字天文 ─┬─ 榮60諱臺字崇賢
                                             ├─ 榮98諱玼字崇美
                                             └─ 榮142諱鼎字崇新


                          ┌─ 恭17諱恩字天錫 ─── 榮17諱琦字廷瑞
                          │
                          ├─ 恭42諱煒字天昭 ─┬─ 榮28諱坡字崇正
                          │                  └─ 榮31諱山字崇仁
良42諱彬字尚德 ───────────┤
                          ├─ 恭79諱思字天誠 ─┬─ 榮73諱章字崇簡
                          │                  └─ 榮123諱昆字崇友
                          ├─ 恭88諱然
                          │
                          └─ 恭97諱照字天監 ─┬─ 榮128諱珩字崇禮
                                             └─ 榮143諱珖字崇信
```

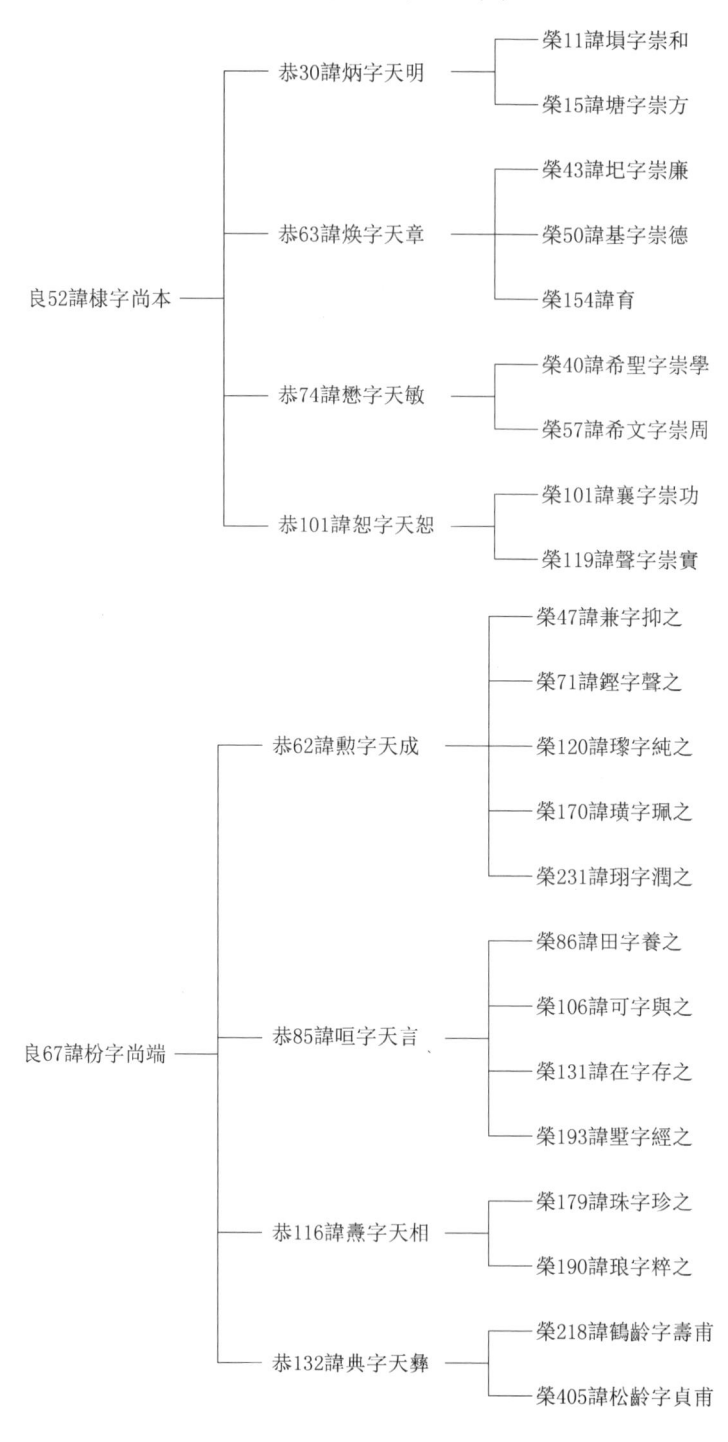

應仕濂五代世系表之二(2)

- 良52諱棣字尚本
  - 恭30諱炳字天明
    - 榮11諱塤字崇和
    - 榮15諱塘字崇方
  - 恭63諱煥字天章
    - 榮43諱圯字崇廉
    - 榮50諱基字崇德
    - 榮154諱育
  - 恭74諱懋字天敏
    - 榮40諱希聖字崇學
    - 榮57諱希文字崇周
  - 恭101諱恕字天恕
    - 榮101諱襄字崇功
    - 榮119諱聲字崇實

- 良67諱枌字尚端
  - 恭62諱勳字天成
    - 榮47諱兼字抑之
    - 榮71諱鏗字聲之
    - 榮120諱璨字純之
    - 榮170諱璜字珮之
    - 榮231諱珝字潤之
  - 恭85諱咺字天言
    - 榮86諱田字養之
    - 榮106諱可字與之
    - 榮131諱在字存之
    - 榮193諱墅字經之
  - 恭116諱燾字天相
    - 榮179諱珠字珍之
    - 榮190諱琅字粹之
  - 恭132諱典字天彝
    - 榮218諱鶴齡字壽甫
    - 榮405諱松齡字貞甫

應仕濂五代世系表之二(3)

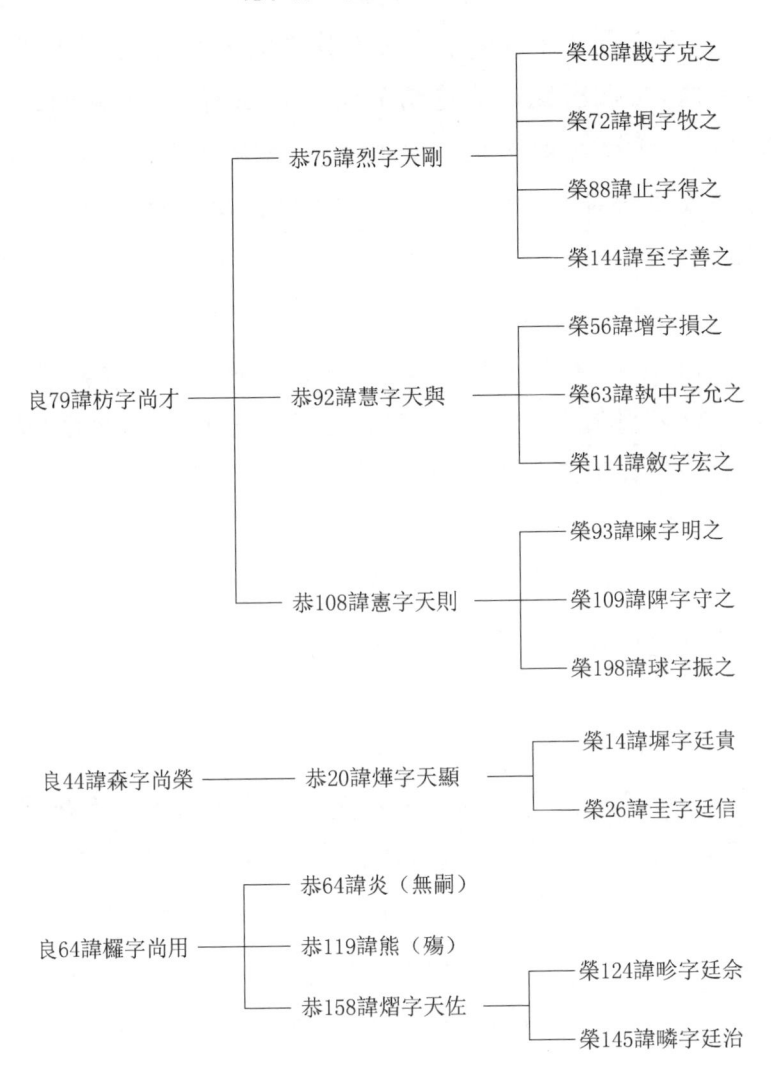

```
                                    ┌─ 榮48諱戡字克之
                   ┌─ 恭75諱烈字天剛 ─┼─ 榮72諱坰字牧之
                   │                ├─ 榮88諱止字得之
                   │                └─ 榮144諱至字善之
                   │
                   │                ┌─ 榮56諱增字損之
良79諱枋字尚才 ─────┼─ 恭92諱慧字天與 ┼─ 榮63諱執中字允之
                   │                └─ 榮114諱斂字宏之
                   │
                   │                ┌─ 榮93諱崠字明之
                   └─ 恭108諱憲字天則 ┼─ 榮109諱陣字守之
                                    └─ 榮198諱球字振之

                                    ┌─ 榮14諱垾字廷貴
良44諱森字尚榮 ─── 恭20諱燁字天顯 ───┤
                                    └─ 榮26諱圭字廷信

                   ┌─ 恭64諱炎（無嗣）
良64諱欐字尚用 ─────┼─ 恭119諱熊（殤）
                   │                ┌─ 榮124諱畛字廷佘
                   └─ 恭158諱熠字天佐 ┤
                                    └─ 榮145諱疄字廷治
```

按：粗覽《芝英應氏宗譜》涉仕濂公及後裔有關義行的行傳、行狀、行述、紀略、祭文、墓誌銘等等，文章多多。除歷代縣志已載外，擇其要者，計有：《應仕濂傳（宗譜版）》（朱謹）、《仕濂府君傳》（應典）、《仕濂公後傳》（趙凝錫）、《賢母呂氏傳》（應廷育）、《孝友翁傳》（應廷育）、《應翁尚本傳》（趙懋德）、《尚端翁傳》（潘潤）、《尚才翁傳》（應廷育）、《天祥翁傳》（應廷育）、《天澤應公傳》（盧

309

勳)、《天成翁傳》(應廷育)、《仕濂孝友方塘三公崇祀鄉賢通庠呈狀》(金華府永康縣兩庠廩增附生員徐宏桓等)、《重建大成廟記》(邱廓璠)、《永康縣學重建明倫堂記》(王贄)、《重修明倫堂記》(劉顥)、《重修文廟碑記》(韓中煌)、《重修大成殿記》(劉起禧)、《重修梁風橋垂裕堂記》(應壤)、《重修文廟碑記》(清泰)、《重建大成殿碑記》(劉垂緒)、《重葺明倫堂記》(裘榮甲)、《重建永康縣學記》(吳存義)、《大成殿明倫堂記》(王景彝)等。相對於縣志、宗譜對仕濂公及其裔孫傳宗接代做慈善助公益的事迹有更詳盡的記錄,其因何在?筆者在雍正間從章安來永康任儒學教諭的劉顥撰寫的《重修明倫堂記》文中似乎找到了答案。文云:"余忝任永康教職,視學之初,遍閱宮牆碑石,因悉明倫堂自明正統已巳寇燬,後爲邑人應仕濂公鼎建。成化間其孫尚道公重修,至正德癸酉,尚道公子天澤偕兄弟天祥、天文三百四十金重葺成之。延及本朝,歷歷可考。康熙辛卯棟折梁崩,尚道公祀帑仍獨建修焉。邑大夫姬公爲之作記,前後存迹,炳如在目。餘與邑諸生談及兹堂,交口稱應氏世德不衰。及閱郡志,反不一載其名,學志修建編中亦止以'應氏修建,後莫考'混之。而順治十二年督修之徐君鐺者,巍然獨存,而應姓前後實迹多略焉。此其故不可解也。再觀梁下所釘牌面,亦屬徐姓字樣。余不勝疑焉。及詢在城諸友,知辛卯應氏改建後,邑大夫爲豎碑記徐氏後裔,不忍没其先已壞之迹爲此舉也。余聞斯言,不禁有會於心,益歎應氏之能讓不善務名爲可貴矣!"劉教諭在任經手重修明倫堂後更深有體會:"總費乙百七十餘金,徐氏後嗣付費三兩,應氏仍輸入本學刊碑公費,而允徐商登載入碑。余因之重有感焉。夫一木難支大廈,以百數十金之費,豈以三兩之助足損其名。予不多應氏之不受,而多應氏之能讓,斯真實勝者耶!世德相承,家法不墜,斯豈過情者耶!由是觀之,而尚道公後裔發祥更大有望也!"此文在縣志載文之外，從另外的角度記述了仕濂公及後裔在聚財散財、澤被鄉梓中不計名利、只爲社稷的高風亮節。康熙間任永康教諭趙凝錫撰《仕濂公後傳》中也有類似的記述。其慷慨家風、大氣義舉在當年小農經濟的永邑木秀于林，難能可貴。仕濂公的善舉義行世代相傳，直至清末學宮在咸豐同治間毀於太平軍戰亂，仍由其後裔應寶時、應參申捐資修建。

歷朝書目

【正德志】遺書

《論語孟子解》《易解》　俱章服著。

《易集解》《易或問》　俱胡之綱著。

《尚書集解》《尚書或問》　俱胡之純著。

《春秋屬辭》《六經發題》　俱陳亮著。

《孝經釋》《論語釋》　俱胡侁著。

《五經通志》《春秋辨説》　俱胡長孺著。

《太極圖説》《太學辨疑》　俱吕洙著。

《五代史注》　徐無黨著。

《四書儀對》《春秋纂例原指》　俱戚仲咸著。

《戰國策注》　胡之純著。

《龍川文集》　陳亮著。

《雲溪集》　吕皓著。

《雲外集》　趙若遷著。

《凝塵集》　章俫著。

《雲谷集》　胡邦直著。

《維揚集》《金陵稿》　俱胡居仁著。

《雲岫集》　胡侁著。

《牧庵集》　胡巖起著。

《生理指南》 胡興權著。

《全歸集》 吳思齊著。

《竹溪集》 呂溥著。太史宋濂《序》："《竹溪雜稿》詩文共若干卷，永康呂公溥先生之所著也。先生蚤歲受學於許文懿公謙，學識淳明，操履方正。隱居鄉里，躬行孝悌，為士林冠冕，後進楷模。讀書著文，以終其身，真無愧于文懿公之訓矣。文懿公之設教，正以講明理、真知實踐為事，不為賦詩屬辭之傳，不習為舉子時文之指授。先生此集，但以平時學力之所至，信筆成文，自有條理，雖無意于蹈襲前人軌轍、模仿已成機軸，然其意趣清新，議論明暢，形於言辭者，日有過越於人，世有竭力研磨、苦心鍛鍊，以求句語之工、自顯於世者，鮮能及之。先生既歿之三十有六年，其從孫文堅得此集於先生之子果，特以示余，俾書其言于後。先生與余先君子裕軒翁為同門友，文堅又方受詩於余，以明經應賢能之薦，其請有不得辭也。是用書此，以發明先生之所著矣。"

《瓦缶編》《南昌集》《顏樂齋稿》《文抄》 俱胡長孺著。吳淵穎《序》略云："鄉予嘗見永康先生胡公錢塘寓舍，每嘆古今道術之異，及予覽其所著論，則尤得其父兄淵源。師友講習，是非取捨之或不同者，蓋自近世周、邵、二程始推聖賢理數之學，以淑諸人。然而學者秘之，則謂其學之所出者，遠有端緒，不言師承。而今說者乃稱濂溪之所授受，實本於佛者之徒。先生至為論辨以著明之，是殆當世士君子之所深感者也。先生號南中八士，及宋內附，或以先生姓名薦，遂召見，意謂先生且大用。復出而教授廣陵，凡歷數任，僅爾出沒于州縣之下僚。觀其所至，教士也必曰嚴恭寅畏，教民也必曰孝悌忠信。此其道術之正，仕處之合，文章之懿，政事之著，誠有大勝於今人，是豈苟然之故而遂已者哉！曾不數年，先生竟以衣冠沐浴端坐而逝。予方無以終事，徒識其遺言，撫其墜稿，而且繼之以涕泣，不能自已。嗚呼！臨長川而後嘆，逝者尚可得耶！"

《南山文集》 韓循仁著。

《石屏集》 胡仲勉著。

《復古編》《歷代指掌圖》《昭穆圖》 俱戚仲咸著。

《雙泉集》 呂慎明著。

《質庵集》 陳璪著。其《自序》云："古者四民皆有常業，而世襲之，故《記》曰：'良弓之子，必學為箕；良冶之子，必學為裘。'自三代以降，風俗衰薄，為子孫者，皆失其世守，而士尤甚。每見近世大儒之裔，至不識丁，甚可憫也。予家自始祖而下，皆以詩禮傳，至曾祖介胡始以儒達，以至于今，家道雖微，而儒運自若。予少貧，為學一曝十寒，十七八始學吟，二十復輟學，深懼先世之業不繼，故學雖廢，而事務之暇，吟詠情性，不敢忘其所習，凡有所作必錄之，欲以示文脉不絕之意。是詩雖文不足而意則真，其間辭氣之純駁，識見之淺深，亦其學之次第也，今皆存之，以見進學之序。仍有雜文、時文各爲一編，儻吾後人以文脉爲重，幸傳之勿失。"

《草閣集》　李曄著。長史宋濂序："詩之體製雖始於三百篇，歷代作者遞加緣飾，至李唐而後大備。其五七言律及絕句，既前此所未有，古風、歌行、樂府諸作，往往上逼建安，蓋詩道之盛至是極矣。當是時也，惟杜子美、李太白爲冠絕古今，雖以韓子之才，而猶稱二公之文光焰萬丈，則非人所及可知矣。自是以來，能詩之士，代不乏人，終莫能追蹤李、杜。其有能悉心探索者，竭志模寫者，則亦各自名家，流傳不泯，蓋二公天才，力學所以自得之妙，固未易深契。然其律吕可按，矩度可尋，故學之者真積力久，未有不自成以至可傳者也。錢塘李君宗表，善爲詩，精熟清新，氣雄而辭暢，一出李、杜二家機軸。其友天台徐一夔，嘗稱其緣情指事、機動籟鳴，無窮搜苦索之態，而語皆天出，不煩刻雕，不渝盛唐之家法，識者以爲的論。君初居錢塘，少從進士永嘉鄭僖公學，僖奇其才，以女妻之。學成結草閣北關門外，若將老焉。後避兵金華，翱翔東陽、永康二邑間，有司嘗舉上考功，奏補國子助教，未幾，以病免。卜築永康，開門授徒，與其邑之人士詠觴酬倡以相樂。其没也，胡伯弘既葬之魁山下，而其子輾，又以瓊州宜倫縣丞没于官。君之詩猶是多散佚，徐孟璣與伯弘及其友生陳公明相與哀輯，得古今詩四百餘篇，唐仲遷編爲七卷，將鍥諸木以傳，徵余爲序。既喜公之詩，又多諸友之義，故書此以見君之詩得其詩法而用力非淺，信有可傳者焉。君名曄，宗表其字，學者稱爲草閣先生。子輾，字公載，爲詩能繼其家，不幸蚤死，士林惜之。"

《筼谷集》　李輾著。

《委順夫集》　唐光祖著。

《純朴翁集》　應恂著。

《孝經章句》　應綱著。

（以上見正德志第 148—151 頁）

【道光志】書目

盈天地之間者惟萬物，物莫不有理，即莫不有文。山之嶙峋，水之淪漣，草木之英華，鳥獸蟲魚、羽毛鱗甲之蓁斐璀璨，悉從其類，以有其符采，況人文之炳炳烺烺者哉！金華鄒魯遺風三大擔，以文章居一，荷而趨者，代不乏人。永去郡城百餘里，風教不殊婺學，固有淵源也。宋嘉泰間，始有邑志。唐以前文獻，闕有間矣。比五星聚奎，文教昌明，時則有若胡子正、有若陳同甫、有若林和叔、應仲實諸賢，皆以理學功名爲己任，文藝固其緒餘，然其道腴之所發洩，窺其陳編，猶有氣臭芳澤之遺焉。自元及明，作者踵接不懈，而及於古，其精粹殆可以步武宋儒。我朝重熙累洽，醲化覃敷，士君子沐浴膏澤，爭自淬磨，蔚然而虎鳳躍，鏘然而磬鈞鳴，將力追往喆而又過之。今輯歷朝諸人所著書目，臚於簡端，採其有關邑故而文尤雅馴者，表而出之，以備覽觀焉。

書目

《五代史注》　徐無黨著。

《龍川文集》　陳亮著。

《雲谿稿》六卷　呂皓著。

《易解》二卷

《論語解》三卷

《孟子解》三卷　以上章服著。

《凝塵集》　章俅著。

《漁隱叢話前集》六十卷

《後集》三十卷　以上胡仔著。

《孝經解》□卷

《論語解》□卷　以上胡侁著。

《續通鑑節編》

《西漢律令》

《晉史抄評》

《敏齋稿》　以上呂殊著。

《易圖説》一卷

《太極圖説》一卷

《大學辨疑》一卷　以上呂洙著。

《大學疑問》一卷　呂浦著。

《雙泉稿》九卷　呂文熒著。

《雲谷集》　胡邦直著。

《瓦缶編》

《寧海漫鈔》

《建昌集》

《顏樂齋稿》　以上胡長孺著。

《左傳闕疑》　吳思齊著。

《筠谷集》　李轅著。

《尚書要略》

《四書索微》　以上應璋著。

《草窗集》　胡相著。

《徐汝思詩集》　徐文通著。

《左氏兵法纂》　王世德著。

《四書日衷》

《尚書日衷》

《握奇陣圖》　以上徐學顏著。

《省身錄》

《筆古集》　以上王師堯著。

《四書旁見》

《讀書管見》

《世法里言》

《相長卮言》

《自怡偶筆》

《律曆淺圖》　以上王世鈇著。

《淵潛集》　呂一龍著。

《五經統紀》

《四書通考》　以上金大材著。

《孝經刊誤》 應綱著。

《質疑稿》 李珙著。

《四書五經發微》 黃卷著。

《中庸本義》

《周易經解》

《周禮輯說》

《禮記類編》

《四書說約》

《郊祀考義》

《史鑑纂要》

《經濟要略》

《南京刑部志》

《讀律管窺》

《金華先民傳》

《永康縣志》

《明詩正聲》

《字類釋義》

《卮言錄》

《訓儉編》

《自叙編》 以上應廷育著。

《麓泉文集》 王崇著。

《望洋日錄》

《光餘或問》 以上盧可久著。

《春秋纂例》 戚仲咸著。

《白翁吟》 程梓著。

《宸華堂集十卷》 程正誼著。

《海運議》

《程子樗言》

《松窗頌古》

《七松吟稿》 以上程明試著。

《書經貫言》

《太極正蒙宗旨》

《蜀遊詩稿》 以上徐可期著。

《燕遊筆話》四卷 樓惟駰著。

《四書微旨》 應錦郁著。

《綠漪園詩集》 徐之駿著。

《五經提要》

《論史彙集》

《明紀輯略》

《數目典故》

《攬秀樓文鈔》 以上樓秉詡著。

《完石齋集》 徐琮著。

《古雪集》 程兆選著。

《四書輯要》

《通鑑綱目輯要》

《左國要語》

《揚子文中子粹言》 以上應國華著。

《大學中庸章句或問》

《薛胡粹語》

《盧子精語》

《群書彙序》

《養正編》

《先型錄》

《課餘錄》 以上應正祿著。

《心吾子詩鈔》 程尚濂著。

《照天寶鑑》

《量地玉尺》

《握奇經注圖釋》 以上俞聞著。

《醫方積驗》 徐應顯著。

補：

《松溪文集》 程文德著。

《史衡》 徐明勳著。

《治心編》

《蓬菴鏡帖》 以上徐士震著。

《東白軒草》 徐光時著。

《儀禮纂集》 徐裳吉著。

《尚書貢象敷言》八卷 徐浩著。

《蜩吟》二卷

《小邱逸志》二十卷 以上徐士雷著。

《書經集解》 徐元乘著。

《自鳴草》 徐若瓊著。

《惜分齋唫》 王同庚著。

《學庸解》 徐淇著。

《西軒前集》

《西軒後集》

《國策集注》 以上程夔初著。

《明儒理學編》

《周易管窺》 以上王同廱著。

《繡佛菴詩鈔》 徐士雲妻黃氏著。

《燕玉樓詩鈔》 徐琮妻程氏著。

（以上見道光志第406—411頁）

【光緒志】書目

　　天地間物莫不有理,即莫不有文。山之嶙峋,水之淪漣,草木之英華,鳥獸蟲魚、羽毛鱗甲之萋斐璀璨,悉從其類,以有其符采,況人文之炳炳烺烺者哉!金華鄒魯遺風三大擔,以文章居一,荷而趨者,代不乏人。永去郡城百餘里,風教不殊婺學,固有淵源也。宋嘉泰間,始有邑志。唐以前文獻,闕有間矣!比五星聚奎,文教昌明,時則有若胡子正、陳同甫、林和叔、應仲實諸賢,皆以理學功名爲己任,文藝固其緒餘,然其道腴之所發洩,窺其陳編,猶有氣臭芳澤之遺焉。自元及明,作者踵接不懈,而及於古,其精粹殆可以步武宋儒。我朝重熙累洽,釀化覃敷,士君子沐浴膏澤,爭自淬磨,蔚然而虎鳳躍,鏘然而磬鈞鳴,將力追往哲而又過之。今輯歷朝諸人所著書目,臚於簡端,採其有關邑故而文尤雅馴者,表而出之,以備覽觀焉。

書目

《五代史注》　宋徐無黨著。

《龍川文集》卅卷　宋陳亮著。

《雲溪稿》六卷

《事監韻語》　並宋呂皓著。

《新定志》八卷　宋陳公亮重纂。〇今照陳振孫《書錄解題》補。其載公亮爲武義者誤。

《雲谷集》　宋胡邦直著。

《易解》二卷

《論語解》三卷

《孟子解》三卷　並宋章服著。

《凝塵集》　宋章徠著。

《孝經釋》

《論語釋》　並宋胡伖著。

《續通鑑節編》

《西漢律令》

《晉史鈔評》　並宋呂殊輯。

《敏齋集》　宋呂殊著。

《易圖說》一卷

《太極圖說》一卷

《大學辨疑》一卷　並宋呂洙著。

《左傳闕疑》

《全歸集》

《俟命錄》　並宋吳思齊著。

《大學疑問》一卷

《史論》

《竹溪集》　元呂溥著。

《瓦缶編》

《南昌集》

《胡汲仲集》　見《婺志粹》。

《建昌集》

《顏樂齋稿》　並元胡長孺著。

《質菴稿》　元陳璪著。

《筠谷集》　明李轅著。

《尚書要略》

《四書索微》　並明應璋著。

《或問遺言集》

《望洋目錄》

《光餘或問》　並明盧可久著。

《雙泉文集》　明呂文熒著。

《草窗集》　明胡相著。

《徐汝思詩集》　明徐文通著。

《左氏兵法纂》　明王世德輯。

《四書日衷》

《尚書日衷》

《握奇陣圖》　並明徐學顏著。

《五經統紀》

《四書事類通考》　並明金大材著。

《孝經刊誤補注》　明應綱著。

《質疑稿》　明李洪著。

《四書五經發微》　明黃卷著。

《性理發揮》

《小空同續筆》

《麗澤堂譚記》　並明黃一鶚著。

《中庸本義》

《周易經解》

《周禮輯說》

《禮記類編》

《四書說約》

《郊祀考義》

《史鑑纂要》

《經濟要略》

《南京刑部志》

《讀律管窺》

《金華先民傳》

《永康縣志》

《字類釋義》

《明詩正聲》

《訓儉編》

《卮言錄》

《自叙編》　並明應廷育著。

《詩文集》二十四卷　明姚汝循著。照《明史‧藝文志》集類補。

《麓泉文集》

《池州府志》九卷　照《明史‧藝文志》地里類補。並明王崇著。

《春秋纂例》　明戚仲咸著。

《白翁吟稿》　明程梓著。

《辰華堂集》十卷　明程正誼著。

《海運議》

《程子樗言》

《松窗頌古》

《七松吟稿》　並明程明試著。

《純朴翁稿》　明應恂著。

《委順夫集》　明唐光祖著。

《書經貫言》

《太極正蒙宗旨》

《蜀遊詩稿》　並明徐可期著。

《治心編》

《蘧菴鏡帖》　並明徐士震著。

《東白軒草》　明徐光時著。

《蜩吟》二卷

《小丘逸志》二十卷　並明徐士雷著。

《史衡》

《孤臣錄》　並明徐明勳著。

《讀史偶錄》　明陳廷宣著。

《景行集》　明王丙褒著。

《淵潛集》　明呂一龍著。

《尚書貢象敷言》八卷　明徐浩著。

《省身錄》

《筆古集》　並明王師堯著。

《儀禮纂集》　明徐裳吉著。

《照天寶鑑》

《量地玉尺》

《握奇經注圖釋》　並明俞聞著。

《四書旁見》

《讀書管見》　沈志作《經史管見》。

《律呂圖説》

《世法里言》

《相長卮言》

《自怡偶筆》

《律呂淺圖》　並國朝王世鈇著。

《燕遊筆話》　國朝樓惟馴著。

《四書微旨》　國朝應錦鬱著。

《綠漪園詩集》　國朝徐之駿著。

《五經提要》

《論史彙集》

《明紀輯略》

《數目典故》　並國朝樓秉詡輯。

《攬秀樓文鈔》　國朝樓秉詡著。

《完石齋集》　國朝徐琮著。

《盤北詩草》

《書經衍》　國朝徐友基注著。

《古雪集》　國朝程兆選著。

《十字吟》

《自鳴草》　並國朝徐若瓊著。

《惜分齋吟》　國朝王同庚著。

《書經集解》　國朝徐元乘輯。

《學庸解》　國朝徐淇著。

《四書輯要》

《通鑑綱目輯要》

《左國要語》

《楊子文中子粹言》　並國朝應國華輯。

《大學中庸章句或問》

《薛胡粹語》

《盧子精語》

《群書彙序》

《養正編》

《先型錄》

《課餘錄》　並國朝應正祿著。

《國策集注》

《西軒前集》

《西軒後集》　並國朝程夔初著。

《明儒理學編》

《周易管窺》　並國朝王同廳著。

《心吾子詩鈔》七卷　國朝程尚濂著。

《徐明經詩文鈔》　國朝徐宏桓著。

《蔚思堂集》

《勤學記》

《孝傳》

《童史》

《女史》　國朝應曙霞輯。

《雙桐山房詩鈔》二卷　國朝陳鳳圖著。

《永康詩録採輯》共十八卷

《中庸脈絡圖説》

《帝王世紀》

《列國源流》　並國朝陳鳳巢著。

《經世要略》

《葡地中庸》　並國朝李南棠著。

《中庸引悟》

《杜律正蒙》　並國朝潘樹棠著。

《山瓢集》三卷　同上。

《大別山志》

《黃鵠山志》

《鸚鵡洲志》

《桃花源志》

《黃陵廟志》

《漂母祠志》

《青塚志》

《曹娥江志》

《馬嵬志》

《露筋祠志》

《嶽陽君山志》

《嚴瀨志》

《孤山志》

《先澤彙編》十二卷

《六朝唐四家詩考異》　附《駱丞集》《宗忠簡集》《龍川集》考異。並國朝胡鳳丹撰。

《退補齋詩文存》四十四卷　國朝胡鳳丹著。

《識字一隅》十卷

《退補齋藏書志》

《殉鄂浙宦錄》

《金華鄉賢錄》

《刑案彙要》　尚有《疑獄彙編》，未刊。

《永康十孝廉詩鈔》十四卷

《金華文徵續編》

《續金華詩錄》

《詩話正軌彙編》　並國朝胡鳳丹輯。

《射雕詞》　國朝應寶時著。

《直省釋奠禮樂圖説》　應寶時輯。

《育吾詩草》六卷

古文四卷

駢體文二卷　並國朝張化英著。

《菜圃文集》　國朝呂唐壽著。

《唾餘錄》二十卷　國朝吳景瀾輯。

《周易提要》

《味易山房詩鈔》二卷　並國朝徐雨民著。

《世德源流集》　國朝呂觀光著。

《雙竹山房詩鈔》五卷　國朝程鴻逵二卷，應瑩三卷。

《先賢語錄》　國朝周新擴輯。

《繡佛菴詩鈔》　明徐士雲妻黃氏著。

《燕玉樓詩鈔》　國朝徐琮妻程氏著。

《六宜樓詩集》

《綠華詩草》　並國朝徐明英妻吳宗愛著。

《白雲樓燼餘草》　國朝胡貞女雲琇著。

補遺

《石崖漫雜稿》

《山川人物記》

《石崖文集》

《知非錄》 並明呂璠著。

《新菴文集》 明盧自明著。

《則古要語》 呂純芳。

（以上見光緒志第 540—548 頁）

【民國新志稿】書目

書錄

清胡鳳丹，本邑人

《金華叢書》 二百七十五冊 浙江圖書館木印本。分連史、賽連二種。

經部

《古周易》一卷（附《音訓》） 宋呂祖謙編，一冊。

《禹貢集解》二卷 宋傅寅撰，二冊。

《書說》三十五卷 宋呂祖謙撰，時瀾增修，八冊。

《書疑》九卷 宋王柏撰，二冊。

《尚書表注》二卷 宋金履祥撰，一冊。

《讀書叢說》六卷 元許謙撰，二冊。

《呂氏家塾讀詩記》三十二卷 宋呂祖謙撰，十二冊。

《詩疑》二卷 宋王柏撰，一冊。

《詩集傳名物鈔》八卷 元許謙撰，八冊。

《春秋左氏傳說》二十卷 宋呂祖謙撰，四冊。

《東萊左氏博議》二十五卷 宋呂祖謙撰，六冊。

《大學疏義》一卷 宋金履祥撰，一冊。

《論語集注考證》十卷　仝上，一册。

《孟子集注考證》七卷　仝上，一册。

《讀四書叢説》四卷　元許謙撰，六册。

史部

《大事記》十二卷，《通釋》三卷，《解題》十二卷　宋吕祖謙撰，十三册。

《西漢年紀》三十卷　宋王益之撰，十册。

《青溪寇軌》一卷　宋方勺撰。

《西征道里記》一卷　宋鄭剛中撰。

《涉史隨筆》二卷　宋葛洪撰。

《洪武聖政記》二卷　明宋濂撰。

《明初事迹》一卷　明劉辰撰，一册。

《旌義編》二卷　元鄭濤撰。

《浦陽人物記》二卷　明宋濂撰，一册。

《蜀碑記》十卷目一卷（附《考異》）　宋王象之撰。

《唐鑑》二十四卷　宋吕祖謙注，四册。

子部

《少儀外傳》二卷　宋吕祖謙撰。

《研幾圖》一卷　宋王柏撰。

《楓山語録》一卷（附《考異》）　明章懋撰。

《日損齋筆記》一卷　元黄溍撰。

《青巖叢録》一卷　明王褘撰。

《華川卮辭》一卷　仝上。

《帝王經世圖譜》十六卷　宋唐仲友撰，六册。

《詩律武庫前後集》三十卷　宋吕祖謙撰，四册。

《泊宅編》十三卷　宋方勺撰，一册。

《玄真子》三卷　唐張志和撰。

《卧遊録》一卷　宋吕祖謙撰。

《螢雪叢説》二卷　宋俞成撰。

《龍門子凝道記》三卷　明宋濂撰。

集部

《駱丞集》四卷(附《辨僞》《考異》)　唐駱賓王撰,二册。

《禪月集》十二卷　唐釋貫休撰,二册。

《宗忠簡集》七卷(附《考異》)　宋宗澤撰,二册。

《北山集》三十卷　宋鄭剛中撰,八册。

《香溪集》二十卷　宋範浚撰,四册。

《東萊集》二十卷　宋吕祖謙撰,十册。

《龍川文集》三十卷(附《辨僞》《考異》)　宋陳亮撰,十册。

《何北山遺集》四卷　宋何基撰,二册。

《魯齋集》十卷　宋王柏撰,四册。

《仁山集》五卷　宋金履祥撰,二册。

《白雲集》四卷　元許謙撰,二册。

《淵穎集》十二卷　元吴萊撰,四册。

《黄文獻集》十卷,《補遺》一卷,《附録》一卷　元黄溍撰,十二册。

《純白齋類稿》二十卷,《附録》二卷　元胡助撰,四册。

《鹿皮子集》四卷　元陳樵撰,二册。

《青邨遺稿》一卷,《附録》一卷　元金涓撰。

《九靈山房集》三十卷,《補編》二卷　元戴良撰,三種合訂十册。

《九靈山房遺稿》四卷　元戴良撰。

《宋學士全集》三十二卷,《補遺》八卷,《附録》二卷　明宋濂撰,四十册。

《王忠文公集》二十卷　明王禕撰,十册。

《蘇平仲集》十六卷　明蘇伯衡撰,八册。

《胡仲子集》十卷　明胡翰撰,四册。

《楓山集》九卷，《附錄》十卷　明章懋撰，十二册。

《漁石集》四卷　明唐龍撰，四册。

《古文關鍵》二卷　宋呂祖謙撰，二册。

《月泉吟社詩》三卷　宋吳渭編。

《濂洛風雅》六卷　宋金履祥編，二册。

《石洞遺芳》　明郭鐵編。

《退補齋詩鈔》二十卷　光緒間家刊本，五册，《蟬隱廬舊本書目》著錄。

民國胡宗懋，本邑人

《夢選樓詩鈔》二卷一册　寫刻本。《天一閣書目》著錄。

《東萊呂太師文集考異》四卷　民國十三年永康胡氏夢選樓刊本。

《倪石陵書考異》一卷　仝上。

《魯齋王文憲公文集考異》一卷　仝上。

《淵穎吳先生集考異》一卷　仝上。

《續金華叢書》一百二十册　浙江圖書館木印本，分連史、賽連二種。

經部

《周易窺餘》十五卷　宋鄭剛中撰，四册。

《書集傳或問》二卷　宋陳大猷撰，二册。

《鄭氏家儀》　元鄭泳撰。

《春秋左氏傳續說》　宋呂祖謙撰，三册。

《春秋經傳辨疑》一卷　明童品撰。

史部

《孫威敏征南錄》一卷　宋滕元發撰。

《敬鄉錄》十四卷　元吳師道撰，三册。

《金華賢達傳》十二卷　明鄭柏撰，二册。

《金華先民傳》十卷　明應廷育撰，三册。

《義烏人物記》二卷　明金江撰。

《金華赤松山志》一卷　宋倪守約撰。

《職源》　宋王益之編，一册。

子部

《麗澤論説集録》十卷　宋吕喬年編，四册。

《格致餘説》一卷　元朱震亨撰。

《局方發揮》一卷　仝上。三種合訂二册。

《金匱鈎玄》三卷　仝上。

《重修革象新書》二卷　元趙有欽。

《地理葬書集注》一卷　晉郭璞。

《欒城遺言》一卷　宋蘇籀。

《野服考》一卷　宋方鳳。

《物異考》一卷　仝上。

《歷代制度詳説》十五卷　宋吕祖謙，二册。

《齊諧記》一卷　宋旡疑。

《傅大士語録》四卷　北齊傅翕。

《周易參同契通真義》三卷　後蜀彭曉。

集部

《絳守居園池記注》一卷　唐樊宗師。

《默成文集》四卷　宋潘良貴。

《東萊吕太史文集》十五卷，《別集》十六卷，《外集》五卷，《附録》三卷，《補遺》一卷　宋吕祖謙撰，十册。

《金華唐氏遺書》十四卷　宋唐仲友，四册。

《香山集》十六卷　宋喻良能，二册。

《倪石陵書》一卷　宋倪樸。

《癖齋小集》一卷　宋杜旃。

《靈巖集》十卷　宋唐士耻。

《雲溪稿》一卷　宋吕皓。

《敏齋稿》一卷　宋呂殊。

《魯齋王文獻公文集》二十卷　宋王柏，六册。

《學詩初稿》一卷　宋王同祖。

《史詠詩集》二卷　宋徐鈞。

《存雅堂遺稿》五卷　宋方鳳。一册。

《紫巖詩選》三卷　宋于石。

《竹溪稿》二卷　宋吕浦。

《淵穎吴先生集》十二卷　元吴萊，四册。

《金華黄先生文集》四十三卷，附《行狀》一卷元黄溍，十二册。

《柳待制集》二十卷，《附錄》一卷　元柳貫，六册。

《吴禮部集》二十卷，《附錄》一卷　元吴師道，六册。

《屏巖小稿》一卷　元張觀光。

《藥房樵唱》三卷，《附錄》一卷　元吴景奎。

《樵雲獨唱》六卷　元葉顒。

《白石山房逸稿》二卷　明張孟兼。

《尚絅詩集》五卷　明童冀。

《繼志齋集》二卷，附《瞶齋稿》一卷，《齊山稿》一卷　明王紳。

《竹澗集》八卷　明潘希曾。

《竹澗奏議》四卷　仝上。

《少室山房類稿》一百二十卷　明胡應麟，十六册。

《庚溪詩話》二卷　宋陳巖肖。

《吴禮部詩話》一卷　元吴師道。

《龍川詞》一卷　宋陳亮。

《竹齋詩餘》一卷　宋黄機。

《燕喜詞》一卷　宋曹冠。

朱泳沂，本邑人

《我國度量衡標準之商榷》　見《民國名人圖鑑》本傳。

盧紹稷，本邑人
《中國現代教育》　見《民國名人圖鑑》本傳。
《教育社會學》　仝上。
《史學概要》　仝上。
《中國近百年史》　仝上。
《鄉村教育概論》　仝上。
《禮儀作法大綱》　仝上。
程長原，本邑人
《古今圖書集成索引》　見《民國名人圖鑑》本傳。
《縣政府檔案管理法》　見《民國名人圖鑑》本傳。
徐酉三，奉化人
《永康方巖指南》　《盤溪草堂浙江書目》十四年鉛印本。
郁達夫，富陽人
《方巖遊記》　是書由《浙東景物紀略》中錄出，有抄本。
陳萬里
《方巖二記》　是書由《浙東景物紀略》中錄出，有抄本。
嵇光華
《方巖探勝記》　是書由《浙東景物紀略》中錄出，有抄本。
干人俊，寧海人
《永康記》四卷
《方巖山志》二卷
《胡公祠墓錄》一卷
《永康雜錄》二卷
《方巖紀詠》二卷。

永康縣志乘考略

嘉泰《永康縣志》
宋知縣陳昌年纂修。

嘉泰間修。刊本久佚。見雍正《浙江通志》。

延祐《永康縣志》

元永康陳安可纂修。

延祐間修。刊本久佚。見《元史·藝文志補》、雍正《浙江通志》。

正統《永康縣志》

纂者未詳。

修於明代正統以前。見文淵閣目《永樂大典》。

成化《永康縣志》

明分宜歐陽汶修，泰和尹士達纂。

成化間修。刊本已佚。見雍正《浙江通志》。

正德《永康縣志》八卷

明知縣廬陵吳宣濟等修，蘭溪章懋、永康陳泗等纂，永嘉葉式序。

正德九年修。嘉靖三年刊本。寧波天一閣有藏本。

嘉靖《永康縣志》八卷

明知縣婺源洪垣纂修。

嘉靖間修刊本。北京大學圖書館藏。

萬曆《永康縣志》一〇卷

明知縣長沙吳安國修，永康應廷育纂。

萬曆九年修。未見傳本。雍正《浙江通志》著錄。

康熙《永康縣志》一〇卷

清知縣華亭徐同倫修，楚人尚登岸、永康俞有斐等纂。

康熙十年修。次年刊本。日本內閣文庫藏。

康熙《永康縣志》一六卷

清知縣華亭沈藻修，吳郡朱謹，永康王同廱、徐琮等纂。

康熙三十七年修。刊本。故宮圖書館藏。

道光《永康縣志》一二卷　卷首一卷

清知縣廖重機、陳希俊、彭元海先後主修。永康應曙霞、潘國韶纂。

道光十五年創修，十七年修成。刊本。浙江圖書館藏。

《丁酉永康縣志考補》

清永康潘樹棠纂。

同治間纂。金華胡氏夢選樓藏有抄本。

光緒《永康縣志》一六卷　卷首一卷

清知縣李汝爲、郭文翹先後主修，永康潘樹棠、陳憲超、陳汝平纂。

光緒十七年修，次年告成。浙江圖書館藏。

《永康記》四卷

民國干人俊纂，有稿本。

右（注：橫排應爲上，以下同）郡縣。

《永康方巖指南》

民國徐酉三輯。十四年鉛印本。《盤溪草堂浙江書目》著錄。

《方巖遊記》

民國郁達夫撰，編入《浙東景物紀略》中。

《方巖紀略》《方巖遊記》

民國陳萬里撰，俱編入《浙東景物紀略》中。

《方巖探勝記》

民國嵇光華撰，編入《浙東景物紀略》中。

《方巖山志》二卷

民國干人俊輯。鈔本。

右（上）山川。

《五峰書院志》八卷

清程尚斐輯。

乾隆四十六年刊本。浙江圖書館藏。

《方巖胡公廟錄》一卷

民國干人俊輯。有稿本。

右(上)學校祠廟。

《永康雜錄》二卷

民國干人俊撰。有稿本。

右(上)雜記。

《永康題記詩詠》十二卷

不知作者。《宋史·藝文志》著錄

《方巖記詠》二卷

民國干人俊輯,有鈔本。

右(上)題詠。

(以上見民國新志稿第 253—262 頁)

縣志中的度量衡單位

步：長度名,歷代不一。如周以八尺爲一步,秦以六尺爲一步,後亦以五尺爲一步。又：一步的(實際)長度因人而異,通常情況下大約在 0.7 米到 1.0 米之間。(通行說法)

緡：一千文銅錢穿成一串叫一緡(同"貫")。(通行說法)

銀兩：兩錢分厘毫絲忽微塵渺漠埃纖沙(參看光緒志第 95、94 等頁)

鈔：錠兩錢分厘(參看康熙沈志第 98 等頁)

銅錢：文分厘(參看康熙沈志第 103 等頁)

重量：觔(斤)兩(參看康熙沈志第 89 等頁)

土地面積：頃畝分釐毫絲忽微(參看光緒志第 92 等頁)

米麥：石斗升合勺秒(抄)撮圭粟粒(參看光緒志第 94、99 等頁,康熙沈志第 71、74 等頁)

後　記

　　這册《縣志引讀和補遺》，與其説是"書"，不如説只是給閲讀1949年前永康縣志提供一點補充、參考和導引的合集。編集的緣起，是從2022年11月開始，作爲編纂《永康文獻叢書》的參與者，我開始通覽上海古籍出版社發來的六部永康縣志電子稿校樣，到2023年4月覽畢；其初衷是借此機會通讀一遍現存歷代永康縣志，同時做一點（出版程序之外的）校勘；隨著閲讀的進行，陸續萌生了一些想法。

　　先是發現，《（光緒）永康縣志》所依據的浙江圖書館藏光緒十七年修《永康縣志》刻本卷六（選舉志）存一至三十四頁，其餘缺；多方尋覓後從中國科學院圖書館藏中覓得所缺三十五至一百廿二頁。需要補遺。後是在閲讀中接觸到各部縣志出現的衆多人名，爲便于尋找、檢索和比對，似需要有一個人名索引，而考慮到歷代刻本對部分人名會有用字上的變異，似乎用人工搜尋的方式編制更好。這些有評價或事迹介紹的人名，在五部縣志（不含《民國新志稿》）中共計631名，另外，屬同一人歷代刻本有異者32人。

　　歷代永康縣志刻本校點出版後，永邑和邑外的讀者一度形成了"研讀熱"。對于縣志中有待深究、有待争鳴、有待糾正或有待專題探討的內容，如能做一些分類整理摘錄，爲進一步研討提供方便，將有利于永康文史研究的更好開展。爲此，又化了較大的精力在通覽中整理了"錄以備考"。

　　《〈永康文獻叢書〉縣志引讀和補遺》合集由三塊內容組成：第一

塊對歷代永康縣志（特別是現存六部）進行概括和有側重的介紹和選輯，附以人名索引、《叢書》勘誤等；第二塊，《光緒縣志補遺》與《唐宋元永康縣職官新考補正》；第三塊，錄以備考。凡選錄載入《合集》的縣志有關文字與刻本有差錯的，原則上均已勘誤。本書文稿除有署名者均爲本人整理或撰寫。對整理中涉及有關文字的標點等如有謬誤，應由本人負責。

  本書篇幅不大，但花工夫不少，歷時一年有餘。主要的時間和精力花費在通讀縣志，和同時對刻本中的文字核對，對印本疑問和差錯的確認等和"錄以備考"的摘錄。爲了確切無誤，筆者反復在刻本和印本之間游走翻檢，不厭其煩，以苦爲樂。

  本書的出版得到了《永康文獻叢書》編纂諸同仁的關心和支持，諸編委給予審讀和指導。《金華日報》記者俞曉贇提供了發表於該報介紹永康縣志的文章，《叢書》編委徐立斌貢獻了本人多年查證的職官考補成果。更讓我感動的是原上海古籍出版社社長高克勤校友，極少給人作序，此次礙於我這位老校友所請，更多的，我想是由於他對基層古籍文史文獻事業的關心和資深出版人發自內心的使命感、責任感，擠出寶貴時間，悉心爲這册小書作序，並對我們縣市編好出好文獻叢書表達了良好的祝願。在此一並表示衷心的感謝！

胡德偉
2024 年 9 月 17 日

《永康文獻叢書》六部永康縣志

（正德）永康縣志　寧波天一閣藏本　［明］吳宣濟　胡楷等纂修　盧敦基　莊國瑞校點　上海古籍出版社 2022 年 11 月出版

（康熙十一年）永康縣志　日本國立公文書館藏本　［清］徐同倫等纂修　盧敦基校點　上海古籍出版社 2022 年 12 月出版

（康熙三十七年）永康縣志　浙江圖書館藏本　［清］沈藻等纂修　盧敦基校點　上海古籍出版社 2022 年 11 月出版

（道光）永康縣志　浙江圖書館藏本　［清］廖重機　應曙霞等纂修　盧敦基校點　上海古籍出版社 2022 年 11 月出版

（光緒）永康縣志　浙江圖書館藏本（缺頁從中國科學院圖書館藏本補齊）　［清］李汝爲　潘樹棠等纂修　盧敦基校點　上海古籍出版社 2023 年 3 月出版

民國永康縣新志稿　民國三十四年(1945)稿本　［民國］干人俊纂　盧敦基校點　上海古籍出版社 2022 年 11 月出版

《永康文獻叢書》已出書目

陳亮集　[宋]陳亮 著　鄧廣銘 校點
程文德集　[明]程文德 著　程朱昌 程育全 編校
吳絳雪集　[清]吳絳雪 撰　章竟成 整理
胡長孺集　[元]胡長孺 著　程嶠志 整理
樓炤集　[宋]樓炤 著　錢偉彊 編校
徐無黨集　林大中集　應孟明集　[宋]徐無黨 等著　錢偉彊 林毅 編校
(正德)永康縣志　民國永康縣新志稿　[明]吳宣濟 等纂修　盧敦基 莊國瑞 校點
(康熙十一年)永康縣志　[清]徐同倫 等纂修　盧敦基 校點
(康熙三十七年)永康縣志　[清]沈藻 等纂修　盧敦基 校點
(道光)永康縣志　[清]廖重機 應曙霞 等纂修　盧敦基 校點
(光緒)永康縣志　[清]李汝為 潘樹棠 等纂修　盧敦基 校點
縣志引讀與補遺　胡德偉 編纂
永康縣儒學志　五峰書院志　(民國)永康鄉土志　[清]趙凝錫 等纂修　盧敦基 程朱昌 程育全 校點
胡則集　[宋]胡則 著　[清]胡敬 程鳳山 等輯　胡聯章 整理
程正誼集　程子樗言　[明]程正誼 程明試 著　程朱昌 程育全 編校
徐德春集　徐德春 著　徐立斌 整理
王崇集　[明]王崇 著　李世揚 章竟成 整理